名师讲语文

胸中有丘壑

笔底幻风云

逯志山 著

有何高见

议论文写作例析

山东教育出版社

·济南·

图书在版编目（CIP）数据

有何高见：议论文写作例析 / 逯志山著 . -- 济南：
山东教育出版社，2022.9
　ISBN 978-7-5701-2285-1

　Ⅰ.①有… 　Ⅱ.①逯… 　Ⅲ.①汉语－议论文－写作
Ⅳ.①H152.2

　中国版本图书馆CIP数据核字（2022）第141480号

YOUHE GAOJIAN：YILUNWEN XIEZUO LIXI

有何高见：议论文写作例析

逯志山　著

主管单位：山东出版传媒股份有限公司
出版发行：山东教育出版社
地　　址：济南市市中区二环南路2066号4区1号　　邮编：250003
电　　话：（0531）82092660　　网址：www.sjs.com.cn
印　　刷：山东星海彩印有限公司
版　　次：2022年9月第1版
印　　次：2022年9月第1次印刷
开　　本：710毫米×1000毫米　1/16
印　　张：19.25
字　　数：280千
定　　价：58.00元

（如印装质量有问题，请与印刷厂联系调换）印厂电话：0531-88881100

可读，可信，可靠

—— 略谈《有何高见：议论文写作例析》

宋遂良

　　这是一本研究议论文写作的专著。它的主要阅读对象是中学生、语文教师、公务员应试者，但是又不限于这些群体。那些需要发表议论、表达观点的人，都可以从这本书中得到启发和帮助。

　　说起议论文写作，我过去是带有一点偏见的。我在部队当过三年文化教员，在中学教过二十多年语文课，在大学也讲过写作，开设过文学评论专题课；但我内心深处以为，写作是不可教的。苏轼说他的文章当行则行当止即止哪有什么法则！鲁迅则说，如果写作有法，作家的儿子不都会成为作家吗？所以我对于写作教程一类的书从来不是很在意。但读了志山的这本书后，观念有了改变并对自己往日的成见深自省疚。文学离不开感情，文学创作不可教，而议论文是说理的、逻辑的、思辨的，太感情用事反而会导致偏执。现实中的崇山峻岭、长江大河是自然形成，文学作品中的喜怒哀乐重在自然流露；但是初学者写作议论文，更有点像盖房子、建桥梁，是需要设计，需要图纸的。对初学者来说，议论文的写作还是应该有法则的。由守规矩到突破规矩，由模仿到创新，这是写作的一个规律。可以看得出，志山写这本书，意图恰恰在于引导初学者从必然王国走向自由王国，写出真实的洋溢着生命力的文章。

这本书立意高远，取证经典，语言精辟，系统论述议论文写作的各个环节，试图讲清楚议论文的两个基本问题：论点和论证。前者重在说清"是什么"，后者重在讲好"为什么"。用作者的话说，前者是"有何高见"，后者是"何以见得"。解决了这两个问题，一篇议论文才算成功。志山的思考是多方面的，例如该如何正确理解议论文写作的意义，该以什么样的态度对待议论文写作，该给初学者提供什么样的范文……这些问题，都是非常重要却又常常被忽略的。本书的论述深入而浅出，详尽而生动，有说服力，有感染力。这本书教人明白，让人聪明，使人丰富。

志山是我的学生，好读书，广涉猎，长考证，著作已有多部，于古代文学尤有兴趣，是一位学者型的中学教师。他的第一本书《坐看云起》就是请我写的序，那是他的创作集。如今他教书也近 30 年，经验丰富。志山不是那种口吐莲花、夸夸其谈的江湖郎中；他写的这本书，不是花拳绣腿，而是理论和实践相结合的产物。一方面，作者提出某种主张，都会跟进丰富的例证；另一方面，他在教学中常常"下水"作文，设身处地为学生着想，很接地气。志山的"下水作文"很可一读。他一心一意要指导学生写出优秀作品，有时为了开拓学生思路，一题多作，很有启迪意义。我以为这样的书可读，可信，可靠。

2022 年 1 月 13 日

（宋遂良，语文特级教师，文学评论家，山东师范大学文学院教授）

目录 CONTENTS

第三章　讲好"为什么"

第七章　语言的魅力

第八章　我的下水作文

第一章

认识议论文

议论文不是一种专门用来刁难考生的文体，而是一种古已有之、中外畅行、有很强的实用价值的文章类型。它是考试的宠儿，更是思想表达最快捷的载体。

议论文无非是回答两个问题：一个是"有何高见"，表明观点；一个是"何以见得"，说清理由。议论文应当提出真知灼见且做出令人信服的论证。对于中学生来说，这个目标并不容易达成，所以常常退而求其次：言之有理，能够自圆其说。

第一节　不可轻视的议论文

一、思想的载体

法国十七世纪的科学家、思想家布莱士·帕斯卡尔说："人只不过是一根苇草，是自然界最脆弱的东西；但他是一根能思想的苇草。用不着整个宇宙都拿起武器来才能毁灭他；一口气、一滴水就足以致他死命了。然而，纵使宇宙毁灭了他，人却仍然要比致他于死命的东西更高贵得多；因为他知道自己要死亡，以及宇宙对他所具有的优势，而宇宙对此却是一无所知。因而，我们全部的尊严就在于思想。"（何兆武译《思想录》）

对于一个爱思考的人来说，议论文是记录他的思考过程和成果的工具。

提起中国的思想史，许多人首先想到春秋战国时代的"百家争鸣"。争什么？鸣什么？思想见解。记载这些思想的著作，就有很浓烈的议论色彩。

孔子说"今之孝者，是谓能养。至于犬马，皆能有养，不敬，何以别乎？"是发表议论；孟子说"庖有肥肉，厩有肥马，民有饥色，野有饿莩，此率兽而食人也。兽相食，且人恶之；为民父母，行政，不免于率兽而食人，恶在其为民父母也？"是发表议论；荀子说"天行有常，不为尧存，不为桀亡。应之以治则吉，应之以乱则凶"是发表议论；老子说"道可道，非常道；名可名，非常名"是发表议论；庄子说"若夫乘天地之正，而御六气之辩，以游无穷者，彼且恶乎待哉？故曰：至人无己，神人无功，圣人无名"是发表议论；墨子说"杀一人，谓之不义，必有一死罪矣。若以此说往，杀十人，十重不义，必有十死罪矣；杀百人，百重不义，必有百死罪矣。当此，天下之君子皆知而非之，谓之不义。今至大为不义攻国，则弗知非，从而誉之，谓之义。情不知其不义也，故书其言以遗后世；若知其不义也，夫奚说书其不义以遗后世哉？"是发表议论……

曹丕在他的《典论·论文》中指出："盖文章，经国之大业，不朽之盛事。"他说的文章，就包含甚至主要指议论文。流传甚广的《古文观止》，有人统计其中议论文多达 110 篇，约占总篇目（222 篇）的一半。其中尤其经典的如李斯《谏逐客书》、司马迁《报任安书》、贾谊《过秦论》、晁错《论贵粟疏》、魏征《谏太宗十思疏》、韩愈《师说》《讳辩》、柳宗元《桐叶封弟辨》、欧阳修《朋党论》、苏轼《刑赏忠厚之至论》、王安石《读〈孟尝君传〉》诸篇，在许多读书人那里，都是耳熟能详的佳作。

进入近现代社会后，报业发达，为灵活的议论文提供了更广阔的舞台。

当社会亟须变革的时候，议论文成了思想敏锐、责任感强烈的知识分子唤醒民众的工具。如清末民初，梁启超、陈独秀、李大钊、章太炎、鲁迅、胡适等人都写了大量议论文，深深地影响了当时的中国人。

梁启超的《少年中国说》激励了多少年轻人的斗志？胡适的《文学改良刍议》、陈独秀的《文学革命论》，不但促进了从文言到白话的文体改革，而且深远地影响了新文化运动。尤其是鲁迅，以如椽之巨笔肆力于"杂文"，与当时的恶习斗争，与旧中国的落后思想斗争，其影响力至今不衰。

自鲁迅后，杂文繁兴，针砭时弊，激浊扬清，惩恶扬善，深受读者喜爱。新中国成立后，各大主流媒体的社论，在引导舆论方面，发挥了重要的作用，甚至成为政治的晴雨表。

近代以来，海禁渐开，西方知识分子的著作传入中国。在这些著作中，表达思想见解的理论性作品对中国知识分子的冲击尤其大。它们丰富了我们的思想宝库，促进了我们对固有观念的反思，对别样人生的思索。

精彩的议论往往伴着可贵的质疑精神。试读历代议论名篇，那些令人怦然心动的言论，大都是在质疑、否定的基础上发出的。

有人向宋国大臣子罕献上一块宝玉，可是子罕不肯接受，他说："我

以不贪为宝，尔以玉为宝。若以与我，皆丧宝也，不若人有其宝。"（《左传·襄公十五年》）

郑国上卿子皮出于对尹何的爱护，想让这个没有从政经验的年轻人担任一邑的长官。郑大夫子产却说："不可。……今吾子爱人则以政，犹未能操刀而使割也，其伤实多。"（《左传·襄公三十一年》）

晋国的卿大夫韩宣子为贫穷忧心，可是叔向却祝贺他的贫穷，举出栾武子贫而免于灾难、郤昭子豪富却陈尸朝廷的事例，说："今吾子有栾武子之贫，吾以为能其德矣，是以贺。若不忧德之不建，而患货之不足，将吊不暇，何贺之有？"（《国语·晋语》）

北宋苏东坡写《石钟山记》，否李渤而肯定郦道元。到了清代，著名学者俞樾又提及此事，在《春在堂随笔》（卷七）中记录其亲家彭雪琴语："全山皆空，如钟覆地，故得钟名。"

鲁迅就是一个特别富有质疑精神的人，他的文学成就，在很大程度上可以归功于他的质疑精神。在《狂人日记》中，他借"狂人"之口说：

> 我翻开历史一查，这历史没有年代，歪歪斜斜的每页上都写着"仁义道德"几个字。我横竖睡不着，仔细看了半夜，才从字缝里看出字来，满本都写着两个字是"吃人"！

在《灯下漫笔》一文中，他又说：

> 但实际上，中国人向来就没有争到过"人"的价格，至多不过是奴隶……
> …………
>
> 任凭你爱排场的学者们怎样铺张，修史时候设些什么"汉族发祥时代""汉族发达时代""汉族中兴时代"的好题目，好意诚然是可感的，但措辞太绕湾子了。有更其直捷了当的说法在这里——
> 一、想做奴隶而不得的时代；
> 二、暂时做稳了奴隶的时代。

这些话，振聋发聩！

《史记·周本纪》载："褒姒不好笑，幽王欲其笑万方，故不笑。幽王为烽燧大鼓,有寇至则举烽火。诸侯悉至,至而无寇,褒姒乃大笑。幽王说之,为数举烽火。其后不信,诸侯益亦不至。"

这就是有名的"烽火戏诸侯"的故事。

钱穆对它的真实性提出疑问,他在《国史大纲》中说:"诸侯兵不能见烽同至,至而闻无寇,亦必休兵信宿而去,此有何可笑?举烽传警,乃汉人备匈奴事耳。"诸侯距离国都有远有近,怎么可能同时到达?此事有什么可笑的?周幽王时有点烽火报警的做法吗?钱穆据此三个疑点,否定了这一记载的真实性。

可以说,如果没有质疑精神,绝大多数议论可不必发,绝大多数议论文可不必写。

二、考试的宠儿

议论文陈述己见的实用性质,决定了这种文体比较容易看出写作者的抱负和见识。而国家选拔人才,又特别注重人才的抱负和见识。正因为如此,议论文体在国家为选拔人才而举行的考试中,处于非常重要的地位。

从公元 606 年隋炀帝下令设进士科始,至 1905 年宣布废除科举,在长达 1300 年的科举考试中,有一项几乎贯穿始终的考试内容——策。策又称"策问",正是一种议论性质的文体。

唐初进士科考试只试策,后来才增加诗赋等项目。由皇帝下诏为选拔"非常之才"而举行的制举考试更是看重策。

《登科记考》记载了白居易考进士时的五道对策,这五道策问的大致内容是:一、如何调理农商工之间的关系?二、如何处理刑法与崇德的关系?三、"圣哲垂训,言微旨远"等经义如何?四、天地之常道为何?五、如何利用籴粜方略以均贵贱?这虽然类似于论述题,但已经近乎议论文。

宋初进士科考试重诗赋轻策论,欧阳修在《论更改贡举事件劄子》中提出"当以策论为先"的建议。范仲淹也主张"先策论后诗赋"。王安石改革考试内容,变诗赋取士为经义、论、策取士。韩驹在上宋高宗的奏疏中说:"义以观其经术,论以察其智识,策以辨其谋略。"其中论、策固然是议论文体，经义以经书文句为题，应试者作文阐明其中义理，又何尝不是议论形式？

欧阳修主张改革文风，利用主持进士考试的机会，抑制好为险怪之语的刘几，揄扬文风健美而又质朴自然的苏轼。苏轼参加进士考试的大作《刑赏忠厚之至论》，成为议论文的典范。其文曰：

尧、舜、禹、汤、文、武、成、康之际，何其爱民之深，忧民之切，而待天下之以君子长者之道也！有一善，从而赏之，又从而咏歌嗟叹之，所以乐其始而勉其终；有一不善，从而罚之，又从而哀矜惩创之，所以弃其旧而开其新。故其吁、俞之声，欢休惨戚，见于虞、夏、商、周之书。成、康既没，穆王立，而周道始衰。然犹命其臣吕侯，而告之以祥刑。其言忧而不伤，威而不怒，慈爱而能断，恻然有哀怜无辜之心。故孔子犹取焉。

《传》曰："赏疑从与，所以广恩也；罚疑从去，所以慎刑也。"当尧之时，皋陶为士。将杀人，皋陶曰"杀之"三，尧曰"宥之"三。故天下畏皋陶执法之坚，而乐尧用刑之宽。四岳曰："鲧可用。"尧曰："不可，鲧方命圮族。"既而曰："试之。"何尧之不听皋陶之杀人，而从四岳之用鲧也？然则圣人之意，盖亦可见矣。

《书》曰："罪疑惟轻，功疑惟重。与其杀不辜，宁失不经。"呜呼！尽之矣。可以赏，可以无赏，赏之过乎仁；可以罚，可以无罚，罚之过乎义。过乎仁，不失为君子；过乎义，则流而入于忍人。故仁可过也，义不可过也。古者赏不以爵禄，刑不以刀锯。赏以爵禄，是赏之道行于爵禄之所加，而不行于爵禄之所不加也；刑以刀锯，是刑之威施于刀锯之所及，而不施于刀锯之所不及也。先王知天下之善不胜赏，而爵禄不足以劝也；知天下之恶不胜刑，而刀锯不足以裁也。是故疑则举而归之于仁，以君子长者之道待天下，使天下相率而归于君子长者之道。故曰忠厚之至也。

《诗》曰："君子如祉，乱庶遄已；君子如怒，乱庶遄沮。"夫君子之已乱，岂有异术哉？时其喜怒，而无失乎仁而已矣。《春秋》之义，立法贵严，而责人贵宽。因其褒贬之义以制赏罚，亦忠厚之至也。

至于明清时的八股文，也是一种"代圣贤立言"的议论文。

如今的公务员考试，申论是重要的一科，而申论需要考生针对题目所提供的一段或一组材料，进行归纳整理，提炼概括，发表见解，申述论证，其中就有写作整篇文章的要求，其文体也是议论文。

例如 2021 年山东公务员考试申论试题第三题：

根据对给定资料 8 中画线句子"时代变了，文化不再是后台的配角，已经成长为台前的主力"的理解，结合全部给定资料，自选角度，自拟题目，写一篇文章。

要求：

1. 观点明确，见解深刻；

2. 参考给定资料，但不拘泥于给定资料；

3. 逻辑清晰，语言流畅；

4. 字数 1000 字左右。

"观点明确""见解深刻""逻辑清晰"，无疑是对议论文的要求。

高考作为当今中国最重要的考试，其语文科作文试题，近年来虽然并不经常限定为议论文体，但是从命题材料看，大多数还是适合写成议论文，这已经是广大师生的共识。

第二节　议论文的特征

　　所谓议论文，是指这样一种文章体裁：其表达方式以议论为主，其写作目的是表达某种观点、阐明某种道理。

　　关于议论文，通常有"三要素"的说法，即论点、论据、论证。对于这"三要素"，目前学术界存在很多争议。从议论文写作的实践看，论点是一篇议论文不可或缺的要素，而论据、论证在有些议论文中是被淡化甚至缺席的。例如下面这篇鲁迅的《忽然想到》：

　　　　我想，我的神经也许有些瞀乱了。否则，那就可怕。

　　　　我觉得仿佛久没有所谓中华民国。

　　　　我觉得革命以前，我是做奴隶；革命以后不多久，就受了奴隶的骗，变成他们的奴隶了。

　　　　我觉得有许多民国国民而是民国的敌人。

　　　　我觉得有许多民国国民很像住在德、法等国里的犹太人，他们的意中别有一个国度。

　　　　我觉得许多烈士的血都被人们踏灭了，然而又不是故意的。

　　　　我觉得什么都要从新做过。

　　　　退一万步说罢，我希望有人好好地做一部民国的建国史给少年看，因为我觉得民国的来源，实在已经失传了，虽然还只有十四年！

　　这篇短文中，几乎每一句都表达一种见解，只在最后一段中，存在一个小小的论证。

　　不过对于一篇应试议论文来说，"三要素"一般要齐全，即必须有明确的论点，而且要借助论据来论证自己的论点，强调论据充分，论证严密。

　　从表达方式来看，议论是运用概念、判断、推理对事物进行分析评论，表明自己立场、观点和主张的表达方式。它往往要判断是非，表明褒贬，指出该怎么做。

例如，学生陈明因在上学路上救人而迟到，如果这样表述，就是叙述、描写：

> 陈明匆匆地往学校赶，时间有些紧张，他一路小跑，额头沁出了晶莹的汗珠。忽然，跑在他前面的一位大叔跌倒在地，痛苦地蜷缩起身子。陈明犹豫了一下，还是停了下来，跑到大叔跟前，蹲下，焦急地问："叔叔，您感觉怎么样？我帮您叫救护车吧？"过了十几分钟，救护车赶来了，陈明帮医生把大叔抬上车，看救护车远去，他转过身，朝着学校飞奔而去……远远地，他听到了急促的上课铃声。

如果这样表述，则是议论：

> 陈明上学迟到，显然违反了学校纪律，似乎应该受到惩罚；然而，陈明的迟到，实在是一场意外，绝非有意为之，与因为贪睡贪玩而迟到的行为不同。事实上，如果考察一下陈明迟到的原因，我们会发现他有一颗闪光的金子般的心，有一种助人为乐的高尚品质，这不正是我们大力弘扬的美德吗？在爱的队伍里，他不但没有迟到，而且走在了前列！以此而论，我以为，不但不应该惩罚他，而且应该大张旗鼓地表扬他！

议论文的价值主要体现在议论上，既通过议论表明观点，也通过议论证明观点。议论色彩特别浓重的文章中，常常有整段整段的议论，没有或只有极少量的叙述。

例1. 鲁迅《中国人失掉自信力了吗》

> 从公开的文字上看起来：两年以前，我们总自夸着"地大物博"，是事实；不久就不再自夸了，只希望着国联，也是事实；现在是既不夸自己，也不信国联，改为一味求神拜佛，怀古伤今了——却也是事实。
>
> 于是有人慨叹曰：中国人失掉自信力了。
>
> 如果单据这一点现象而论，自信其实是早就失掉了的。先前信

"地"，信"物"，后来信"国联"，都没有相信过"自己"。假使这也算一种"信"，那也只能说中国人曾经有过"他信力"，自从对国联失望之后，便把这他信力都失掉了。

失掉了他信力，就会疑，一个转身，也许能够只相信了自己，倒是一条新生路，但不幸的是逐渐玄虚起来了。信"地"和"物"，还是切实的东西，国联就渺茫，不过这还可以令人不久就省悟到依赖它的不可靠。一到求神拜佛，可就玄虚之至了，有益或是有害，一时就找不出分明的结果来，它可以令人更长久的麻醉着自己。

中国人现在是在发展着"自欺力"。

"自欺"也并非现在的新东西，现在只不过日见其明显，笼罩了一切罢了。然而，在这笼罩之下，我们有并不失掉自信力的中国人在。

我们从古以来，就有埋头苦干的人，有拼命硬干的人，有为民请命的人，有舍身求法的人，……虽是等于为帝王将相作家谱的所谓"正史"，也往往掩不住他们的光耀，这就是中国的脊梁。

这一类的人们，就是现在也何尝少呢？他们有确信，不自欺；他们在前仆后继的战斗，不过一面总在被摧残，被抹杀，消灭于黑暗中，不能为大家所知道罢了。说中国人失掉了自信力，用以指一部分人则可，倘若加于全体，那简直是诬蔑。

要论中国人，必须不被搽在表面的自欺欺人的脂粉所诓骗，却看他的筋骨和脊梁。自信力的有无，状元宰相的文章是不足为据的，要自己去看地底下。

这篇文章只在开头简单地交代了要谈的论题，是叙述，但是我们又能明确感觉到这里的叙述并不单纯，而是已经有了议论的味道。后面则几乎全是议论。

例2. 阿城《文化不是味精》

前两天有朋友警告我：一个东西"不是什么"容易讲，"是什么"非常难讲。但我觉得，"文化"恰恰是特别容易说"是什么"的一个东西。在我看来，文化是什么？——文化就是一种关系，我和你，你和他，班级对班级，学校对学校，甚至上升到集团对集团、国家对国家，它们的关系是什么？是"文"还是"武"？中国"文化"的"文"是很早就定下来，非常简单、明确，它是针对"武化"提出的。周公制礼作乐，这个"礼"，就是文。为什么要这样做？周初建立政权，自己力量小，施行的是军事殖民，面对的是随时可能出现的武化事件，所以周公为了安定天下"制礼"，"礼"就是文的意思。也就是说，大家放弃武的关系，约定文的关系。

"武"是什么呢？只要我的力气大、实力强，你面前的面包我抢过来。这就是"武"。你的资源，我一把就抢过来，你没有办法。这就是武。

而文的关系中，资源是这样的，每个人都要有一点，不能是谁的力量大，谁就可以全部拿走。所以，中国的"文"非常简单、明确，就是相对于"武"提出的。

那么"化"是什么？以前有一句话："融化在血液中，落实在行动上。""融化在血液中"是什么意思？——它本来不是血液里就有的东西，为什么要把这个东西融化进去？因为它是后天的，不是先天的。"文"不是我们的本能，而是后天的一种规定。"落实在行动中"，就是一举一动，包括你心里怎么想、怎么考虑这个事等，所有细节、行为，都是按"文"的方式去处理，这就是"化"，就像春风化雨，把整个地都浸湿了。比如现在大家这么有礼貌地坐在这儿听，而不是每个人挽着胳膊围在我的边上，电影里经常看到把一个人围起来，意思就是要动手了。

这四段文字，谈"文"，谈"武"，谈"化"，都在表达自己的观点，只第四段结尾处一个比喻（像春风化雨）、一个事例（大家有礼貌地坐在这儿听）有一点叙述成分，而这点叙述也紧紧地裹挟于前面的议论中。

例3. 周国平《己所欲，勿施于人》

中外圣哲都教导我们："己所不欲，勿施于人。"这是要我们将心比心，不把自己视为恶、痛苦、灾祸的东西强加于人。己所不欲却施于人，损人利己，把自己的快乐建立在别人的痛苦之上，这种行径当然是对别人的严重侵犯。然而，这只是事情的一个方面。

另一方面，自己视为善、快乐、幸福的东西，难道就可以强加于人了吗？要是别人并不和你一样认为它们是善、快乐、幸福，这样做岂不也是对别人的一种严重侵犯？在实际生活中，更多的纷争的确起于强求别人接受自己的趣味、观点、立场等等。大至在信仰问题上，试图以自己所信奉的某种教义统一天下，甚至不惜为此发动战争。小至在思维方式上，在生活习惯上，在艺术欣赏上，在文学批评上，人们很容易以自己所是为是，斥别人所是为非。即使在一个家庭的内部，夫妇间改造对方趣味的斗争也是屡见不鲜的。

事情的这一个方面往往遭到了忽视。人们似乎认为，以己不欲施于人是明显的恶，出发点就是害人，以己所欲施于人的动机却是好的，是为了助人、救人、造福于人。殊不知在人类历史上，以救世主自居的世界征服者们造成的苦难远远超过普通的歹徒。我们应该记住，己所欲未必是人所欲，同样不可施于人。如果说"己所不欲，勿施于人"是一个文明人的起码品德，它反对的是对他人的故意伤害，主张自己活也让别人活，那么，"己所欲，勿施于人"便是一个文明人的高级修养，它尊重的是他人的独立人格和精神自由，进而提倡自己按自己的方式活，也让别人按别人的方式活。

现代社会是一个价值多元的社会，在遵守法律的前提下，人们在精神信仰领域和私生活领域都享有了越来越多的自由。在我看来，这是一个合理化的进程，而那些以己所欲施于人者则是这个进程中的消极因素。倘若他们被越来越多的人宣布为不受欢迎的人，我是丝毫不会感到意外的。

这篇短文，从"己所不欲，勿施于人"这句名言说到"己所欲，勿施于人"，反思看似高尚实则蛮横的"己所欲则施于人"的做法，探讨了在精神信仰和私生活领域尊重个人自由的重要意义，议论贯穿全文。

说议论文"以议论为主"，说明它还可能有其他表达方式。事实上，绝大多数议论文，并非单一使用议论的方式，而是综合运用叙述、说明、描写、抒情等。"以议论为主"，也不能简单理解为议论部分字数多，叙述、说明、描写、抒情部分的字数少，而应看其重心所在。

例4.鲁迅《上海的儿童》

上海越界筑路的北四川路一带，因为打仗，去年冷落了大半年，今年依然热闹了，店铺从法租界搬回，电影院早经开始，公园左近也常见携手同行的爱侣，这是去年夏天所没有的。

倘若走进住家的弄堂里去，就看见便溺器，吃食担，苍蝇成群的在飞，孩子成队的在闹，有剧烈的捣乱，有发达的骂詈，真是一个乱烘烘的小世界。但一到大路上，映进眼帘来的却只是轩昂活泼地玩着走着的外国孩子，中国的儿童几乎看不见。但也并非没有，只因为衣裤郎当，精神萎靡，被别人压得像影子一样，不能醒目了。

中国中流的家庭，教孩子大抵只有两种法。其一，是任其跋扈，一点也不管，骂人固可，打人亦无不可，在门内或门前是暴主，是霸王，但到外面，便如失了网的蜘蛛一般，立刻毫无能力。其二，是终日给以冷遇或呵斥，甚而至于打扑，使他畏葸退缩，仿佛一个奴才，一个傀儡，然而父母却美其名曰"听话"，自以为是教育的成功，待到放他到外面来，则如暂出樊笼的小禽，他决不会飞鸣，也不会跳跃。

现在总算中国也有印给儿童看的画本了，其中的主角自然是儿童，然而画中人物，大抵倘不是带着横暴冥顽的气味，甚而至于流氓模样的，过度的恶作剧的顽童，就是钩头耸背，低眉顺眼，一副死板板的脸相的所谓"好孩子"。这虽然由于画家本领的欠缺，但也是取儿童为范本的，而从此又以作供给儿童仿效的范本。我们试一看别国的儿童画罢，英国沉着，德国粗豪，俄国雄厚，法国漂亮，日本聪明，都没有一点中国似的衰惫的气象。观民风是不但可以由诗文，也可以由图画，而且可以由不为人们所重的儿童画的。

顽劣，钝滞，都足以使人没落，灭亡。童年的情形，便是将来的命运。我们的新人物，讲恋爱，讲小家庭，讲自立，讲享乐了，但很少有人为儿女提出家庭教育的问题，学校教育的问题，社会改革的问题。先前的人，只知道"为儿孙作马牛"，固然是错误的，但只顾现在，不想将来，"任儿孙作马牛"，却不能不说是一个更大的错误。

这篇文章，前两段是以叙述、描写为主的，第三、四段议论中有叙述，而"英国沉着，德国粗豪，俄国雄厚，法国漂亮，日本聪明"几句，则近乎说明。文中的叙述、描写、说明，都是为了议论而设，作者的用心所在，是发表对于中国儿童教育的观点，所以，这仍是一篇议论文。

叙述、描写的前期工作是准备"素材"，而"素材"之所以"素"，就因为它不是专门为哪篇文章、哪段话准备的。在运用"素材"时，必须学会取舍、剪裁，使之契合语境。

素材如果是基于自己对事实的观察、记录，那么移用到具体文章时只需稍做调整即可，因为原本是自己的表述，再运用时心中有数，比较自然，可以不必多论。但是，如果是他人的记录，如来自报刊、书籍等，移用到自己文中，就需要斟酌、调整，或摘取关键词句，或压缩概括，或转换一下说法，以求适应文章的内容和语言风格。

第三节 范文须取法乎上

作文教学中，范文是非常重要的工具。常言道："榜样的力量是无穷的。"作文训练，往往是从"比葫芦画瓢"起步。从这个意义上说，写作训练的成败，在很大程度上取决于所依凭的范文的优劣。诚如古人所说："取法于上，仅得为中；取法于中，故为其下。"

中学生普遍借鉴的范文，主要是各种中考或高考"满分作文"。这些满分作文的来源，常常令人生疑。姑且相信确实是中考或高考满分作文吧，那么，是否就可以放心地膜拜、模仿呢？

恐怕不可以。

明清时期，曾以国家制度的方式印发"高考优秀作文"——程文，或称闱墨。这些文章，是从考中的士子的应试文章中千挑万选出来的，按理说应该是精金美玉了吧，可是并不尽然。

嘉靖十一年（1532年）正月，礼部尚书夏言在奏疏中说：

臣等切见本朝科举文字体格甚好，初场试以七篇，皆以《五经》《四书》大义，求其旨趣不失而词理俱到者，已为难得。于中场试以论、表、判语，末场试以五策，求其随扣即应而博洽贯通者尤为难得。所以，应试之士于风檐寸晷之余，欲实录其文可为后学矜式者，盖已绝无。间有之，是取什一于千百也。所以，《试录》文字多出主司之手，而谓之程文，将以为学者程式也。且自来诸省《乡试录》文字不及两京，而《会试录》文字每冠天下，盖两京主考用翰林官二人，而会试则用馆阁儒硕及谏垣郎署之素有文名者充之，所以《试录》程文成于多贤之手，足为海内矜式，庶几学者有以循据。近年题奉钦依欲录士子本文，不必考官自作，所以各处《试录》文理纰缪、体裁庞杂，殆不可观，以致初学之士不辨臧否，方且争效所为，至于平日善为文者亦不能守其故步，反迁就其非缪，以希合一时，则文之弊也，将来可胜捄哉！

这份奏疏全名为《正文体重程式简考官以收真才疏》，奏疏透露了这样几个信息：

一、即便是科举高中的才子们，其应试作文也存在种种问题，诸如观点不契合圣贤旨趣、词理不能并美、知识面狭窄等问题，很难找出堪作范文的佳作。

二、这些问题的产生，除了考生本身文化素养还有待提高这一原因外，主要是应试的特殊场合导致。"风檐寸晷"四字极形象地点出了考生们应试时受到的空间和时间限制。空间上，考场往往极简陋，秋闱（指乡试，一般在农历八月举行）则有蚊虫叮咬之苦，春闱（指会试，一般在农历二月或三月举行）则有寒风砭骨之虞，实在难以舒舒服服地动笔；时间上，计时收卷，难以精思细构。

三、从这些应试作文中选出的范文，文理纰缪，体裁庞杂，倘不加润色，势必给准备应考的天下士子带来极坏的影响。

夏言所说的还是官方选文，至于民间私选之文，质量更是堪忧。《儒林外史》中马二先生选批范文300篇，用时60天；而年轻的匡超人受书商之托，6天之内就完工大吉。这位匡超人对于范文的理解是"文章既是中了，就是有法则了"——典型的成者王侯败者寇！

科举早已废弃，但是人们对"程文""闱墨"的依赖心理并未废弃，今日"满分作文"，即昔日之"程文""闱墨"也。昔日"程文""闱墨"有种种弊端，今日"满分作文"同样有种种弊端。彼时的"程文""闱墨"当然不能与今天的作文同日而语，然而单就"章法"而言，今日的"满分作文"甚至不如昔日的"程文""闱墨"。

为什么这样说？

第一，就时间限制而言，今天的考生要在两个或两个半小时内做完容量甚大的语文试卷，并不容易。分配到作文上的时间，许多考生还不到一个小时。俗话说："疾则编苦，迟则织锦。"这样紧张的时间，要想"精思傅会""字斟句酌"，显然是不可能的。

第二，就考生功力而言，古代应试者从小致力于读书为文，四书五经早已烂熟于胸，且有很多考生不是初考，三四十岁的青壮年大有人在，生活阅历远比今天的高中生丰富。所以他们的应试作文，比今天中学生的"满分作文"要老到不少。

著者曾翻阅过学生手中的"满分作文"，中意的极少，失望的居多。

有个笑话，说一个人学做裤，师傅就拿了一条旧裤让他比着做，结果他把旧裤上的破洞也做在新裤子上了。盲目模仿范文的中学生，就像这个不动脑子的学徒，费尽心力，做出的却是一条破裤子。

那么，该选用什么样的范文呢？

第一，名家名作。名家名作，都是在真实的场景中完成，有着明确的写作目标，蕴含着激荡人心的力量，是充满生命力的"案例"。以此为榜样，才能吸收到真营养，学到真功夫，写出真文章。

第二，经过修改的应试范文。精选少量的考生佳作，由写文章的方家高手加以润色，以引导学生明了作文体式。

明代著名学者胡应麟的文集《少室山房集》中收录了他参加乡试时写的一篇策文。这篇策文因写得好，被当作范文刊发。但是，刊发后的胡氏范文，已经不是其原来模样，而是经过了考官的修改。胡应麟提到自己的这篇范文时说：

> 此余乡贡岁场屋时义也。当时命题者意有所属，风檐下漫尔信笔，偶座师直指吴公阅及，大赏之，录程式中。自后余浮游江海，原卷弃掷久矣。辛卯东归，检拾故箧，睹程录，此篇在焉。其词间有泰甚，皆吴公笔削之余，所存余语不过十之五六。余卷既无从校核，重以吴公笔，不忍舍旃，辄据录梓卷，终匪以存余语，实以存吴公笔也。

这里"乡贡"指乡试。连胡应麟这样的一代学术巨匠，其应试文章受到阅卷官的高度赞赏，当选作程文时，仍然有种种不妥帖处，被修改之处近一半。吴公的修改显然使文章大为增色，正如胡应麟所说，文中精彩之处都是吴公修改过的。

对于那些仅仅在枝节上存在问题的文章，这样的修改是可行的；但应试之作的问题，往往是多方面的，很难略改数字，即可"点石成金"。

第三，"下水作文"。下水作文特指专家、学者和教师为引导学生写作而写的示范性文章。早在唐太宗贞观年间，科举早期，魏征就亲自撰写《时务策》来给参加考试的举子做示范。王安石也曾亲撰"经义式"，来给考生做榜样。其《里仁为美》一篇写道：

> 为善必慎其习，故所居必择其地。善在我耳，人何损焉？而君子必择所居之地者，盖慎其习也。孔子曰："里仁为美。"意以此与？
>
> 一薰一莸，十年有臭，非以其化之之故耶？一日暴，十日寒，无复能生之物。傅者寡，而咻者众，虽日挞不可为齐语，非以其害之之故耶？善不胜恶旧矣。
>
> 为善而不求善之资，在我未保其全，而恶习固已乱之矣。此择不处仁，所以谓之不智，而里仁所以为美也。
>
> 夫苟处仁，则朝夕之所亲，无非仁也；议论之所契，无非仁也。耳之所闻，皆仁人之言；目之所睹，皆仁人之事。相与磨砻，相与渐渍，日加益而不知矣，不亦美乎？
>
> 夷之里，贪夫可以廉；惠之里，鄙夫可以宽。既居仁者之里矣，虽欲不仁得乎？以墨氏而已有所不及，以孟氏之家为之数迁，可以余人而不择其地乎？
>
> 然至贤者不能渝，至洁者不能污。彼诚仁者，性之而非假也，安之而弗强也。动与仁俱行，静与仁俱至，盖无往而不存，尚何以择为哉！

这篇300余字的"标准答案"，其实是一篇"五脏俱全"、可作模范的议论文。

明代夏言在奏疏中说到《试录》程文"成于多贤之手，足为海内矜式，庶几学者有以循据"，可见明朝时，一些文章高手也做过这类事。明朝弘治年间阁臣丘濬也说："（程文）近日多是考官代作，甚至举子无一言于其间。"

　　毫无疑问，文章名家特意为年轻人写的议论文范文，必定大大提高范文的质量，发挥良好的引导作用。然而名家们往往没有精力来做这件事，退而求其次，一些语文老师尝试着给自己的学生写下水作文。这些下水作文的质量参差不齐，取决于"下水"老师的写作水平。教师的下水作文，固然应首先考虑合乎应试体式，考虑方便学生借鉴，但也不应当放弃对高品质的追求，不宜迎合某些中学生低水平的审美；应当有真刀真枪的实战意识，而不可一味花拳绣腿。花拳绣腿的本质是空洞，是虚弱。前人曾笑话"夫天地者，六合宇宙之乾坤，大哉久矣，数千万年而非一日也"之类文字，看上去挺唬人，实际上空空如也。

　　应该充分认识到：高考作文命题形式丰富多样，而且还会继续创新；命题人具有很强的防宿构意识，会花费很大心思来对付机械、单调的模式化写作。这样一来，那种简单、呆板的范文，就很难应对复杂多变的命题。所以，必须特别注意：学习范文，既要借鉴其外在的结构形式，更要体味其内在的思想神韵；既要知其如何写，更要知其为何这样写。这样做，才能充分发挥范文的价值，将他人的佳作内化为自己的才华。

第四节　诗内功夫与诗外功夫

陆游晚年写过一首名叫《示子遹》的诗，诗中回顾自己的写作经历，最后得出"汝果欲学诗，工夫在诗外"的感慨。"工夫"，即"功夫"。所谓"诗内功夫"，是指文章的写作法则；所谓"诗外功夫"，是指作者的生活修养。一般人认为，陆游这是否定"诗内功夫"。其实这是一个误会。清代乾隆年间史学家章学诚说："学文之事，可授受者，规矩方圆；其不可授受者，心营意造。"本书所做的事，就是授以"规矩方圆"。

文学家在写作的起步阶段，又何尝不是先大量阅读前人作品，用心揣摩其法，渐渐明白其中奥秘，一步步达到"自由之境"？对于议论文这样的实用类文体，尤其是对于初学写作议论文的年轻人来说，借鉴前人写作经验，探究优秀作品中包含的方法，当然还是必要的。"熟读唐诗三百首，不会吟诗也会吟。"倘若时间足够，读的作品足够，也可能"自然而然"地悟出个中道理；可惜年轻人用于读书的时间有限，这种情形下，借鉴一下前人的经验，避开一些弯道，不也很有价值吗？

好文章形神兼备。写作方法，主要从"形"的一面来指导；至于"神"，那是作者的天赋、学识、思想、人生际遇、灵感等诸方面综合作用的结果。

议论文是直接表达作者见解的文体，文章的形式只是载体，真正打动人心的还是见解本身。新中国第一位获得"人民艺术家"称号的作家老舍说："要学习文艺，切勿专在文艺作品上打转。你要先有一些思想。……一个没有思想的人，也就不辨是非，不关心人类的生活合理不合理，那么，他怎能有正义感，怎能选择什么值得说，什么是废话呢？因此，你要储蓄思想。"著名美学家朱光潜也说："说理文需要丰富的学识和谨严的思考。""长袖善舞，多钱善贾"，"巧妇难为无米之炊"，一个思想浅薄、孤陋寡闻、腹中空空的人，是无法写出充满魅力的文章的。

《列子》中有"两小儿辩日"的故事，一个小儿认为早晨的太阳离人近，中午的太阳离人远，另一个则认为正相反。两人去请教博学多才的孔子，结果孔子也给不出答案。

没有人怀疑孔子的表达能力，问题出在他的学识上。那个时代，人们对天文的研究有限，他不知道如今的天文学知识，当然也就无从答起——不过，孔子诚实的态度仍然值得赞扬。如果就这个问题写一篇文章，今天的天文学家一定比孔子写得精彩。

人生的阅历是一个大问题，对于年轻人来说，不是想增加就增加得了的。比较可行的是加强阅读，各类书籍如史传、哲学、政论、文学作品……尽可能多涉猎，边读边思考，"积土成山，风雨兴焉"，"积水成渊，蛟龙生焉"，读得多，思考得勤，见识就慢慢多了，思想的品质就渐渐高了。不信试看文章大家，韩愈、苏轼、鲁迅、钱钟书……哪一位不是饱学之士？

把考生比作厨师，考官点餐后，坐等你的大作端上桌，观其色，嗅其香，品其味，然后打分。你不仅要知道菜怎么做，还必须有充足而优质的食材，才能交出一道佳肴。

中学生课外阅读时间有限，可以结合课堂学习来提高思想认识，积累素材。其中文科类如语文课、思想政治课（包括时事政治）、历史课、外语课等固然是重要的四个途径，其他理科类课程，如物理、化学、数学、地理、生物中的基本原理，也可以用来论证。例如可以用地理学上影响气候的因素来谈"联系"、谈"和谐"，可以用化学上的物质生成来谈"变化"。

一个行之有效的办法是建立自己的素材库，不断更新、充实、整理；

尤其重要的是必须有意识地运用积累的素材，而且必须多次运用。未经运用或者运用不熟练的素材，如同一把陌生的枪，打响都很难，更别说击中目标了。

无论诗内功夫还是诗外功夫，都离不开读与写。苏轼《东坡志林》一书中有这样一段话：

> 顷岁孙莘老识欧阳文忠公，尝乘间以文字问之。云："无它术，唯勤读书而多为之，自工。世人患作文字少，又懒读书，每一篇出，即求过人，如此少有至者。疵病不必待人指摘，多作自能见之。"

怎样才能写好文章呢？许多年轻人也向自己的语文老师问过这个问题。大文学家欧阳修的回答是如此朴实无奇——一是勤读，二是多写。欧阳修的话，值得每一个想写好议论文的年轻人重视。勤读、多写是必须下的功夫，在此基础上再来探讨作文之法，才会有比较大的收获。

第二章

说清『是什么』

说清"是什么"就是回答"有何高见"。在议论文诸要素中，观点是最根本的要素。把观点"是什么"说清楚，是一篇议论文的头等大事。观点说不清，话再多也是废话。就像《颜氏家训》中提到的那位买驴的博士，"书券三纸，未有驴字"，还买什么驴呢？

围绕"观点是什么"，又可细分为三部分：（1）所谈论的对象（论题）是什么？（2）主要观点（核心观点）是什么？（3）具体分解为哪些观点（包含"怎么做"）？

第一节　审题与立论

议论文的核心要素是论点，而论点又是针对具体论题提出的。议论文的第一任务或者说前提任务，就是弄清论题是什么，这一步就是审题（当然，审题还包括其他内容）；在审题的基础上，确立论点，这就是立论。

一、明确论题

一个人提笔写议论文之前，必定会经历确定论题、提炼论点这样的审题过程。在应试写作中，审题被置于一个特别重要的地位。应试作文，第一要义是"扣题"。这是限制性作文的必然要求，是保障公平公正的必要措施。理所当然地，"扣题"也成为一篇作文成败的前提。一个人的语言水平、卷面质量、思想认识相对稳定，不易大起大伏，可是在"扣题"这一环节上，稍有不慎，往往会大意失荆州。所谓"差之毫厘，谬以千里"，所谓"下笔千言，离题万里"，都是"过来人"的惨痛教训。

在应试作文中，所谓审题，是指动笔作文之前先审视、了解、分析作文要求的过程。

一道写作题目的构成，通常包括材料和要求两部分。在审题阶段，诸如字数、体裁等要素的审核，只要不疏忽大意，不会给写作者带来困难。真正成为问题的，是明确论题，确立论点，这才是最核心最关键的任务。

议论文的"论题"，是指一篇议论文论述的对象、问题。议论文总是针对某一具体对象、具体问题来写的。

论题虽然常常涉及某些观点，但这些观点并不一定是作者的观点，可能只是限定议论的范围、对象。

一篇文章从写作到阅读,是一个交流活动。既是交流活动,双方都应清楚交流的对象、话题。必须明确告诉读者你是在谈论什么问题时提出了这样的观点,只有这样,这次交流活动的目的才变得清晰,读者才能正确地理解你的观点,才能做出较为公允的评判。

既然有论题限制,写作的起点就是要准确把握论题。常有人说应试作文是"戴着镣铐的舞蹈",那么,论题即是最制约作者的镣铐。

毫无疑问,命题者一定会把论题安放于命题之中。就像藏宝游戏,"宝"是一定要有的,否则就成了骗局。审题时要做的最重要的工作,就是要寻找这个"宝"。

有的"宝"藏在非常显眼的地方,甚至根本算不上藏。例如北京卷(2016年),要求以"'老腔'何以令人震撼"为题写一篇议论文,其命题材料是现代文阅读文本《白鹿原上奏响一支老腔》。这就明明白白告诉了你本次写作的论题。再如上海卷(2007年),要求以"必须跨过这道坎"为题,写一篇文章。这不但告诉你论题(这道坎),连论点也给限定了。

有的"宝"藏得既不那么显眼,也不那么"刁钻",而是若隐若现,人已经坐在那里了,却"犹抱琵琶半遮面"。

有的"宝"藏得就有些深了,不细心推求就可能不得要领。例如2010年全国 I 卷作文题,要求看漫画写作文:

(据王铎作品改动)

一方面，命题在作文题中呈现的形式有隐有显，难度存在差异；另一方面，这种隐显、难度的差异又并非绝对，而与审题者的"诗外功夫"——其生活阅历、知识素养、品德修养等有关。同样一个题目，对于一个生活阅历丰富、知识素养高、见多识广的人来说，可能一眼就看穿命题者的用意所在；可是对于一个浅薄无知的人来说，则可能百思不得其解。

探究论题时，有四点应当特别注意：

（一）部分与整体

一般而言，命题材料是一个或一组彼此关联、围绕着共同话题的语段。所谓"扣题"，是指把握住了材料的整体意蕴，不是只扣材料中的个别事实甚至字眼。

打个比方，你端上一盘红烧鲤鱼，介绍你用的是什么鲤鱼，什么酱油，什么醋，什么火候，等等，请六个美食家来写一篇评论。A的论点是"这鱼做得真好吃"，B的论点是"这鱼做成了艺术品"，C的论点是"这鱼烧的火候恰到好处"，D的论点是"这鱼选的品种不是太好"，E的论点是"鲤鱼适合在淡水里养"，F的论点是"用的醋不错"。如果你是做这道菜的厨师，你会如何看待这六个人的评论？A、B、C都是评论这道菜的，这正是厨师期待对方讲的；D指出主要食材不够理想，虽然不是直接评价这道菜，但是由于鱼是这道菜最关键的原料，所以他的看法对于厨师来说仍然算得上重要，厨师也是乐于听纳的；E谈鲤鱼的养殖、F谈醋，都远离了对红烧鲤鱼这道菜的评价，厨师听了只会尴尬地笑。显然，这最后两个人的论题，虽然也来自"材料"，却无视整体，因而也就没有抓住实质，给人"顾左右而言他"的感觉。

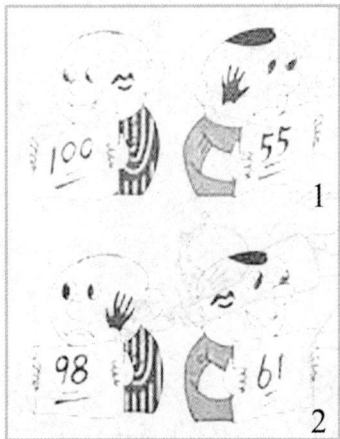

（据夏明作品改动）

如2016年全国Ⅰ卷，要求根据漫画（左图）作文。这幅漫画，由上下（即图中的1、2）两部分构成。图中，学生甲得100分，得到表扬（吻），得98分，受到惩罚（耳光）；学生乙得 55 分，受到惩罚（耳光），得 61 分，得到表扬（吻）。通过比较可以看出，两个小学生虽然学习优劣程度不同，但受到的待遇是相同的：一切以分数为评判标准，分数提高了，就奖励；分数下降了，就惩罚。明白了这一点，就可以判断出，这幅漫画批评的是唯分数论、简单粗暴的教育方式等问题。

单则材料审题时，比较能注意整体性；对于多则材料，许多人感到茫然。从命题实践看，除了极少数需要"选条组合"（如 2017 年全国卷的两道题，一道是从一组关键词中选二至三个，一道是从六个名句中选二至三句）外，大多数多则材料命题是一个有机的整体。对于这类命题，应当运用归纳的办法，提炼出共同的论题。

如 2020 年全国 II 卷：

墨子说："视人之国，若视其国；视人之家，若视其家；视人之身，若视其身。"英国诗人约翰·多恩说："没有人是自成一体、与世隔绝的孤岛，每一个人都是广袤大陆的一部分。"

"青山一道同云雨，明月何曾是两乡。""同气连枝，共盼春来。"……2020 年的春天，这些寄言印在国际社会援助中国的物资上，表达了世界人民对中国的支持。

"山和山不相遇，人和人要相逢。""消失吧，黑夜！黎明时我们将获胜！"……这些话语印在中国援助其他国家的物资上，寄托着中国人民对世界的祝福。

这一命题的材料可分为三类：

第一类是名人的话，又可分为两小类，一是我国战国时墨子的话，二是英国约翰·多恩的话。两人的话侧重点并不一样，但共同的话题是"自己与他人"。

第二类是国际社会援助中国时的寄语，有两句，共同话题是"同"。

第三类是中国援助其他国家时的寄语，也有两句，一说人与人相逢，一说胜利会到来，单独看并无多少相同之处。但其中"消失吧，黑夜"一句与上面"共盼春来"一句表达的是相同的意思。

把这三类材料放在一起斟酌，其共同话题是什么呢？大而言之，是人与人、国与国之间的联系；小而言之，是在灾难面前，世界各国人民应该怎么做。

（二）大问题与小问题

一篇千字左右的作文，不可能解决多少问题。命题者往往避免设计太笼统的大问题来让考生"坐而论道"，多是在一个宏观的话题下设计具体的小问题，期待考生能具体问题具体分析。审题时，应当注意这一点，避免停留在空泛的大问题上。例如上面提到的漫画作文，批评教育中的急功近利倾向或简单粗暴方式是合适的，泛泛谈"教育的意义"则给人隔靴搔痒之感；针对教育中的急功近利来提倡"多一点宽容"是合适的，泛泛谈"宽容的价值"则大而不当。

再如下面这则材料（2021年全国Ⅱ卷）：

> 古人常以比喻说明对理想的追求，涉及基础、方法、路径、目标及其关系等。如汉代扬雄就曾以射箭为喻，他说："修身以为弓，矫思以为矢，立义以为的，奠而后发，发必中矣。"大意是，只要不断加强修养，端正思想，并将"义"作为确定的目标，再付诸行动，就能实现理想。

许多考生一看到"理想"，便断定这次作文的论题是"理想"。这样说对不对呢？对，也不对。说对，是因为大问题确实是谈理想；说不对，是因为这里具体谈的是"怎样确定理想和实现理想"。如果满篇谈理想的重要意义，就算不得准确扣题。

再如2021年天津卷：

> 如果说时间是一条单行道，那么纪念日就是道路两侧最醒目的路标，它告诉我们怎样从昨天走到了今天。时间永不停步，纪念日不会消失。记住它，可以让日历上简单的数字成为岁月厚重的注脚，而它也不断提醒着我们带着初心奔向前方。

一开始接触这段文字，很容易注意到其中的两个概念：时间、纪念日。再往后读，会注意到重心落在纪念日上，是不是据此可以说它的论题就是

"纪念日"呢？那么针对"纪念日应该不应该送礼物"来谈，合适吗？不合适。因为仔细斟酌后会发现，这里的主要论题是"纪念日的意义"。

又如某模拟题要求以"奋斗是美丽的"为话题写作文，相当多的同学把注意力集中到"奋斗"这个概念上，而忽略了"是美丽的"这一具体判断，一味泛泛地谈"奋斗"这个大问题，涉及奋斗的艰辛、奋斗的目的、奋斗的种种表现等，就是不谈"奋斗是美丽的"这一最应该论述的小问题。

（三）表面事与深层义

作文命题有的比较"实"，心里想着什么，就说什么，不绕圈子，不打哑谜。

例如 2021 年全国 I 卷这道题：

> 中国共产党走过百年历程。在党团结带领人民进行的伟大斗争中孕育的革命文化和社会主义先进文化，已经深深融入我们的血脉和灵魂。我们过的节日如"五四""七一""八一""十一"，我们唱的歌曲如《义勇军进行曲》《没有共产党就没有新中国》，我们读的作品如《为人民服务》《沁园春·雪》《荷花淀》《红岩》，我们景仰的革命烈士如李大钊、夏明翰、方志敏、杨靖宇，我们学习的榜样如雷锋、焦裕禄、钱学森、黄大年，等等，都给予我们精神的滋养和激励。我们心中有阳光，我们脚下有力量。我们的未来将融汇于中华民族伟大复兴的新征程，我们处在一个大有可为的时代……
>
> 请结合材料，以"可为与有为"为主题，写一篇文章。

这道题中的材料已明确告诉我们论题是"可为与有为"，意思都摆在字面上了，不用再深究到底说什么。

但是，更多的时候，命题不这么显豁，而是"言在此而意在彼"，表面事与深层义之间存在距离。材料表面或者是一种比喻，或者是一个例子，或者是触发思维的引子。对于这类命题，写作时就应由表面事行进到深层义。

例 1. 2021 年新高考全国 I 卷，要求根据下面材料写作。

> 1917 年 4 月，毛泽东在《新青年》发表《体育之研究》一文，其中论及"体育之效"时指出：人的身体会天天变化。目不明可以明，

耳不聪可以聪。生而强者如果滥用其强，即使是至强者，最终也许会转为至弱；而弱者如果勤自锻炼，增益其所不能，久之也会变而为强。因此，"生而强者不必自喜也，生而弱者不必自悲也。吾生而弱乎，或者天之诱我以至于强，未可知也"。

从材料表面看，这段文字是谈"体育之效"的。但是，再仔细读，就会发现，命题者引用这些话绝非止于引导考生论体育锻炼这个小问题，而是另有深意在。毛泽东的话意不在突出"体育怎么样"，而是在谈"人的身体强弱转化"。由"人的身体强弱转化"再深入下去，就是一个团体、一个国家的强弱转化，这就有一定深度了。

例2. 2021年新高考全国Ⅱ卷，要求根据下面的漫画写作。

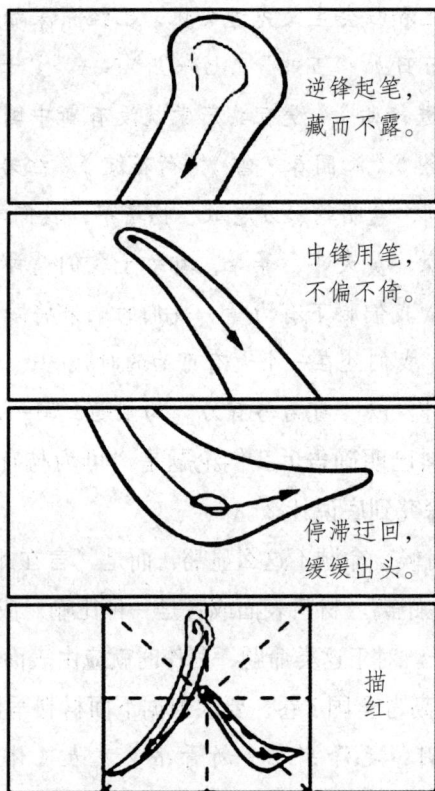

逆锋起笔，藏而不露。

中锋用笔，不偏不倚。

停滞迂回，缓缓出头。

描红

（唐光雨漫画作品，有改动）

这幅漫画有些"另类",它更像指导学生学习书法的演示图——第一幅谈怎么起笔,第二幅谈怎么用中锋,第三幅谈怎么写出捺脚,最后一幅是"人"字的描红帖。如果停留在这一表层,那么,论题大而言之是"怎么写字",小而言之是"怎么写'人'字"。但是,这样一来,还是漫画吗?这里面另有深意在,它在告诉我们做人的道理啊!至于到底是何道理,则未必"人同此心",也不必强求一律,言之成理即可。例如:"逆锋起笔,藏而不露"可以理解为逆境使人生变得厚重;"中锋用笔,不偏不倚"可以理解为做人须正道而行;"停滞迂回,缓缓出头"可以理解为遇到麻烦时须沉着应对,迂回前进;"描红"可以理解为做人应当遵守规矩。

例3. 2018年全国Ⅱ卷,要求根据下面材料写作。

二战期间,为了加强对战机的防护,英美军方调查了作战后幸存飞机上弹痕的分布,决定哪里弹痕多就加强哪里。然而统计学家沃德力排众议,指出更应该注意弹痕少的部位,因为这些部位受到重创的战机,很难有机会返航,而这部分数据被忽略了。事实证明,沃德是正确的。

这道题目中,命题者没有给出任何指示,材料本身也没有明显的"关键词"。材料的表层事是"如何判断战机遭受冲击的情况"。对于一个甚至连战机都没见过的中学生来说,谈论这个问题有多大意义呢?显然,这并不是真正的论题。

材料中出现了两种观点:一是英美军方认为哪里弹痕多就加强哪里,一是沃德认为更应该注意弹痕少的部位。事实证明,沃德是正确的。我们应该判断出,材料的焦点在沃德这里。沃德为什么正确?这是我们最应关注的问题。沃德的做法是与军方的做法迥异的,那么,两者的根本区别在哪里?沃德考虑到了"看不见"的情况,对飞机遭受的攻击做了全面而合理的推断,因而发现了真相;军方只停留在表面,局限于"看得见"的情况,因而误读了真相。这件具体的事对我们认识事物有何借鉴意义?这才是重心所在。所以,合适的论题,可以是"真相",是"看得见与看不见的真相",以及与此密切关联的"全面与片面""现象与本质",也可以是

"思维定式与创新""人云亦云与独立思考"等。

（四）重号召还是重思辨

考察命题材料及其导向，可以看到两种基本类型：一种是单向引导的号召型，一种是多元分析的思辨型。

号召型命题，论题比较单纯，立意指向比较明确，论点容易确定，写作时往往"一边倒"，号召或引导大家坚定不移地怎么做，感性的色彩比较浓。这一类的题目（如 2002 年全国卷，登山途中是否选择救助快冻僵的人）大都有明显的道德指向。

思辨型命题，论题则相对复杂，往往预设两个（有时甚至是多个，例如 2016 年全国 II 卷"语文素养提升的三条途径"）相互关联或相互矛盾的项（如观点、概念、事项等），期待作者厘清它们之间的关系，提出合乎逻辑的意见。

常见的思辨型命题又可分为两类：

1. 对于同一事物、问题，存在不同看法，请作者表达自己的看法。

例 1.

> 有人说，经过时间的沉淀，事物的价值才能被人们认识；也有人认为不尽如此。你怎么看？请写一篇文章，谈谈你的思考。

这道题中，针对"经过时间的沉淀，事物的价值才能被人们认识"这一论断，预设了两种看法，有人认可，有人则认为不尽如此。

例 2.

> 世上许多重要的转折是在意想不到时发生的，这是否意味着人对事物发展进程无能为力？请写一篇文章，谈谈你的思考。

这道题中，针对"世上许多重要的转折是在意想不到时发生的"这个事实，预设了两种看法：一是"这意味着人对事物发展进程无能为力"，二是"这并不意味着人对事物发展进程无能为力"。

例 3.

> 古人说"言为心声""文如其人"。性情褊急则为文局促，品性澄淡则下笔悠远。这意味着作品的格调趣味与作者的人品应该是一致

的。金代元好问《论诗绝句》却认为"心画心声总失真，文章宁复见为人"。艺术家笔下的高雅不能证明其为人的脱俗。这意味着作品的格调趣味与作者人品有可能是背离的。

这道题中，对于作品的格调趣味与作者的人品是一致还是背离这个问题，提供了两种不同的看法。

这一类题目确立论点时一般从预设的不同看法中确立一种，或者综合这些不同观点，提出一种新的主张。

2. 预设存在某些关联的几种不同的事物、状态等，请作者辨析这几种事物、状态的联系。

例1.

人的心中总有一些坚硬的东西，也有一些柔软的东西，如何对待它们，将关系到能否造就和谐的自我。对此你有什么看法？

例2.

有位作家说，人要读三本大书：一本是"有字之书"，一本是"无字之书"，一本是"心灵之书"。对此你有什么思考？

例3.

在一次班会上，同学们围绕"学会做人：我看老实和聪明"展开了讨论。

甲：老实是实诚、忠厚，聪明是机智、敏锐。

乙：老实和聪明能为一个人兼而有之。

丙：老实是另一种聪明，聪明未必是真聪明。

请结合自己的思考写一篇文章。

这一类题目的论点确立会比较困难，需要仔细斟酌，应针对"关系"形成自己的观点。

对于思辨型命题，立论时应充分考虑论题包含的矛盾、争议，侧重理性，侧重具体分析，既看到不同"元"之间的对立，又看到其统一性。需注意，有些对象还涉及转化的问题（例如"可为与有为"），这时应分析转化的条件。

二、扣题立论

弄清了论题之后，接下来就是确立论点。确立论点应注意以下原则：

（一）论点应针对论题而立

高考作文命题，按通常的说法，一般分为命题作文、材料作文、看图作文、话题作文四类。命题作文，是指命题人已经指定了这次作文的题目（标题）。材料作文，是指命题者给考生提供一则或数则文字材料，要求考生根据材料来写作。看图作文，是指命题者提供给考生一幅或几幅图画（以漫画为多），要求考生根据图画来写作。话题作文，是指命题者明确指定一个话题，要求考生就此话题来写作。

命题形式可能多种多样，但是万变不离其宗，这个"宗"就是限制性，就是防范考生以"自由写作"为借口来作弊。怎么限制？如果我们把"材料"这一概念的理解稍为放宽些，不妨这么说——所有这些命题形式，其实都是"材料作文"，也就是通过给出写作材料来限定写作范围。看图作文是以图为材料，命题作文是以"题目"为材料，话题作文是以"话题"为材料。事实上，命题作文、话题作文这两类中，在指定的"题目""话题"之外，往往还会另提供与之相关的材料。无论是寓言故事还是社会事件，无论是虚构情境还是真实存在，无论是漫画图像还是数据表格，无论是名人名言还是普通人的争论，都可以作为限制性材料用于题目设计。甚至连那些没有"材料"只有题目的命题，都可以看作"给材料作文"。例如要求以"踮起脚尖"为题作文，"踮起脚尖"也是一种材料。

材料作文，显然成为高考作文命题的基本形式。基于此，所谓"扣题"，事实上就是扣"材料"，更具体地说，是扣"材料"所限制的论题。

针对着论题的论点才有力量，偏离了论题，也就宣告了这次写作的失败。

论题有大小、宽狭、严松之别，就像射击场上的靶子，自靶心往外围一环一环扩大。命题者给考生限定了论题的"度"，写作时扣得极准，打中"靶心"，10环，当然最好。退而求其次，9环、8环、7环，也还可以。

6环以下，就有些偏离。2环、1环，就"岌岌乎殆哉"。倘若谈得根本就不是预设的论题，那就是"脱靶"。对于应试作文来说，这是最可怕的事。

例如2018年北京卷第一道作文题，要求以"新时代新青年——谈在祖国发展中成长"为题，写一篇议论文。这里明确给出了论题，可是如果理解不到位，仍然会出现偏离。

看到这个论题，我们应当进行一系列的追问：这个论题的核心是什么？是"时代"吗？是"青年"吗？是"祖国"吗？"新"体现在哪里？"成长"的主语是什么？写这篇文章是想探讨什么问题？一番审视后，应该得出这样的结论：本文要谈的话题是，作为一个当代青年人，在如今这样一个新时代，如何将个人的成长与祖国的发展结合起来。

如果你的文章非常充分地论述了这一问题，你的扣题成绩就是9环或10环。如果你泛泛地谈个人与国家的联系，你的扣题成绩不过是5环或6环。如果你只谈青年而不谈祖国，你的扣题成绩也就2环或3环。如果你连青年也不提，那么对不起，你可能脱靶了。

（二）论点应符合命题期待

同一个论题可以引发很多观点，这是不是意味着论题明确了，就可以"海阔凭鱼跃，天高任鸟飞"了呢？并不尽然，还须考虑命题的导向。

说到这一点，有人可能会产生反感，认为写作不应当揣测命题者意图，只要"我手写我心"即可。然而很遗憾，在应试写作中，是无法完全做到这么任性的。这既涉及国家层面的选才标准，又涉及评卷的可操作性与公正性。把握命题意图，是应试写作时审题的重要内容。

高考是一件非常严肃的选拔人才的大事，而选拔什么样的人才是通过命题来体现的。虽然题目并不会明确告诉考生该怎么写，但是，命题者是有预期的。

例如2020年新高考全国I卷，设置"疫情中的距离与联系"这样的话题，其意图在于引导考生正确地认识疫情中我们该怎么做，既讴歌中国大家庭的亲情，又倡导科学抗疫的精神。

在命题者的预期之内，就是扣题准确；在预期之外，就是偏离。

命题者往往通过材料本身的内容、语言表述的倾向性来提醒考生。这种提醒，有时比较显豁。如2019年全国Ⅰ卷：

"民生在勤，勤则不匮"，劳动是财富的源泉，也是幸福的源泉。"夙兴夜寐，洒扫庭内"，热爱劳动是中华民族的优秀传统，绵延至今。可是现实生活中，也有一些同学不理解劳动，不愿意劳动。有的说："我们学习这么忙，劳动太占时间了！"有的说："科技进步这么快，劳动的事，以后可以交给人工智能啊！"也有的说："劳动这么苦，这么累，干吗非得自己干？花点钱让别人去做好了！"此外，我们身边也还有着一些不尊重劳动的现象。

这引起了人们的深思。

要求写一篇演讲稿，倡议大家"热爱劳动，从我做起"。这已经是"明诏大号"了。

有时稍含蓄些，如2020年全国Ⅰ卷：

春秋时期，齐国的公子纠与公子小白争夺君位，管仲和鲍叔分别辅佐他们。管仲带兵阻击小白，用箭射中他的衣带钩，小白装死逃脱。后来小白即位为君，史称齐桓公。鲍叔对桓公说，要想成就霸王之业，非管仲不可。于是桓公重用管仲，鲍叔甘居其下，终成一代霸业。后人称颂齐桓公九合诸侯、一匡天下，为"春秋五霸"之首。孔子说："桓公九合诸侯，不以兵车，管仲之力也。"司马迁说："天下不多（称赞）管仲之贤而多鲍叔能知人也。"

要求从"齐桓公、管仲、鲍叔"三人中选一个感受最深的人来写一篇发言稿。三人的事迹，自然不止于材料中提供的部分。然而，此时考生的发言，是不可以置材料于不顾而"放言"的。这里命题的预期是什么呢？齐桓公在这里是不计前嫌、听纳忠言、任人唯贤，鲍叔在这里是知人之智、公而忘私，管仲在这里是在其位谋其政、尽其才成其业。三人在此体现出来的优秀品质，才是命题导向。

既扣住论题，又符合命题预期，论点就有了针对性，写作时就可以有的放矢，避免劳而无功。

（三）体现核心价值

高考作文评价中有"思想健康，感情真挚"的要求。强调"思想健康"，就是引导青少年树立正确的价值观，提倡积极乐观的人生态度。不论什么样的文章，不论确定什么样的论点，都应当不违背人性，不违背核心价值，不违背时代精神。

教育部考试中心制定的《中国高考评价体系》指出："核心价值是指即将进入高等学校的学习者应当具备的良好政治素质、道德品质和科学思想方法的综合，是在各学科中起着价值引领作用的思想观念体系，是其在面对现实的问题情境时应当表现出的正确的情感态度和价值观的综合。"核心价值主要包括三个方面：（1）政治立场和思想观念，包括理想信念、爱国主义情怀、以人民为中心的思想、法治意识等方面的基本要求。（2）世界观和方法论，包括辩证唯物主义、唯物辩证法和唯物史观的基本观点和方法论要求，属于科学思想方法的范畴。（3）道德品质和综合素质，包括品德修养、奋斗精神、责任担当、健康情感和劳动精神等方面的基本要求。

强调"感情真挚"，是引导青少年做一个诚实、真挚的人。虚伪、撒谎、为了获得利益罔顾事实的人，不是我们选拔的对象。

宋人范正敏有一篇《谐噱》，里面讲到这样一个故事：李廷彦献百韵诗给上司，上司读到"舍弟江南殁，家兄塞北亡"两句，十分同情地说："没想到您如此不幸。"李廷彦不好意思地说："我是为了对仗工整才这么写的，其实没这回事。"这个李廷彦成了笑料。

如今的高考作文中，许多考生也存在"卖惨"倾向。

（四）论点要明确、集中

一篇文章的中心论点必须明确、集中，而且应当是贯穿始终的。有的文章忽略了这一点，明明已经确立了中心论点，却又抛出了不相干的其他观点，开了小差，偏离了主题，出现"越界"行为。

例如下面的文字：

青年是渴望创造的，只有创造，才能成才。

正如马克思所说："人们自己创造自己的历史，但是他们并不是随心所欲地创造，并不是在他们自己选定的条件下创造，而是在直接碰到的、既定的、从过去承继下来的条件下创造。"这些条件，构成了每个人所面临的不同环境。

历览群英千百万，与君把手观青史，风物长宜放眼量。成才需要好的环境，好的环境造就人才，人才也能够改造环境、利用环境。

历史上，出现过许多绽放生命光辉的人物。可是，我们是否想过，他们在被人们公认为人才之前几乎都有一段艰难曲折的经历？或家境贫寒：孙中山十五岁前穿不起鞋子，安徒生幼年以棺板当床，曹雪芹"寒冬噎酸齑，雪夜围破毡"。或环境恶劣：爱因斯坦在专利局工作时，只能偷偷地研究相对论；巴斯德赶走了老鼠，才在破阁楼上弄了间实验室；卢瑟福轰击原子核的仪器，都是自己制造的。

文章标题为《多难成才》，这是前四段。第一段的观点是"创造才能成才"，第二段的观点是"环境不是自己选定的"，第三段的观点是"成才需要好环境，人才能够改造、利用环境"，第四段的观点是"成才的环境很恶劣"。这些观点之间有何联系？三、四段的观点甚至"顶了牛"。联系题目和下文，作者是说"坏环境有利于成才"。那么，前三段的论述就是"开小差"，因为它们与"坏环境有利于成才"这个论点没有形成内在联系。

（五）论点须择优而取

优秀的作文命题，既能有效防范猜题押题，又会尽可能地给考生提供自由发挥的天地，从不同的角度切入，可以得出不同的结论。在确保扣题的前提下，考生在立论时需要权衡比较，择优而取。

所谓优，一般可以考虑以下三个维度：

第一，新颖度。

所谓新颖，是指观点新鲜。新颖的对立面是陈旧，新颖与陈旧，是相对而言的。阅读一篇文章，当然期待获得新知；写作议论文，就得力求提供一种新颖的观点。议论文最打动人的，正是其观点的新颖性，能发他人所未发，能从习以为常的看法中发现问题。

雷峰夕照是"西湖十景"之一，雷峰塔的倒掉通常引起的是惋惜之情，可是鲁迅在《论雷峰塔的倒掉》一文中表达的观点却是"希望他倒掉"。这个观点出人意料，很容易引起人们的好奇。

第二，深刻性。

所谓深刻，是指论点触及问题本质，切中肯綮，说得透彻、深入。深刻与浮浅相对。停留在事物表面，则浮浅；没有真正的领会感受，则浮浅。议论文的生命力，很大程度上依靠观点的深刻。

一般人提到"三十六计"，都将其奉为智慧经典。但是，秦牧在《流氓经》一文中，却独具慧眼："这些内容有一个共通点，就是流氓的精神，'三十六计'无妨称之为流氓的经典，流氓的哲学……我们无妨把世俗所说的'三十六计'，认为就是某种人生活信条的总汇，这是一种破坏一切，利用一切，自私第一，小我至上的生活哲学。"从大家习见习闻而且习于叫好的"三十六计"中，居然发现了人性中的阴暗面。如此评价"三十六计"，怎能不令人震惊！

事实上，深刻与新颖往往"结伴而行"。新颖的观点，往往避开肤浅的陈言，给人以深刻的印象；而深刻的观点，往往发人所未发，给人以新颖的感受。

第三，时代感。

所谓时代感，是指观点契合时代特征，顺应时代需要。论点有了时代感，文章才有针对性，才会洋溢着生命力。否则，不痛不痒、陈词滥调，有什么意思呢？

时代感是一种意识，要求站在日新月异的今天思考问题，并不受材料新与旧的影响。

新闻时事类材料，有着非常鲜明的时代感，如 2015 年新课标全国 I 卷的父亲在高速公路上开车打电话、2020 年新高考全国 I 卷的新冠疫情等。对于这类题目，考生在写作时比较容易注意到时代感。

有些材料比如漫画、寓言故事类，表面看并不特别有时代感，例如 2010 年全国 I 卷的漫画作文"四只猫"，倘若联系到当今生活水平提高，许多年轻人贪图安逸不愿再去艰苦创业，就会多一些时代气息。

有些材料蕴含着某种道理，这种道理虽然"放之四海而皆准"，不受时代限制，但是，此时提出来，却往往有指向现实的意图。例如2019年江苏卷的材料是："物各有性，水至淡，盐得味。水加水还是水，盐加盐还是盐。酸甜苦辣咸，五味调和，共存相生，百味纷呈。物如此，事犹是，人亦然。"这段材料，如果联系到和谐发展的时代主题，岂不更有意义？

即使是旧材料，多半也是"古为今用"。例如2020年全国Ⅱ卷，材料中第一条是墨子的话："视人之国，若视其国；视人之家，若视其家；视人之身，若视其身。"墨子的话够老了吧？但是，这里请出他老人家，是着眼于今天，是借此谈"携手同一世界，青年共创未来"。

三、把握情境

情境设定是审题时要理清的任务，近年甚至有"情境作文"之说。所谓情境，是指情景、境地、场合。所谓情境作文，就是依据限定的情景、场合来写作。《普通高中语文课程标准》（2017年版2020年修订）指出："真实、富有意义的语文实践活动情境是学生语文学科核心素养形成、发展和表现的载体。"近年来，高考命题往往设定明确的情境，注重情境引导和限定，体现了新课标以具体情境为载体的要求。

在许多人眼里，"情境作文"是一种新兴的命题类型。其实，设置情境要求，并非始于近年。

我们来看1985年高考作文题：

澄溪中学附近有一家前进化工厂。工厂天天向外排放有毒的气体和废水。广大师生和附近居民长期处在被污染的环境中，身体健康受到损害，工作学习受到影响。几年来，学校多次向工厂提出意见，要求妥善解决污染问题。但厂方以生产任务繁重、技术力量薄弱和经费开支太大等为理由，一再拖延，至今未能解决。

试就上述问题，以"澄溪中学学生会"的名义，给《光明日报》编辑部写一封信，反映情况，申述理由，呼吁尽快解决。

再看2015年新课标全国Ⅰ卷作文题：

因父亲总是在高速路上开车时接电话，家人屡劝不改，女大学生小陈迫于无奈，更出于生命安全的考虑，通过微博私信向警方举报了自己的父亲；警方查实后，依法对老陈进行了教育和处罚，并将这起举报发在官方微博上。此事赢得众多网友点赞，也引发一些质疑，经媒体报道后，激起了更大范围、更多角度的讨论。

对于以上事情，你怎么看？请给小陈、老陈或其他相关方写一封信，表明你的态度，阐述你的看法。

要求综合材料内容及含意，选好角度，确定立意，完成写作任务。明确收信人，统一以"明华"为写信人，不得泄露个人信息。

这两道作文题，相隔30年，在限制情境这一点上有什么区别吗？事实上，1985年的这道作文题还要更"情境"些。

近年来高考则更有意识地设定情境。以2020年高考为例，教育部考试中心命制的五道作文题中，有四道给出了明显的情境限定。全国I卷要求写发言稿，全国II卷要求写演讲稿，全国III卷要求写一封信，新高考全国II卷要求写主持词。

设置情境，实际上更明确了论题的范围，增加了写作的针对性，有助于防范宿构，有助于考查学生真实的写作水平，但同时也增大了"跑题"的概率，因此加强情境作文的审题训练就非常有必要。

（一）理清写作者的身份

任何作者都有自己的身份。"非情境作文"没有明确限定作者身份，并不等于允许作者随意自定身份。例如高考，应试者的身份是"默认"为中学生的。以中学生身份进行的写作，是一种表达真情实感的"本色写作"。"情境作文"则赋予写作者一种身份，这种身份必然带来特定的要求。古人写八股文，要代圣贤立言；我们被赋予了某种身份，就要代这种身份立言。

还以2020年高考为例，在全国I卷中，你的身份是在班级举行的读书会上发言的学生；在全国II卷中，你的身份是应邀参加"世界青年与社会发展论坛"的中国青年代表；在全国III卷中，你的身份是受学校邀请的即将毕业的学生；在新高考全国 II 卷中，你的身份是受电视台邀请来客串《中华地名》节目的主持人。

"学生"这一身份问题不大，因为考生本身就是学生。"中国青年代表"和"节目主持人"这两种身份呢？未必胜任。既是"中国青年代表"，你必须注意你是代表"中国青年"的，"中国"和"青年"两种元素都应在演讲稿中有所体现。既是"节目主持人"，你说话的口气就不能再像一般的学生一样。

（二）理清受众

"非情境作文"不会对受众做明确规定，但"情境作文"往往会预设受众，这样一来，你的文章有了明确的接受者，因此表达的内容、说话的语气等都应考虑到预设的受众。

还以 2020 年高考为例，在全国 I 卷中，你的受众是参加班级读书会的老师和同学；在全国 II 卷中，你的受众是参加"世界青年与社会发展论坛"的各国代表；在全国 III 卷中，你的受众是即将入学的高一新生；在新高考全国 II 卷中，你的受众是电视台《中华地名》节目的观众。俗语说"看菜吃饭，量体裁衣"，又说"到什么山上唱什么歌"，写文章，作讲演，都不能不考虑受众的特殊性。

（三）理清场合

限定情境，就意味着限定场合。说话要注意场合，什么时间，什么地点，什么性质，什么目的，都要综合考虑。这是语言得体的基本要求。

交际的场合各种各样，有喜庆、哀伤之分，有庄重、轻松之别。语言表达要与环境气氛相协调。在喜庆的场合谈令人伤感的话，在庄重的氛围中"搞笑"，都是不得体的。鲁迅在《立论》一文中讲道：

> 一家人家生了一个男孩，合家高兴透顶了。满月的时候，抱出来给客人看，——大概自然是想得一点好兆头。一个说："这孩子将来要发财的。"他于是得到一番感谢。一个说："这孩子将来要做官的。"他于是收回几句恭维。一个说："这孩子将来是要死的。"他于是得到一顿大家合力的痛打。

鲁迅引这个故事,对刚刚添丁的主人和那些奉承主人的客人是给以讽刺的。但是,稍有一点人际交往经验的人是不会责怪前两个客人"撒谎"的,也会认为第三个客人话说得不得体。在这样一个庆祝新生命的场合中,需要的是祝福,而不是"将来要死"这样违背民俗禁忌的废话。

(四)弄清格式

从经验来看,"情境作文"多与书信、发言稿、演讲稿、辩论词、主持词等应用类文体相结合。这样势必关涉到相关应用文的格式问题。格式虽是"小节",但它是应用文的组成部分,也不可忽视。

这里面,以书信格式最为严格。应试书信一般分为四个部分:

第一部分:题目。

一般书信不一定写题目,但应试书信必须有题目。常见的方式有三类:一是直接写"致……的一封信";二是分主标题、副标题,主标题与普通议论文标题无异,副标题先加一破折号,然后写"致……的一封信";三是只写与内容相关的题目,与普通议论文无异。

第二部分:开头。

先顶格写称呼语,结束时加冒号。注意用语要礼貌、得体,如给报社王主编,可写"尊敬的王主编",给弟弟妹妹,可写"亲爱的弟弟妹妹"等。接着,另起一行,写一两句寒暄语,如"最近工作很忙吧""听说你们要来一中读书,心里一定很激动吧"之类。

第三部分:主体。

主体就是这次写作要解决的问题,与普通议论文相近,但要注意考虑受众的感受。

第四部分:收尾。

收尾一般分两部分:祝福语,位置在左侧,正文结束后另起一行,空两格写;落款,位置在右侧,低于祝福语一行,先署写信人姓名(有时会在姓名后跟"敬呈"之类词),再在下一行相应位置写时间。

其他应用类文体,不像书信格式这样全面,但在应试作文中,通常不能缺题目、开头的称呼语、主体、收尾的祝福或致谢语。

第二节　论题与论点的界定

审题阶段，解决了两大问题：一是确定了论题，一是确立了论点。

当论题、论点确定后，接下来就正式进入写作环节。这时遇到的最大问题就是如何准确、清晰、完整地表达出自己的想法。既要"想清楚是什么"，更要"写清楚是什么"。"想清楚"主要是作者自己明白，"写清楚"主要是读者看得明白，认可文章表达的观点。这就需要对论题、论点加以界定。

所谓"界定"，是指就论题、论点（包含分论点）的内容、含义、应用范围、相关背景等加以解说，使之意义明确、清楚。只有事先界定清楚了，才能对接下来的议论做出当与不当的判断。鲁迅先生在《扁》一文中批评"中国文艺界上可怕的现象，是在尽先输入名词，而并不绍介这名词的函义"时，讲了一个笑话：

> 两位近视眼要比眼力，无可质证，便约定到关帝庙去看这一天新挂的扁额。他们都先从漆匠探得字句。但因为探来的详略不同，只知道大字的那一个便不服，争执起来了，说看见小字的人是说谎的。又无可质证，只好一同探问一个过路的人。那人望了一望，回答道："什么也没有。扁还没有挂哩。"

鲁迅接下来说："在文艺批评上要比眼力，也总得先有那块扁额挂起来才行。空空洞洞的争，实在只有两面自己心里明白。"鲁迅批评的现象，在议论文写作中也普遍存在。提出一个概念，不对其内涵、外延做明确界定，就匆忙发议论，正如那两位"近视眼"，扁（现在写作"匾"）还没挂上去，就妄加争论，别人又如何判断孰是孰非呢？

有的议论文，论题、论点并不复杂、陌生，即使作者不说，读者也心知肚明，这时点到即可，就不必再特意加以界定。苏洵《六国论》的标题即论题，文章开门见山、干净利落地亮出观点："六国破灭，非兵不利，战不善，弊在赂秦。"这些话，就没有什么需要特意界定的。

有的议论文则特别借重对论题、论点的界定。例如章明的《"吃运动饭"》，如果不界定清楚什么是"吃运动饭"，不熟悉那个特定时代的一般读者就茫然不解。又如鲁迅的《论"费厄泼赖"应该缓行》，如果不说清楚什么是"费厄泼赖"，一般读者也一头雾水。

界定论题、论点的时候，经常要做的工作是界定概念，这是一项促进沟通、保障交流的常规工作。应当充分考虑到文中提到的概念读者是否清楚，对于可能产生理解困难的概念，都有必要予以明确的界定。

界定概念，可以采用下定义的形式。下定义时必须注意严谨、准确，避免随意化。例如 2011 年辽宁卷一考生的作文《杜绝盲从》，前两段这样写道：

> 对一个蜡做的苹果，在有一个人说闻到苹果香后，一些人闻也未闻就说闻到了香味，这是一种盲从的做法。他们抱着跟着大众走总没错的想法，未经历过一件事，就盲目地继承了主流的看法。
>
> 何为盲从？顾名思义，盲从就是指那些对某件事缺乏亲身感受，盲目跟从他人做事的做法。

孙绍振教授对此有过精当的分析（详见孙绍振《片面立论和全面立论》）：

> "何谓盲从？"提出问题是为了给"盲从"下定义。对论题下定义，对于议论文来说，是十分必要的：一来为了观点的严密；二来为保证文章在展开论述和论证的过程中不致"跑题"。但是下定义需要从感性材料里进行理性的抽象，是否准确到位是关键。文章说，盲从是由于"缺乏亲身感受"。有两个问题值得推敲：第一，材料里有没有亲身感受？"有一个学生看到苹果了，就说闻到了"，"看到了"是不是感受呢？亲眼看到了，是红色的，因为红就联想到香，闻都没有闻就说闻到了。"缺乏亲身感受"的说法不对头，准确的说法应该

是"不顾亲身感受"。第二，说盲从是由于"缺乏亲身感受"，在理论上隐含着一个前提，那就是只要出于亲身感受，就不盲从了。其实盲从往往是明明亲身感受并非如此，恰恰是出于对主流的、权威的说法的迷信，麻痹了亲身感受。文章接着把盲从落实在"盲目跟从他人做事"就更离谱了。盲从首先是思想，其次是行为。不仅是"做事"，而且材料上也仅仅是说话，并未涉及行为。

当作者对一个概念的定义把握不是很准确时，就不宜采用下定义的方式。这时可以采用相对灵活的阐释法，或者从理论上加以解释，或者举具体事例让人明白。

界定工作通常在文章开头部分进行，有时也会在文章中段甚至结尾处，这全看行文需要。

例1.陈独秀《文学革命论》

> 今日庄严灿烂之欧洲，何自而来乎？曰：革命之赐也。欧语所谓革命者，为革故更新之义，与中土所谓朝代鼎革，绝不相类；故自文艺复兴以来，政治界有革命，宗教界亦有革命，伦理道德亦有革命，文学艺术，亦莫不有革命，莫不因革命而新兴而进化。近代欧洲文明史，宜可谓之革命史。故曰：今日庄严灿烂之欧洲，乃革命之赐也。

这是该文第一段。提出"革命"这一概念后，作者立即对该词做了解说，明确本文所说的"革命"的含义，与中国人惯常理解的"革命"（朝代鼎革）区别开来。不做此界定，读者就有可能误解为朝代鼎革，引发争论。

例2.刘瑜《今天您施密特了吗》

> 把产品打扮得洋气以促销的，不仅仅是房地产商或者化妆品商，现在的学者们也深谙其道。比如，明明是推销专制思想，你当然不能上来就"董仲舒说过"或者"张春桥指出"，你得说什么呢？你得说"施密特说过"。
>
> 施密特是谁？你可能会问。这就对了——如果连你都知道了施密特是谁，某些学者还怎么拿他来装神弄鬼。其实施密特，这个中国思想界的新款LV包，是希特勒第三帝国时代的一名知识干将。1933年

加入纳粹党并被任命为纳粹法学家联盟主席，二战后差点在纽伦堡受审判，由于拒绝"去纳粹化"而从此被禁在德国任教职。就是这样一个人，在半个世纪后被一群中国学者八抬大轿抬到了中国的学术寺庙里供奉。虽然我理解"出口转内销"是乡镇企业提高产品价格的捷径，还是感到情何以堪。

看到这篇文章的题目，首先为之一愣的是："施密特"是什么意思？什么叫"施密特了"？文章开头部分指出"你得说'施密特说过'"，这就意味着"施密特"是个人。"施密特"是个什么人？这个问题不回答，读者就一头雾水。所以，作者接下来明确告诉读者施密特的身份，并特别指出他拒绝"去纳粹化"的政治立场。经过这样一番介绍，我们才能更深切地理解作者的观点。

例3. 王小波《"行货感"与文化相对主义》

《水浒传》上写到，宋江犯了法，被刺配江州，归戴宗管。按理他该给戴宗些好处，但他就是不给。于是，戴宗就来要。宋江还是不给他，还问他：我有什么短处在你手里，你凭什么要我的好处？戴宗大怒道：还敢问我凭什么？你犯在我的手里，轻咳嗽都是罪名！你这厮，只是俺手里的一个行货！行货是劣等货物，戴宗说，宋江是一件降价处理品，而他自己则以货主自居。我看到这则故事时，只有十二岁，从此就有了一种根深蒂固的行货感，这是一种很悲惨的感觉。在我所处的这个东方社会里，没有什么能冲淡我的这种感觉——这种感觉中最悲惨的，并不是自己被降价处理，而是成为货物这一不幸的事实。

文章题目就是本文的论题，该论题中出现了一个对于一般人来说颇为陌生的词"行货感"，如果不加以解说，读者就不明白究竟。王小波就先来做这个工作，先解释"行货"的出处，再界定"行货感"——不被当作人的悲惨感觉。

例4. 巴人《论人情》

那么，什么是人情呢？我以为：人情是人和人之间共同相通的东西。饮食男女，这是人所共同要求的。花香、鸟语，这是人所共同喜爱的。一要生存，二要温饱，三要发展，这是普通人的共同的希望。如果，这社会有人阻止或妨害这些普通人的要求、喜爱和希望，那就会有人起来反抗和斗争。这些要求、喜爱和希望，可说是出乎人类本性的。

这是《论人情》一文的第 7 段，作者在基本明确了自己的观点并进行了初步的论述之后，才来对"人情"加以解释界定。"人情"这个概念，并不陌生，似乎不需要解释。但是，巴人在这里所要针对的，却是"人情"中"人所共同要求的""人所共同喜爱的""普通人的共同的希望"这一部分。这一番解释，强调了"人情"是很正常的东西，是必不可少的东西；既明确了话题，又增强了论证的力量。

例 5. 冯友兰《论命运》

命和运不同：运是一个人在某一时期的遭遇，命是一个人在一生中的遭遇。某人今年中了特种奖券，是他今年的"运"好，但是他的"命"好不好，还不一定，因为他将来如何尚不得而知。在一时期中幸的遭遇比不幸的遭遇多，是运好。在一生中，幸的遭遇比不幸的遭遇多，是命好。

普通所谓努力能战胜"命运"，我以为这个"命运"是指环境而言。环境是努力可以战胜的，至于"命运"，照定义讲，人力不能战胜，否则就不成其为"命运"。孟子说："知命者不立于岩墙之下。"如果一座墙快要倒了，你还以为命好，立在下面，因而压死，那是活该，不能算是知命。又如逃警报，有人躲在一个不甚安全的地方，不意炸死了，这是他的"命"不好，也是他的遭遇不幸。努力而不能战胜的遭遇才是命运。

一般人对于"命运"这一概念不陌生，但是分解开来怎么讲？什么是"命"？什么是"运"？作者在行文中予以解释，让读者更好地理解他的观点：通常意义的"命运"是不能靠人力战胜的。

例 6. 周作人《人的文学》

我们要说人的文学，须得先将这个人字，略加说明。我们所说的人，不是世间所谓"天地之性最贵"，或"圆颅方趾"的人。乃是说，"从动物进化的人类"。其中有两个要点，（一）"从动物"进化的，（二）从动物"进化"的。

　　我们承认人是一种生物，他的生活现象，与别的动物并无不同。所以我们相信人的一切生活本能，都是美的善的，应得完全满足。凡有违反人性不自然的习惯制度，都应该排斥改正。

　　但我们又承认人是一种从动物进化的生物。他的内面生活，比别的动物更为复杂高深，而且逐渐向上，有能改造生活的力量。所以我们相信人类以动物的生活为生存的基础，而其内面生活，却渐与动物相远，终能达到高上和平的境地。凡兽性的余留，与古代礼法可以阻碍人性向上的发展者，也都应该排斥改正。

"人的文学"是本文的论题，"人"这个概念本来并不生僻，似无须多说。作者在此特意加以界定，是为了强调人的二重性，说明了这一点，再谈自己对"人的文学"的观点，就不突兀了。

例7. 周国平《私人写作》

　　因此，无法只为自己写日记，这一境况成了托尔斯泰婚后生活中的一个持久的病痛。三十四年后，他还在日记中无比沉痛地写道："我过去不为别人写日记时有过的那种宗教感情，现在都没有了。一想到有人看过我的日记而且今后还会有人看，那种感情就被破坏了。而那种感情是宝贵的，在生活中帮助过我。"这里的"宗教感情"是指一种仅仅属于每个人自己的精神生活，因为正像他在生命最后一年给索菲亚的一封信上所说的："每个人的精神生活是这个人与上帝之间的秘密，别人不该对它有任何要求。"在世间一切秘密中，唯此种秘密最为神圣，别种秘密的被揭露往往提供事情的真相，而此种秘密的受侵犯却会扼杀灵魂的真实。

作者引用了托尔斯泰日记中的一句话："我过去不为别人写日记时有过的那种宗教感情，现在都没有了。"这句话中的"宗教感情"是指什么呢？如果不加以界定，读者就不一定理解。所以，作者对其中的"宗教感情"这一词语做了解释。经此一番解释——"这里的'宗教感情'是指一种仅仅属于每个人自己的精神生活"，读者才能更好地理解托尔斯泰的话，也才能更好地接受作者的观点。

第三章

讲好『为什么』

讲好"为什么"也就是回答好"何以见得"。要想让人接受自己的看法，就得有令人信服的理由。回答"为什么"的过程，就是通常所说的论证过程；所使用的方法，即通常所说的论证方法。论证方法的运用，往往不是单一的、切分得清清楚楚的，而是综合的、交织在一起的。

第一节　有理走遍天下

一个社会文明程度的高低，有很多评价尺度。"讲不讲理"无疑是其中非常重要的一个。一个人蛮横偏执，我们说他"不可理喻"；一个人丧失人性，我们说他"伤天害理"。俗话说："有理走遍天下，无理寸步难行。"这里的"天下"，必然是一个文明程度足够高的社会，必然是一个讲理的社会。

议论文的实质就是"讲理"。回答"为什么"，就是给出理由。回答"为什么"的过程，就是讲理的过程。

在本节中，"有理走遍天下"是作为与"事实胜于雄辩"相呼应的一种论证方法提出来的。它指的是用讲理的方式来证明一个观点，换句话说，是侧重从理论上来谈"为什么"。

莎士比亚的喜剧《威尼斯商人》中，有一个"一磅肉"的官司。放高利贷的夏洛克非要依照条约割商人安东尼奥的一磅肉，"律师"鲍西娅说：好吧，你可以割肉，但不能带上一滴血，否则就是违法。事实上这当然办不到。在许多情况下，讲道理与摆事实也是紧密相连、难以分割的。倘若硬加以分割，肉成了死肉，血成了冷血，都失掉了生命力。

一、理是什么

理是什么？理是道理、事理，是规律，是评判的标准和依据。

人类社会的认知、交流，就是基于一代代不断累积、不断修正的道理、规律。这些道理、规律成为一种共识。评判一件事，就要依据这些共识进行。这样才能赢得大家的信服。在论证时所依据的理，大体上来说可分两类，一是常识，一是逻辑（当然，也可以说"逻辑也是常识"）。

（一）常识

常识即心智正常的人大都知晓且认可的道理。例如：水可以浮舟，也可以淹死人；火可以照明、取暖，也可能带来灾祸。再如，遵纪守法、尊老爱幼、惩恶扬善、奖勤罚懒、爱国敬业……都是常识。常识有较强的稳定性，否则无法成为常识。但常识并不是一个"常数"，而是因时代而异，因群体而异。例如，"天圆地方"是数百年前许多人的常识，而"地球是圆的"则成为现代人的常识。对哲学系教授这个群体来说，形式逻辑是常识；对于中学生来说，形式逻辑却是一种高深难解的知识。社会在不断发展，人的认识在不断进步，这也是常识。这就要求我们尽可能掌握最新的常识，掌握高品质的常识，用高品质的常识来分析"为什么"。已经被时代淘汰的"常识"，就如穷乡陋儒坐在深井中看到的天，是缺乏说服力的。

（二）逻辑

逻辑是什么？简而言之，就是思维的规律。遵守这些规律，是合乎理的；违背这些规律，则是不合乎理的。

通常我们说到的逻辑分为两类：形式逻辑和辩证逻辑。两者既有区别又有联系，从不同角度、不同方面来研究思维形式及其规律。形式逻辑是从思维形式的结构上研究思维的准确性、无矛盾性、明确性和一贯性，而辩证逻辑则研究思维形式如何正确反映客观现实的运动、发展、变化的问题。无论形式逻辑还是辩证逻辑，都有专门的著作来进行详细的研究，不是三言两语可以说透的。

作为人类思维规律，逻辑值得我们用心研究。在硝烟弥漫的战场上，武器的精良程度大大制约了战争的胜负；在唇枪舌剑的辩论中，逻辑掌握的熟练程度大大制约了辩论的胜负。

二、讲理的方式

讲理，就是综合运用常识与逻辑，对问题做出令人信服的解释。

事物千姿百态，问题各不相同。一个擅长讲理的作者，不会满足于空泛地摆大道理，而会具体问题具体分析，"探赜索隐，钩深致远"，把前因后果梳理得清清楚楚。

讲理时，常常使用"因为""由于""所以""因此""原因"之类的字眼来揭示因果关系。有时虽不使用这类字眼，但仍可据上下文意补出。例如曾子曾说："士不可以不弘毅，任重而道远。仁以为己任，不亦重乎？死而后已，不亦远乎？"这段话实际上是由三组因果关系的句子构成：（1）士不可以不弘毅，因为任重而道远。（2）因为仁以为己任，所以不亦重乎？（3）因为死而后已，所以不亦远乎？

（一）从某一问题、现象的成因来探讨

某一问题、现象的形成，有一个过程，往往是多种因素共同作用的结果。通过分析成因，可以更准确地判断这一问题、现象的性质，也有利于"对症下药"——有理有据地提出解决方案。

例1. 丁肇中《应有格物致知精神》

  但是传统的中国教育并不重视真正的格物和致知。这可能是因为传统教育的目的并不是寻求新知识，而是适应一个固定的社会制度。《大学》本身就说，格物致知的目的，是使人能达到诚意、正心、修身、齐家、治国的田地，从而追求儒家的最高理想——平天下。因为这样，格物致知的真正意义便被埋没了。

作者在上一段承接"传统教育"引出"格物致知"的话题，此处则从理论上分析"传统的中国教育并不重视真正的格物和致知"的原因。这样的分析，能解开读者心中的疑团，使其较为深刻地理解《大学》中所说的格物致知与今天所提倡的格物致知的不同，从而更好地认同作者在段首提出的分论点。

例2. 老烈《和尚与撞钟》

  其不撞钟的原因，可能很多，我想，主要的大概不外两个：一曰不愿撞；二曰不敢撞。前者是消极怠工，有意见不肯说，咎在自己；后者是怕撞错了打屁股，错在别人。这道理，是前几天翻阅《资治通鉴》才悟出来的。

……魏征向唐太宗指出了另一面的问题，他说：你委任职务的时候，重大臣而轻小臣，一旦出了点毛病，又反过来信小臣而疑大臣，信其所轻，疑其所重，委以重任，又吹毛求疵，再加上一些人搬弄是非，于是构成罪名，辩解吧，说人家不承认错误，不辩解吧，又说人家所犯错误果然属实，左右为难，算是说不清了，结果弄得人人自危，不求有功，但求无过，说假话形成了风气。

魏征批评的是，上面不讲民主，乱扣帽子，难怪当和尚的害怕，不敢撞钟，不敢说真话，而"说假话成了风气"。

作者认为当和尚不撞钟是不对的。这里重点分析"不撞钟的原因"，一是自己分析，二是借助魏征的分析。通过分析，揭示问题的症结——领导层乱扣帽子的专制作风，导致了"人人自危，不求有功，但求无过，说假话形成了风气"。

例3. 杨述《十月怀胎》

想起鲁迅先生的话。他在《〈出关〉的关》一文中谈到写人物的方法。他说："例如画家的画人物，也是静观默察，烂熟于心；然后凝神结想，一挥而就。"鲁迅先生在这里讲了画家如何作画，也讲了文人怎样写文章。文章能一挥而就，是由于平时"静观默察，烂熟于心"。《阿Q正传》问世，并不单是因为《晨报》孙伏园的催逼，而是由于阿Q这个人物在鲁迅思想中酝酿已久。

作文如此，工作何独不然？解决工作中的问题，要下决心。决心如何下得了？解决问题怎样才能有把握？全要靠调查研究，摸清情况，分析问题；也就是要靠"肚子里有东西"，才能把问题解决。人们每每注意文章一挥而就，而不大注意作者"静观默察，烂熟于心"。每每注意正确解决问题，而不大注意要下一番调查研究工夫。经过了调查研究，情况既明，决心才大。情况不明，是解决不了问题的。勉强下决心，不过是"二杆子"的作法。做工作常讲要多谋善断。善断就是决心下得对，问题解决得对。多谋就是多作调查研究。只有多谋，才能善断。多谋还有思想酝酿的意思。工作要解决得好，要多作些思想酝酿工作，上下左右，都要下点毛毛雨，使大家都有思想准备。这样就能收到"水到渠成"之效。

这篇文章由怎样写好文章谈起，进而谈怎样解决好工作中的问题。作者在分析时，都是由果探因。先借鲁迅的话，指出"文章能一挥而就，是由于平时'静观默察，烂熟于心'"；然后立足于"解决工作中的问题"这个"果"，一步步探究出其"因"——"全要靠调查研究，摸清情况，分析问题"。

（二）从某一问题、现象的结果、影响来探讨

对于一般人来说，评判某一问题、现象的另一个重要依据是其已经产生或可能产生的影响。对现实有何影响？对未来有何影响？事物有因有果，例如对于一起交通事故的认定，既要看因——怎么发生的，又要看其果——造成的危害有多大。前面我们谈因，这里则侧重谈果。已经产生的果，需要揭示其因果关系；即将产生的果，需要给出令人信服的推理。

毛泽东《反对党八股》一文，列举党八股八大罪状，通过分析党八股的表现和危害来批判它。其中第七条"流毒全党，妨害革命"、第八条"传播出去，祸国殃民"，更是清清楚楚地表明是根据其影响来下结论的。恩格斯《在马克思墓前的讲话》一文对马克思做出了"英名和事业将永垂不朽"的高度评价。这一评价，就是基于对马克思的非凡贡献和巨大影响的分析得出的。

例 1. 鲁迅《拿来主义》

当然，能够只是送出去，也不算坏事情，一者见得丰富，二者见得大度。尼采就自诩过他是太阳，光热无穷，只是给与，不想取得。然而尼采究竟不是太阳，他发了疯。中国也不是，虽然有人说，掘起地下的煤来，就足够全世界几百年之用。但是，几百年之后呢？几百年之后，我们当然是化为魂灵，或上天堂，或落了地狱，但我们的子孙是在的，所以还应该给他们留下一点礼品。要不然，则当佳节大典之际，他们拿不出东西来，只好磕头贺喜，讨一点残羹冷炙做奖赏。

鲁迅否定"送去主义",办法是分析"送去主义"的危害——一味送去,终将穷竭,只好低声下气地乞讨。

例2. 培根《谈读书》(王佐良译)

①读书足以怡情,足以傅彩,足以长才。其怡情也,最见于独处幽居之时;其傅彩也,最见于高谈阔论之中;其长才也,最见于处世判事之际。

②读书补天然之不足,经验又补读书之不足,盖天生才干犹如自然花草,读书然后知如何修剪移接;而书中所示,如不以经验范之,则又大而无当。

③读书使人充实,讨论使人机智,笔记使人准确。因此不常作笔记者须记忆特强,不常讨论者须天生聪颖,不常读书者须欺世有术,始能无知而显有知。

④读史使人明智,读诗使人灵秀,数学使人周密,科学使人深刻,伦理学使人庄重,逻辑修辞之学使人善辩:凡有所学,皆成性格。人之才智但有滞碍,无不可读适当之书使之顺畅,一如身体百病,皆可借相宜之运动除之。滚球利睾肾,射箭利胸肺,漫步利肠胃,骑术利头脑,诸如此类。如智力不集中,可令读数学,盖演题须全神贯注,稍有分散即须重演;如不能辨异,可令读经院哲学,盖是辈皆吹毛求疵之人;如不善求同,不善以一物阐证另一物,可令读律师之案卷。如此头脑中凡有缺陷,皆有特药可医。

培根的这一篇随笔非常有名。这里选取了四处:①②指出读书可"怡情、傅彩、长才"(即陶冶情操、添加文采、增长才干),可以补充天然的不足;③进一步谈具体方法(讨论、笔记)的作用;④更是具体到史、诗、数学、科学、伦理学、逻辑修辞学等不同知识的不同作用。

例3. 王乾荣《假如记忆可以移植》

我只是想说,假如记忆可以移植,人们都将失去自我。

记忆在每个人那儿都是独特的。记忆实际上是一种思想。常识告诉我们,各人记忆的快慢、准确、牢固和灵活程度,是随各人记忆之目的、任务、对记忆采取的态度和方法而异的；各人记忆的内容，则随其观点、兴趣、生活经验为转移。移植了别人的记忆，就是因袭了人家的思想。

可以肯定，人们一般都喜欢移植优秀分子的记忆。但优秀分子毕竟很少，大家若都移植这少数人的记忆，大家也便都有了同他们一样的思想。而在这少数人的思想中，按理人们又会鉴别出最令人信服的一种，于是大家又都去移植这一思想。这是一种大脑的"克隆"。至此，亿万人就可能只有"一个"记忆、"一种"思想了。到那时，大家都"心往一处想"，什么矛盾、交锋、辩论、沟通、钦佩、赞誉……统统化为乌有，你的想法不用说我全明白，我的"隐私"也都成了大家的心思，我干什么都不会有"自我实现"的感觉了……

这样一个"假如"，难道不是一个畏途？

作者的观点是不赞同移植记忆。他的理由是，假如记忆可以移植，就会带来可怕的后果——人们将失去自我，人人都拥有了相同的思想，没有了"自我实现"的感觉。

例4. 董铁莹《让青春远离毒品》（有删节）

事实上，吸食毒品的后果已经无须亲自尝试，因其不仅对自身健康危害极大，同时还会造成恶劣的社会影响。

吸食毒品会造成个人身体和精神的双重依赖。毒品作用于人体后，使得人体体能产生适应性变化，形成在药物作用下的新的平衡状态。一旦停掉药物，生理功能就会发生紊乱，出现戒断反应，比如不安、焦虑、忽冷忽热、流泪、恶心、腹痛等。为了避免这种痛苦，吸食者必须定时用药并且不断加大剂量，从而形成身体依赖。

而精神依赖的后果更为严重，毒品进入人体后作用于人的神经系统，毁坏人的神经中枢，使得吸毒者出现一种渴望用药的强烈欲望，驱使其不顾一切地寻求和使用毒品。比如海洛因就极易成瘾，且难戒断，这就是很多吸毒者一而再再而三复吸的原因。

吸毒不仅对个人健康造成极大危害，同时也会产生恶劣的社会影响。据统计，一名吸毒人员年均花费至少四五万元购买毒品，全国每年因吸毒造成的直接经济损失达到 5000 亿元。而随着合成毒品的快速蔓延，因吸毒出现精神症状而引发的自杀自残、伤害他人、毒驾、暴力抗法、肇事肇祸等个人极端事件时有发生。

此外，公众人物由于占有更多的社会关注，其吸毒、涉毒事件更容易在社会上造成负面影响。他们对毒品的态度、对自身吸毒后的反思，都在较大程度上影响着社会大众观点的形成和态度的方向。因此，公众人物不仅不能沾染毒品，同时还需为全社会树立良好的榜样，引导正能量的流动。

作者的观点很鲜明，劝告青少年不要吸毒。为什么不能吸毒？最重要的原因就是毒品危害巨大。这里，作者首先从身体和精神两方面谈毒品对普通人的伤害，然后谈对社会的危害，最后特别指出公众人物吸毒的危害。

（三）参照相关的标准、常识、道德规范来探讨

有些时候，我们评判一个对象，主观上既非着眼于该对象产生与形成的过程，也不是着眼于其"结果""影响"，而是将它与相关的标准、常识、道德规范等进行比照，看它合不合乎相关的标准、常识、道德规范等。例如说一个盆栽美不美，可以搬出专家关于盆栽美不美的评判标准来分析。

从广义上说，这也是一种"成因"。只不过这种"成因"更借重既有的标准、常识、道德规范等参照物来判断。

例 1. 冯骥才《谁消解我们的文化？》

比如电视春节晚会曾经一度被人们称作"新民俗"，但从近几年的情形看，不一定能够进入年俗的序列。这里边一个重要的原因是电视春节晚会不符合民俗的性质。在所有的民俗活动中，人都是主动的，参与其中的。无论是年夜饭、贴春联还是燃放鞭炮，人都是主角。春联的内容、祝酒的话语和鞭炮的多少，都由人来定。每个人都发自内心，自由地选择、表达与宣泄，以达到满足。但面对电视时，人是被动的。人的一切愿望和心理都无法表达，也无法满足。电视上表演的只是导演的想法，它怎么能代替亿万人在年俗中那种主动而自由的宣泄？在人们对电视春节晚会的抱怨中，我们是否看到传统年俗载体的缺失带来的失落？

冯先生认为电视春晚"不一定能够进入年俗的序列"。他分析原因时，对照民俗的性质来审视电视春晚，发现电视春晚不具备"人都是主动的，参与其中的"这一特点。

例2. 朱光潜《咬文嚼字》

韩愈在月夜里听见贾岛吟诗，有"鸟宿池边树，僧推月下门"两句，劝他把"推"字改为"敲"字。这段文字因缘古今传为美谈，今人要把咬文嚼字的意思说得好听一点，都说"推敲"。古今人也都赞赏"敲"字比"推"字下得好。其实这不仅是文字上的分别，同时也是意境上的分别。"推"固然显得鲁莽一点，但是它表示孤僧步月归寺，门原来是他自己掩的，于今他"推"。他须自掩自推，足见寺里只有他孤零零的一个和尚。在这冷寂的场合，他有兴致出来步月，兴尽而返，独往独来，自在无碍，他也自有一副胸襟气度。"敲"就显得他拘礼些，也就显得寺里有人应门。他仿佛是乘月夜访友，他自己不甘寂寞，那寺里假如不是热闹场合，至少也有一些温暖的人情。比较起来，"敲"的空气没有"推"的那么冷寂。就上句"鸟宿池边树"看来，"推"似乎比"敲"要调和些。"推"可以无声，"敲"就不免剥啄有声，惊起了宿鸟，打破了岑寂，也似乎平添了搅扰。所以我很怀疑韩愈的修改是否真如古今所称赏的那么妥当。究竟哪一种意境是贾岛当时在心里玩索而要表现的，只有他自己知道。如果他想到"推"而下"敲"字，或是想到"敲"而下"推"字，我认为那是不可能的事。所以问题不在"推"字和"敲"字哪一个比较恰当，而在哪一种境界是他当时所要说的而且与全诗调和的。在文字上推敲，骨子里实在是在思想情感上"推敲"。

该段除了开头交代话题时说到人们赞赏"敲"比"推"好，其他都是作者对此问题的具体分析。他没有贸然做判断，而是耐心地分析

"敲""推"两字所契合的不同情境，认为关键问题在于先应确定当时到底是何种情境，对应着不同情境，自然会确定该用"敲"还是该用"推"。朱先生因此对韩愈的定论产生怀疑。

（四）辩证分析

所谓"辩证分析"，是指合乎辩证法的分析。唯物辩证法认为：任何事物都处在普遍联系和相互作用之中；任何事物都有它产生、发展和灭亡的过程；事物发展的根本原因在于事物内部的矛盾性，矛盾着的对立面又统一又斗争，由此推动事物的运动和变化。看待问题、分析问题时，要注意将该问题与相关问题联系起来，而不是孤立地看待；要注意到该问题前前后后的发展变化，而不是静止地看待；要注意一分为二地分析，而不是片面地看待。

例1. 李镇西《也说"没有教不好的学生，只有不会教的老师"》（有删节）

那么，究竟有没有"教不好的学生"？

我的回答是："可以说没有，也可以说有。"说"没有"，必须具备两个条件：第一，家庭教育和社会教育非常理想，只差学校教育这一环时；第二，"好"的标准不是一个标准，而是针对每一个具体学生，让他在原有的基础上有所进步，这里的进步可能是综合的，也可能是某一方面的。说"有"，是因为在现在的评价背景下，即使老师"会教"，可"教不好的学生"仍然大批量地存在。道理很简单：无论高考还是中考，都是选拔性考试，其目的就是要让一部分学生被淘汰，即被"教不好"——都教"好"了，还怎么"选拔"？

即使抛开考试评价不说，就以思想品德教育而言，是不是所有的学生都能被"教好"呢？理论上好像是这样的。因为任何人一出生，都是一张白纸，谁也不会从娘肚子里带来一身恶习。但问题是，我们的学校教育所面对的不是一张白纸，而是已经被家长、被社会涂抹过许多印迹的纸，要想在这张纸上重新画出美丽的画儿，不是绝对不可能，但无法保证百分之百的成功。家长是孩子的第一任老师，是教育这一链条上的第一环；同时，孩子还潜移默化地受着社会的影响——这都决定了我们的教育不是从零开始。如果绝对地说"没有教不好的学生，只有不会教的老师"，那为什么会出现学校之间的"生源大战"呢？既然"只有不会教的老师"，那还抢什么"优生"呢——而且是不择手段地抢？

作者不是浮泛地讲大道理，而是辩证分析，具体分析。对于有没有"教不好的学生"，作者认为不能一概而论。他具体分析不同的情况，充分注意各种因素之间的关联，辩证地指出：只有具备了相应的条件，才可以说"没有教不好的学生"；否则，如果从高考、中考过关的角度说，因为是选拔性考试，必然有学生被淘汰，当然会"有教不好的学生"。第三段又从思想品德教育的角度，来分析一个学生在成长中受到的教育是来自多方面的，这就决定了老师的教育不是"在一张白纸上"画画，也就难以保证"重新画出美丽的画儿"，因此也就不能孤立地简单地下结论说学生教不好就是老师不会教。

例2. 人民日报评论部《有个体意识，也要有全局观念》（有删节）

观念的演进，源自奔流的实践。个体意识勃兴的背后，是告别计划经济、走向社会主义市场经济的社会进程。明确的权利主体和利益边界，是市场经济和法治社会的内在要求。"凡是涉及群众切身利益的决策都要充分听取群众意见，凡是损害群众利益的做法都要坚决防止和纠正"，也正是因为对个体利益的尊重，中国的改革和发展才赢得了亿万人发自内心的推动。只有集体没有个体的时代一去不返。

然而，"全局"从来不会因为对"个体"的强调就不复存在。辩证法的伟大在于，它永远提醒我们认识到问题的另一面。垃圾焚烧厂建在你这里不行，建在我这里也不行，但它总要建在一个地方，否则必然是垃圾围城；修桥修路修车站，拆你的房子不行，动我的奶酪不许，但它不可能修在空中，除非大家都不过桥不走路不出远门。一边抱怨雾霾遮天，一边不愿安步当车节能减排；一面痛骂就医难买房贵，一面又都想挂专家号住豪宅。这样的"通吃心态"，不止是在初级阶段的中国行不通，在这个世界上的其他任何地方，恐怕也都会碰壁。

一切都让个人听命于集体，强调个人为"全局"无条件牺牲，确属苛求；但"我满足了，才是公平，我满意了，才叫正义"，肯定也非理性。如果每个人都想着一己之私的最大化，完全以自身的感受衡量社会进步，"各私其私，绝无国民同体之概念"，不仅难以发育出良好的社会，也难以长久维持个体的利益。

中国社会已经进入利益多元的时代。如果我们承认权利和利益的多元多样，欢呼由此带来的文明进步，那么也必须承认这样的事实：不同的利益都要尊重，个体与整体必须协调。近年来，无论是地铁禁食的争议，小区文明养犬的讨论，还是公共场所禁烟引发的热议，一系列公共事件无不提醒我们，个体行为并非可以肆意奔突的河流，权利是有边界的。正如谚语所说，你挥舞拳头的权利止于我的鼻尖。懂得不同主体的妥协沟通，才能形成多元共存的利益格局。

社会的发展，将个体的尊严和福利推上了空前的高度，但也要看到，超乎历史条件和时代环境的个人主张，可能成为国家之痛。对"从摇篮到坟墓"高福利制度的过度追求，让欧洲国家掉入高成本、高税收的陷阱，社会危机由此而生。同样地，在中国进入快速城镇化的当下，要求取消所有城乡差别，在教育、医疗、户籍制度等方面实现绝对均等化，不仅是脱离历史的，也是超越时代的。

从世界范围来看，20世纪以后，传统的权利概念经历了一个社会化的过程，即绝对的、排他的权利须受到某种限制，以服从公共利益的需要。这个过程也是作为个体的公民重新进入社会的过程，是意识到权利之上还有社会责任的过程。无视他人权利和社会整体利益，脱离时代的语境，抽象的权利只能在现实中逐渐风干。

不要总让"个体"与"全局"彼此排斥、互相追尾，不要总将对"全局"的考量放在"个体"的对立面上。标签盛行的地方，理性容易枯萎；思维陷入绝对时，真理即成谬误。如果说，个体意识和权利意识的觉醒，只是公民意识成熟的第一步，那么让这个社会变得更好，还需要每一个人更多秉持目光四射的全局观念，更多承担力所能及的社会责任。

本文对"个体"与"全局"的关系做了辩证分析，既看到二者对立的一面，又强调二者应当统一的必要。承认"个体"的权益，又反对一味追求个人权利；反对无条件为"全局"牺牲个人利益，又指出必要时牺牲"个体"利益以保障"全局"利益的重要性。不仅如此，作者还由中国放眼世界，从世界范围，以发展的眼光，分析20世纪以后传统的权利概念经历社会化的过程，更增强了本文的说服力。

例3. 人民日报评论部《有"批判精神"，也要有"建设心态"》（有删节）

如果说问题是时代的呼声，那么批判则是对这呼声的回应。在认识论层面，批判是认识问题的逻辑起点；从方法论角度，批判为解决问题、推动进步提供了契机。然而，仅仅有批判精神，混沌的世界是否就一片澄明，丛生的问题是否就迎刃而解？

比批判更进一步，费尔巴哈贡献了唯物主义的思想武器，哥白尼勾画出太阳系运行的真实图景。中国共产党人的态度，毛泽东说得清楚："我们不但善于破坏一个旧世界，我们还将善于建设一个新世界。"

这样的态度，是辩证唯物主义者的态度，也是历史唯物主义者的态度。在他们眼中，推动历史前进的力量，不是置身事外的冷嘲热讽，也不是痛快一时的情绪宣泄，而是破与立的对立统一、批判与建设的相得益彰。他们懂得，当批判精神异化为"为批判而批判"，不加分辨地否定昨天、鄙薄今天、怀疑明天，结果只能陷入历史的虚无：昨天一无所有，今天一无是处，明天一无建树。

社会总有不完美，值得批判的事情岂止车载斗量。13亿人口的中国，快速发展的转型期，有问题，甚至有很多问题，都再正常不过；即便是已经"熊抱"现代化的发达国家，也不得不承认，"今天，技术的进步已经使得人类可以往返于地球与月球之间，但我们在处理人类事务方面依然捉襟见肘"。对这些问题拿起批判的武器，正确而且必要。问题是：如果人人都坐而论道，谁来为我们解决问题？

与解决问题相比，做个"批判家"并不难，对照理想，现实的缺憾俯拾即是。做个"愤青"就更容易，只需加一句"这个社会怎么了"，微博便会"很有气质"。但是，复杂的矛盾不会因批判自然遁形，社会的正义更不会因批判自动实现。斯洛文尼亚前总统德尔诺夫舍克说得好，"单靠政治人物的努力是难以改善世界的"。社会的每一根毛细血管，都不能放弃对肌体健康所负有的责任。

批判是通向正义感的捷径，是体现存在感的绝佳方式，但历史的责任不允许我们满足于道德飙车。中国的进步，不只需要"好不好""该不该"的判断，也需要"行不行""能不能"的探寻。制度的改革，社会的改良，人心的改善，有待众人一起发力。鞭挞黑暗时，点亮蜡烛；蔑视贪婪时，拒绝同流；痛斥冷漠时，伸出双手……我们不仅要做提出问题的共同体，更要做解决问题的共同体。

"颠簸于批判主义的无边波浪之中，我们需要寻找一块陆地建构自己的理想。"…………

时代不仅需要解构，更需要建构。不要把批判的自由留给自己，却把创造的权利让给别人。历史的原野如此辽阔，作为时代的一员，你完全可以栽下花草、留下芬芳，种下树木、留下清凉。不仅当一个批判者，也要做一个建设者。每个人的一小步，就是时代前进的一大步。

本文运用辩证法，一分为二地分析"批判精神"与"建设心态"。作者既充分肯定"批判精神"的价值，又反对"为批判而批判"的异化行为，指出"建设心态"的重要意义，引导人们理性地对待问题，既要善于发现问题，又要努力解决问题。

第二节　事实胜于雄辩

　　孔子说："天何言哉？四时行焉，百物生焉。"老天没有说多少道理，可是四季在那儿流转，万物在那儿生长，这样的事实使人不得不敬畏上天。

　　一般人接受一个观点，虽然也会依据"理论上应该如此"来判断，但是倘若有事实摆在那儿，他更倾向于看"事实如何"。评价一个运动员是不是善跑，一般人也会根据专家的理论分析来做出判断，但是，更有说服力的是他的比赛成绩。在议论文中，摆出确凿的事实，往往可以收到很好的论证效果。这种论证方法通常也称作例证法。

　　所谓事实，词典的解释是"事情的真实情况"。表现在议论文中，主要有四类：个别事例，社会事象，统计数据，文艺形象。其中第四类严格来说并不是"事实"，但常常被当作事实来谈。

一、个别事例

　　个别事例是指具体的个别的事实，是相对于表示某类现象的"事象"而言，它强调的是"某一个具体的人或物""某一件具体的事"。这些具体的事实，既可以是行为性的（所作所为），也可以是言论性的（所思所言）。

　　应当注意，这里所说的言论性事实，主要是指那些证明"说这些话的人是这样的人"的言论；至于那些用来分析某一道理的言论，我们归之于"有理走遍天下"的"理"的范畴。例如，我们举出某人在日记中谈自己愿意奔赴边疆贫困地区支教的言论，意在证明这个人是有爱心的，此时，这一言论就是"事实"；而当我们举出这个人在日记中分析支援边疆贫困地区教育的重要性，意在借他的分析来论证支教的价值时，这一言论就侧重其"理"的一面。

例 1. 余华《我能否相信自己》

后来，我又读到了蒙田的书，这位令人赞叹不已的作家告诉我们："按自己的能力来判断事物的正误是愚蠢的。"他说："为什么不想一想，我们自己的看法常常充满矛盾？多少昨天还是信条的东西，今天却成了谎言？"蒙田暗示我们："看法"在很大程度上是虚荣和好奇在作怪，"好奇心引导我们到处管闲事，虚荣心则禁止我们留下悬而未决的问题"。

四个世纪以后，很多知名人士站出来为蒙田的话作证。一九四三年，IBM 公司的董事长托马斯·沃森胸有成竹地告诉人们："我想，五台计算机足以满足整个世界市场。"另一位无声电影时代造就的富翁哈里·华纳，在一九二七年坚信："哪一个家伙愿意听到演员发出声音？"而蒙田的同胞福煦元帅，这位法国高级军事学院院长，第一次世界大战协约国军总司令，对当时刚刚出现的飞机十分喜爱，他说："飞机是一种有趣的玩具，但毫无军事价值。"

我知道能让蒙田深感愉快的证词远远不止这些。这些证人的错误并不是信口开河，并不是不负责任地说一些自己不太了解的事物。他们所说的恰恰是他们最熟悉的，无论是托马斯·沃森，还是哈里·华纳，或者是福煦元帅，都毫无疑问是拥有着上述看法的权威。问题就出在这里，权威往往是自负的开始，就像得意使人忘形一样，他们开始对未来发表看法了。而对他们来说，未来仅仅只是时间向前延伸而已，除此之外他们对未来就一无所知了。就像一八九九年那位美国专利局的委员下令拆除他的办公室一样，理由是"天底下发明得出来的东西都已经发明完了"。有趣的是，他们所不知道的未来却牢牢地记住了他们，使他们在各种不同语言的报刊的夹缝里，以笑料的方式获得永生。

蒙田说："按自己的能力来判断事物的正误是愚蠢的。"这也是本文作者想要表达的观点。为了证明这一观点，作者接连举出了三个具体事例（托马斯·沃森、哈里·华纳、福煦元帅）。在分析完这三个具体事例后，顺手提及的那位美国专利局委员，也是一个有趣的典型事例。

例2. 罗迦·费·因格《谈创造性思维》

我对此完全赞同。知识是形成新创意的素材。但这并不是说，光凭知识就能拥有创造力。发挥创造力的真正关键，在于如何运用知识。创造性的思维，必须有探求新事物并为此而活用知识的态度和意识。在此基础上，持之以恒地进行各种尝试。

这方面的典型代表，首推谷登堡。他将原来毫不相关的两种机械——葡萄压榨机和硬币打制器组合起来，开发了一种新机械。因为葡萄压榨机用来从葡萄中榨出汁，所以它在大面积上均等加力；而硬币打制器的功能则是在金币之类的小平面上打出印花来。有一天，谷登堡半开玩笑地自言自语道："是不是可以给几个硬币打制器加上葡萄压榨机的压力，使它在纸上打印出印花来呢？"由此发明了印刷机和排版术。

另一个例子是罗兰·布歇内尔。1971年的一天，布歇内尔边看电视边这么想："光看太没意思了。把电视接收器作为试验对象，看它产生什么反应。"此后不久，他就发明了交互式的乒乓球电子游戏，从此开始了游戏机的革命。

本文在提出"创造性的思维，必须有探求新事物并为此而活用知识的态度和意识。在此基础上，持之以恒地进行各种尝试"这一论点后，随即举了两个典型的事例。

例3. 费孝通《乡土中国》

靠种地谋生的人才明白泥土的可贵。城里人可以用土气来藐视乡下人，但是乡下，"土"是他们的命根。在数量上占着最高地位的神，无疑的是"土地"。"土地"这位最近于人性的神，老夫老妻白首偕老的一对，管着乡间一切的闲事。他们象征着可贵的泥土。我初次出国时，我的奶妈偷偷地把一包用红纸裹着的东西，塞在我箱子底下。后来，她又避了人和我说，假如水土不服，老是想家时，可以把红纸包裹的东西煮一点汤吃。这是一包灶上的泥土。——我在《一曲难忘》

的电影里看到了东欧农业国家的波兰也有着类似的风俗，使我更领略了"土"在我们这种文化里所占和所应当占的地位了。

为了证明泥土对于乡下人的可贵，作者在这里举了两个具体的事例：一是宗教信仰领域中的"土地"神的地位之高，一是作者自己出国时奶妈送他一包泥土。

例4. 周先慎《简笔与繁笔》

一部《水浒传》，洋洋洒洒近百万言，作者却并不因为是写长篇就滥用笔墨。有时用笔极为简省，譬如"武松打虎"那一段，作者写景阳冈上的山神庙，着"破落"二字，便点染出大虫出没、人迹罕到景象。待武松走上冈子时，又这样写道："回头看这日色时，渐渐地坠下去了。"真是令人毛骨悚然。难怪金圣叹读到这里，不由得写了这么一句："我当此时，便没虎来也要大哭。"最出色的要数"林教头风雪山神庙"，写那纷纷扬扬的漫天大雪，只一句："那雪正下得紧。"一个"紧"字，境界全出，鲁迅先生赞扬它富有"神韵"，当之无愧。

以上是说用简笔用得好。同一部《水浒传》，有时却又不避其繁。看作者写鲁智深三拳打死"镇关西"。鼻上一拳，"打得鲜血迸流，鼻子歪在半边，却便似开了个油酱铺：咸的、酸的、辣的，一发都滚出来"。眼眶际眉梢又一拳，"打得眼棱缝裂，乌珠迸出，也似开了个彩帛铺的：红的、黑的、绛的，都绽将出来"。第三拳，"太阳上正着，却似做了一个全堂水陆的道场：磬儿、钹儿、铙儿，一齐响"。从味觉写，从视觉写，从听觉写，作了一大串形容，若是单从字面上求简，这三拳只需说"打得鲜血迸流，乌珠迸出，两耳轰鸣"，便足够了。然而简则简矣，却走了"神韵"，失掉了原文强烈地感染读者的鲁智深伸张正义、惩罚恶人时那痛快淋漓劲儿。

作者论述简笔和繁笔各有各的好处，以《水浒传》中的具体事例来加以论证。谈简笔，举的是"武松打虎"和"林教头风雪山神庙"两处；谈繁笔，举的是"鲁提辖拳打镇关西"一处：都以其精彩描写，有力地证明了作者的观点。

二、社会事象

常与个别事例配合着用的是社会事象。所谓"社会事象"，是指社会上普遍存在的某一类事态和现象。事象是对多个具体事实的一种概括。这种概括的事象，有的学者不承认它的论据地位。因为它实质上是一种结论，其可靠性有赖于概括者的认识水平。但是，这种概括又如此常见，其中不少是深得世人认同的。正因如此，它才拥有了"证明"的力量，从而被广泛应用于论证中。

社会事象是对某类具体事例的概括，因此它比单个事实更能体现普遍性；另外，既是概括，必然加入了主观的判断分析，这使得它的客观性受到挑战。所以，运用事象来论证时，要考察这些概括出的事象是否犯有以偏概全的毛病。如苏洵在《六国论》中，所举"诸侯之所亡，与战败而亡者，其实亦百倍"这一事象，如果只就赂秦的几个国家而言，是比较有说服力的；但是如果概括"六国"，就犯有"以偏概全"的毛病，因为有不赂秦的国家在。作者也意识到这一漏洞，所以，自己忙找补说"不赂者以赂者丧"。

例1. 钱玄同《随感录（二九）》

但是此外又有一班二三十岁的"遗少"大倡"保存国粹"之说。我且把他们保存国粹的成绩随便数他几件出来：垂辫，缠脚，吸鸦片烟；叉麻雀，打扑克；磕头，打拱，请安；"夏历壬子年——戊午年"；"上巳修禊"；迎神，赛会；研究"灵学"，研究"丹田"；做骈文，"古文"，江西派的诗；临什么"黄太史""陆殿撰"的"馆阁体"字；做"卿卿我我"派或"某生者"派的小说；崇拜"隐寓褒贬"的"脸谱"；想做什么"老谭""梅郎"的"话匣子"；提倡男人纳妾，以符体制；提倡女人贞节，可以"狺狺盛矣"。

这篇文章写于1918年，当时虽已进入民国，但仍有许多人"恋旧"，大倡"保存国粹"之说。在这篇文章中，钱玄同以极其概括的文字罗列了大量所谓"保存国粹"的现象，以证明这种风气势头正劲。

例2. 鲁迅《"吃白相饭"》

我们在上海的报章上所看见的，几乎常是这些人物的功绩；没有他们，本埠新闻是决不会热闹的。但功绩虽多，归纳起来也不过是三段，只因为未必全用在一件事情上，所以看起来好像五花八门了。

第一段是欺骗。见贪人就用利诱，见孤愤的就装同情，见倒霉的则装慷慨，但见慷慨的却又会装悲苦，结果是席卷了对手的东西。

第二段是威压。如果欺骗无效，或者被人看穿了，就脸孔一翻，化为威吓，或者说人无礼，或者诬人不端，或者赖人欠钱，或者并不说什么缘故，而这也谓之"讲道理"，结果还是席卷了对手的东西。

第三段是溜走。用了上面的一段或兼用了两段而成功了，就一溜烟走掉，再也寻不出踪迹来。失败了，也是一溜烟走掉，再也寻不出踪迹来。事情闹得大一点，则离开本埠，避过了风头再出现。

鲁迅对"吃白相饭"这类"不务正业，游荡为生"的人是心怀憎恶的，他说"'白相'可以吃饭，劳动的自然就要饿肚，明明白白"。为了证明自己的看法，他不是举出某一个或某几个白相人，而是撮取这类人的共同点，以"事象"的方式列出"这些人物的功绩"。读者看了这些"功绩"，也就不难认可作者的观点了。

例3. 毕淑敏《谈怕》

人生的发展，一是因了爱好，一是因了惧怕。前者，比如音乐，它并没有更实际的用途，而只是使我们愉悦。那些更实用的发明创造，基本上缘于"怕"。因为害怕冷，人们发明了衣服、房屋、火炉；因为害怕热，人们发明了扇子、草帽、空调器；因为害怕走路，人们发明了汽车、火车、飞机；因为害怕病痛，人们发明了中药西药X光B超；因为害怕地球的孤独，人们向茫茫宇宙进行探索；因为害怕自身的衰退，人们不断高扬精神的旗帜……害怕实在是人类文明进步的助产婆。今后谁知道因了害怕，人类还将诞育多少温馨的婴儿，人类还将补充多少伟大的发明！

作者认为人生发展的一个原因是"因了害怕"，为了证明这一观点，接下来她用了一组排比句，列举了害怕带来的一系列"成果"。作者所举的这一系列事例，都不是具体的、个别的，而是概括出的社会事象。

例4. 叶圣陶《学习语文要练基本功》

> 学戏的开始，不是从整出的戏入手的，一定要练基本功，唱腔，道白，身段，眼神，一举手一投足，都要严格训练，一丝不苟。起初当然勉强，后来逐渐熟练，表演起来就都合乎规矩。然后再学一出一出的戏。学绘画，要先练习写生，画茶杯，画花瓶，进一步练速写，这些都是基本功。学音乐、舞蹈也一样，都要练基本功。木工做一张桌子也不简单，锯子、刨子和凿子，使用要熟练，要有使用这些工具的好习惯，桌子才能做得合规格。总之，无论学什么，练基本功是很重要的。

在这一段中，作者的分论点是"无论学什么，练基本功是很重要的"，论证时所举事例是学戏、学绘画、学音乐、学舞蹈、做木工。这些都是经过概括的各行各业的做法，而不是具体的某一人某一次学习过程。

三、统计数据

专业化的调查研究数据，往往是针对一类情况得出的。相对于单个的事实，它显然更全面，因而具有普遍意义；相对于依凭直觉概括出的事象，它也更客观、科学。所以，翔实可靠的数据，在论证中有很强的说服力。如今重视"大数据"，也是这个道理。

借助数据论证时，必须保证数据真实可靠。依靠错误的数据，很难得出正确的结论。有些数据客观性较强，不易受调查者干扰；但是有些数据，极易受到调查者的诱导干扰。

有这样一个故事：有一位画家把自己画的一幅画拿到集市上，画旁放了一支笔，请观赏者在画上标出画得不好的地方。结果他发现整个画面都涂满了标记——没有一笔一画不被指责。画家十分不快，对这次尝试深感失望。画家又画了一幅同样的画拿到市场展出，这一次，他改为要求观赏者标出画得出彩的地方。当画家再去取画时，发现那些曾被指责的地方都换上了赞美的标记。

倘若仅根据第一幅画的数据，那么可以得出这位画家非常不受欢迎的结论；倘若仅根据第二幅画的数据，得出的结论则完全相反。

应看到，仅仅数据真实，并不一定能得出正确结论；要得出正确结论，还得有正确的推理思路。例如有人列出一组数据，对比近些年来儿童花在手机上的时间，按其增加的速度，推断多少年后儿童每天花在手机上的时间是 24 小时。这一推断貌似客观严谨，但是忽略了一个根本问题，那就是事实上不可能一直按这个速度增加。

例 1. 钟惦棐《电影的锣鼓》

这场锣鼓，也正是从电影与观众这个点子上敲起来的。在上海，《一件提案》的上座率是 9%，《土地》的上座率是 20%，《春风吹到诺敏河》与《闽江橘子红》是 23%。另据北京《光明日报》的报道，从 1953 年到今年 6 月，国产片共发行了一百多部，其中有 70% 以上没有收回成本，有的只收回成本的 10%。纪录片《幸福的儿童》竟连广告费也没收回！

这就找到了检验问题的标准。为什么文艺为工农兵服务的方针明确了，工农兵及一般劳动人民的生活水平也有了显著的提高，而国产影片的观众却如此不景气？这是否就同时暴露了两个问题：一、电影是一百个愿意为工农兵服务，而观众却很少，这被服务的"工农兵"对象，岂不成了抽象？二、电影为工农兵服务，是否就意味着在题材的比重上尽量地描写工农兵，甚至所谓"工农兵电影"？

电影"为工农兵服务"这一观念，落实到电影题材时，出现了问题，这篇文章就是针对这一问题而写的。作者通过列举诸多调查数据，揭示了"工农兵电影"不受工农兵观众喜爱的现实，从而得出观点——为工农兵服务不等于演工农兵。

例 2.《新京报》社论《"水电经济"应该为生态让路了》

此前广西渔业部门就曾表示，广西建有好几百座大坝，广西目前已几乎没有自然流态的河流，部分鱼类已经枯竭，某些鱼类的捕捞量不足20世纪90年代的一半。2013年公布的《2013长江上游联合科考报告》也直指水电开发对水生生物带来的灭绝性影响。历史上，金沙江流域共监测到鱼类143种，而那次科考3次鱼类资源采样仅仅发现17种鱼类样本。专家直言，连续成串建坝的方式，对鱼类生存影响很大。

凭什么说"水电经济"对生态造成了很大的破坏？这篇社论的办法是让事实说话，让数据说话。

例3. 王学泰《千古凭谁定是非》

不说秦朝其他暴政，就秦始皇统一中国之后征发的兵役、徭役的人数就令人咋舌。修骊山墓70万囚徒，修长城30万人，修阿房宫70万人，修驰道30万人，北方由蒙恬带领30余万人击东胡，南方是尉屠睢带领50万大军分五路攻击岭南。这就280万人了，如果再包括在内地戍守的士兵及民夫（约200万人），这样就有四五百万人长期奔走在外。当时全国人口仅有2500万左右，男性1250万，如果青壮年占人口总数一半的话，男性有服役能力的仅有600余万，秦始皇征发了青壮年人口的三分之二以上。这些人群常年在外，上不能行孝于父母，下不能养育儿女，无天伦之乐，也没有生活之趣，生来仿佛就是一头牲畜，供使于秦始皇……用今天的话说，秦始皇干的这些事情就是"反人类罪"。

看到这样一组数据，很少有读者不感到震惊。在这样的事实面前，读者很容易认同作者的观点。

四、文艺形象

文艺形象并不是"事实"。但是在写作实践中，的确有许多文章举出神话传说、文艺作品中的事例来论证。这些事例，就其本身来说，不是事实；就其运用目的来说，是当作"事实"来举的，不妨称之为"类事实"。

运用这类事例论证，有两个优点：

第一，这类事例虽然不属于"事实"，但是，这些神话传说、文学作品已经家喻户晓、深入人心。虽然明知它们是虚构的，人们却相信它们来自现实，甚至比现实更真实。所以，这些事例仍有一定的说服力。

第二，有时候，批评一个问题，不便于从当下现实中举真实的案例，借助神话传说、文学作品中的形象、故事来"说事"，也可以收到不错的效果。以针砭时弊见长的杂文就常常采用这个办法。

例1.鄢烈山《难以忍受的爱》

中国的女孩子大约还没有这么强的"个人权利"意识，像那样的嘱咐一般是不会觉得逆耳的。但这并不等于说，中国的女孩子对父母兄弟的爱都是囫囵受纳的。《牡丹亭》中的夫人无疑是爱自己的独女杜丽娘的，一心想把她培育成为一个符合大家闺秀身份的"贞女"，连那"姹紫嫣红开遍"的后花园也不让她游玩，宁肯将良辰美景"都付与断井颓垣"。然而，这只能引起杜丽娘的怨恨："恁般景致，我老爷和奶奶再（竟）不提起……锦屏人忒看的这韶光贱！"中国古代还有很多父母嫌贫爱富而悔婚、小姐殉情而死或钟情受磨的故事。这样的父母绝大多数也是出于对女儿的爱护，生怕她跟着穷小子吃苦遭灾。但这样的父母之爱往往酿成悲剧。

这里举的是戏曲《牡丹亭》中的事例，以杜丽娘对父母的怨恨证明中国的女孩子对父母的爱并非都是囫囵受纳的。

例2.陈四益《衙门这碗饭》

在官，他是想借这官声，谋取升迁。只要官升得高，好处就随之而来。但吏就不能指望随太爷高升了，太爷高升了，他就跟着新的主子，还是吃这碗衙门饭。所以，他所图的是更加直接的眼前实惠。《儒林外史》楔子中写那危素，看到王冕的画，就要同王冕套近乎，无非是要显得他尊重人才、爱惜人才。时知县赶紧派人去传王冕，是要讨好危素这位大老，好得到他的提携——这都是官的想法，但派去的翟买办，王冕是否去见太爷，对他来说并不重要，他图的可是眼下的实惠。你听他说的："这件事，原是我照顾你的，不然，老爷如何得知你会画花？论理，见过老爷，还该重重的谢我一谢才是！"他的心里这样盘算：怎么，你以为你是个专家、是个人才，就要把你供着？你是不是专家、是不是人才，谁说了算？我说了才算。我让你去见领导，给领导讲讲课，座谈座谈，让你露露脸，你就是人才；我不让你见，你就不是人才。你还不该谢我吗？……连骂带吓，总算从王冕那里榨出了三钱二分银子，没有白跑了这趟差。

这是举小说《儒林外史》中的事例，通过时知县和翟买办对待王冕的不同心理来论证官、吏有别。

例3. 王学泰《再说父母官》

人们常说"灭门的知县"，这一点也不夸大。要是老百姓得罪了本县的父母官，不被整死也得扒层皮。《醒世恒言》的"卢太学诗酒傲王侯"是明代嘉靖间一件真事。浚县有位乡绅叫卢楠，他只是因为不愿意与为人贪鄙的知县往来就被诬告下狱，关了十多年，差点丢了一条性命。

这是举小说集《醒世恒言》中的事例。作者特别强调小说来源于真实生活，以卢乡绅差点被知县害死为例，证明知县权力之大。

例4. 庄樗《扬长与避短》

金无足赤，人无完人，再了不起的人也会有弱点。《荷马史诗》中的英雄阿喀琉斯，作为希腊军的主将参加特洛伊战争，英勇无比，所向披靡。可是他偏偏有一个致命的弱点——脚跟。在他年幼时，他的仙女母亲忒提斯手握阿喀琉斯的脚跟倒提着他往冥河中浸泡，成就他的不死之身。可是百密一疏，这位神奇的母亲手握之处，没能享受浸泡冥河的待遇，于是，这里成了阿喀琉斯的"死穴"，最终，敌人利用了这一弱点，把他射死。如此英勇的阿喀琉斯尚且如此，普通人的缺点更在所难免。

这是举《荷马史诗》中的事例，虽然阿喀琉斯是神话传说中的人物，但作者用他来证明"金无足赤，人无完人"，仍然能引起读者共鸣。

第三节 不比不知道

我们感叹一座山"危乎高哉",所据以感叹的往往并不是这座山的"绝对高度",而是把它与别的山、别的物比较后的"相对高度"。评判一本书、一个人、一件事、一种风气,往往也要参照别的书、别的人、别的事、别的风气。"不比不知道,一比吓一跳。""没有比较就没有鉴别。""不怕不识货,就怕货比货。"这些耳熟能详的话,说明了比较在我们认识、评判事物时的重要作用。

比较,也是进行论证时常用的一种方法。比较的方法,通常分为类比和对比两种。有时还会遇到一种比较,介于对比与类比之间,姑且称之混比吧。这样,比较就有三种:类比、对比、混比。类比着眼于比较对象的相同或相似;对比着眼于比较对象的相异或相反;混比则兼而有之。

一组比较,一般由三个要素构成:比较点,即针对什么问题而比较;比较方,即参与比较的对象;比较结果,即经过比较后发现的现象,以及据此得出的结论。

一、类比

类比着眼于比较对象的相同或相似。类比的办法,是依据逻辑上的"类比推理"来回答"为什么"的。所谓"类比推理",是根据两个或两类对象某些属性相同或相似,推断出它们在另外的属性上也相同或相似的一种推理。换句话说,我们要回答"为什么甲这样"这个问题时,援引与甲情况相类似的乙,且我们已知乙是"这样",所以就推断甲也应是"这样"。

荷兰物理学家惠更斯通过考察发现，光和声这两类现象具有一系列相同的性质：直线传播，有反射和干扰的现象。然后他进一步根据声有波动性质，推出结论："光也可能有波动性质。"于是，光波理论出现了。惠更斯所运用的正是类比推理。

明代笑话集《雅谑》中有这样一则笑话：翟永龄的母亲笃信佛教，每天都一遍遍地念佛。翟永龄想劝母亲别这样，他想的办法是接连呼叫"娘""娘""娘"数声。母亲生气了，说："你这么频繁地叫我做什么？"翟永龄说："我连叫您老人家三四声，您就不高兴了；您每天念叨佛千万声，佛该多么生气！"儿子劝阻母亲念佛采用的办法也是类比推理：儿子呼唤母亲与母亲呼唤佛相似，既然母亲因儿子频繁呼唤生气，那么，佛也会因母亲频繁呼唤生气。

类比推理，在中国有着广泛的群众基础。孔子说："己所不欲，勿施于人。"孟子说："老吾老以及人之老，幼吾幼以及人之幼。"两位儒家圣人，从正反两方面运用类比方法来谈处世之道。

当形成类比的对象性质有了根本差异（例如人与物）后，这种类比，即兼有比喻的性质。这时，论证的力量有所减弱，但接受效果往往得以增强。这主要得益于比喻的形象性。

古人就特别喜欢用比喻的形式来进行类比论证。以先秦诸子为例：《庄子》用庖丁依乎天理、游刃有余的解牛术来推论养生之道；《孙子》用常山之蛇来论述善用兵者"击其首则尾至，击其尾则首至，击其中则首尾俱至"；《孟子》用宋人拔苗助长的故事来论述培养"浩然之气"不能急于求成；《荀子》用"蓬生麻中，不扶而直；白沙在涅，与之俱黑"来论证"君子居必择乡，游必就士"。

例1.唐弢《作家要铸炼语言》

如果一个工人要学习高速切削，一个农民要讲究密植程度，作家又怎么能够随随便便地对待自己的语言呢？

作家与语言的关系、工人与切削的关系、农民与密植的关系，这三者相似，既然工人要学习切削、农民要讲究密植，可推知，作家也应认真对待语言。

比较方	工人切削（乙$_1$）、农民种植（乙$_2$）；作家写作（甲）
已知甲乙	都从事专业工作
已知乙	精益求精（学习高速切削、讲究密植程度）
推知甲	也应铸炼语言

例2. 黄秋耘《借古讽今辩》

是否"借古讽今"，就一定罪该万死呢？我看也未必。严格地说，不管作者自觉还是不自觉，凡是写历史题材，在不同程度、不同角度上总会起点"借古讽今"的作用。不但历史小说、历史剧、历史故事如此，就连历史书本身也并不例外。北宋史学家司马光不是编纂过一部《资治通鉴》吗？既名之曰"资治"，就是说要供皇帝治国平天下参考之用。参考什么呢？无非是想从前代兴衰治乱的史实中吸取一些经验和教训，说得坦率一点，也就是"借古讽今"。既然司马光编纂《资治通鉴》还可以"借古讽今"，他不但没有因此获罪，反而受到宋神宗的赏识，御赐书名为《资治通鉴》。那么，我们今天写历史，写历史题材的文艺作品，又为什么不可以"借古讽今"呢？只要讽得恰当，有借鉴作用，有教育意义，"前事不忘，后事之师也"，不是也挺好吗？

有一个时期，写历史题材的文艺作品，容易被扣上"借古讽今"的罪名。作者举出北宋司马光编纂《资治通鉴》的例子，来论证今天"借古讽今"的合理性。其思维方式如下：

比较方	司马光编《资治通鉴》（乙）；今人写历史题材作品（甲）
已知甲乙	写历史
	借古讽今，有借鉴作用、教育意义
已知乙	并没有因此获罪，反而受到宋神宗赏识
推知甲	也挺好

例3.《孟子·梁惠王章句下》

　　孟子谓齐宣王曰："王之臣，有托其妻子于其友而之楚游者，比其反也，则冻馁其妻子，则如之何？"王曰："弃之。"曰："士师不能治士，则如之何？"王曰："已之。"曰："四境之内不治，则如之何？"王顾左右而言他。

这段文字非常有意思，孟子意在论证四境之内不治，国王会被百姓抛弃，他不直接说，而是先提出两件性质相似的事，让齐宣王做出"弃之""已之"的评判，最后再提出"四境之内不治"的问题，齐宣王发现"上套"了，只好"顾左右而言他"。其思路如下：

比较方	受嘱托照顾人家妻子者（乙$_1$）、士师（乙$_2$）；齐宣王（甲）
已知甲乙	都肩负照顾、管理人的责任，且都没照顾、管理好
已知乙	被弃，被罢免
推知甲	被弃，被罢免

例4.蔡元培《洪水与猛兽》

　　我以为用洪水来比新思潮，很有几分相像。它的来势很勇猛，把旧日的习惯冲破了，总有一部分的人感受苦痛；仿佛水源太旺，旧有的河槽，不能容受他，就泛滥岸上，把田庐都扫荡了。对付洪水，要是如鲧的用湮法，便愈湮愈决，不可收拾。所以禹改用导法，这些水归了江河，不但无害，反有灌溉之利了。对付新思潮，也要舍湮法用导法，让他自由发展，定是有利无害的。孟氏称"禹之治水，行其所无事"，这正是旧派对付新派的好方法。

作者写作此文的用意很明显，主要是为新思潮辩护的。他运用了类比论证法，将新思潮与洪水进行类比。其思路如下：

比较方	洪水（乙）；新思潮（甲）
已知甲乙	来势勇猛
	对旧的带来破坏
	有一部分人感受痛苦
已知乙	用湮法行不通，用导法有利无害
推知甲	舍弃湮法，实行导法

例5. 傅雷《增产节约的要点在哪里?》

　　再说，机器需要定期检修，人也不能只使用，不休整；连钢铁制成的机器都不能负担过重，何况是血肉做的人! 在勤俭建国的阶段，从工程师到工人，都在千方百计地想法延长机器的寿命，为什么我们不同样地爱惜人，不同样地想办法延长人的服务年龄?

傅雷拿人与机器比，话中显然含着对滥用人力行为的抗议。

比较方	机器（乙）；人（甲）
已知甲乙	都工作，都有其寿命
已知乙	不能负担过重，千方百计延长寿命
推知甲	也应得到爱惜，而且更应得到爱惜

例6. 王小波《我看文化热》

　　很不幸的是，这又造成了一种误会，以为文化即伦理道德，根本就忘了文化应该是多方面的成果——这是个很大的错误。不管怎么说，只有这么一种成果，文化显得单薄乏味。打个比方来说，文化好比是蔬菜，伦理道德是胡萝卜。说胡萝卜是蔬菜没错，说蔬菜是胡萝卜就有点不对头——这次文化热正说到这个地步，下一次就要说蔬菜是胡萝卜缨子，让我们彻底没菜吃。所以，我希望别再热了。

说蔬菜是胡萝卜，错误显而易见；说文化时只讲伦理道德，却往往觉察不出问题。

比较方	蔬菜（乙）；文化（甲）
已知甲乙	都存在种属，都应该多样
已知乙	把蔬菜说成是胡萝卜甚至是胡萝卜缨子，就没菜吃了
推知甲	把文化缩小成伦理道德，文化就单薄乏味极了

二、对比

对比是把两个相反、相对的事物或同一事物相反、相对的两个方面放在一起，比较其差异、优劣、高下、是非等，从而论证自己的观点。

对比论证时，通常列出正反两种论据，一方面凭借正面的论据证明自己的观点，另一方面又凭借反面的论据反驳对立观点，从而进一步强调自己观点的合理性。

也有一些对比，其目的并不在于肯定"正方"，否定"反方"，而是另有深意。例如，我们通过对比一个人的豪壮之言与猥琐之行来论证其虚伪。再如，有些人在对待性质相同的事物时采取截然不同的评判标准（网络上一般称之为"双标"），在辩论中将这两种截然不同的标准加以对比，就可以彰显其矛盾性，揭露其虚伪性，从而否定其立论的正确性。

（一）不同对象的对比

不同对象的对比，是指参与对比的对象不是同一个，例如"圣人"与"众人"、"百工之人"与"士大夫之族"、"骐骥"与"驽马"。

例1.鲁迅《从孩子的照相说起》

中国和日本的小孩子，穿的如果都是洋服，普通实在是很难分辨的。但我们这里的有些人，却有一种错误的速断法：温文尔雅，不大言笑，不大动弹的，是中国孩子；健壮活泼，不怕生人，大叫大跳的，是日本孩子。

然而奇怪，我曾在日本的照相馆里给他照过一张相，满脸顽皮，也真像日本孩子；后来又在中国的照相馆里照了一张相，相类的衣服，然而面貌很拘谨，驯良，是一个道地的中国孩子了。

为了这事，我曾经想了一想。

这不同的大原因，是在照相师的。他所指示的站或坐的姿势，两国的照相师先就不相同，站定之后，他就瞪了眼睛，觑机摄取他以为最好的一刹那的相貌。孩子被摆在照相机的镜头之下，表情是总在变化的，时而活泼，时而顽皮，时而驯良，时而拘谨，时而烦厌，时而疑惧，时而无畏，时而疲劳……。照住了驯良和拘谨的一刹那的，是中国孩子相；照住了活泼或顽皮的一刹那的，就好像日本孩子相。

同一问题	不同对象及差异	证明观点
儿童特点	（中国儿童）温文尔雅，不大言笑，不大动弹	中国人应当学习、借鉴日本人培养孩子的做法
	（日本儿童）健壮活泼，不怕生人，大叫大跳	
给孩子照相	（中国照相师）照住孩子驯良和拘谨的一刹那	
	（日本照相师）照住孩子活泼或顽皮的一刹那	

例2. 季羡林《天下第一好事，还是读书》

人成了人以后，就开始积累人的智慧，这种智慧如滚雪球，越滚越大，也就是越积越多。禽兽似乎没有发现有这种本领，一只蠢猪一万年以前是这样蠢，到了今天仍然是这样蠢，没有增加什么智慧。人则不然，不但能随时增加智慧，而且根据我的观察，增加的速度越来越快，有如物体从高空下坠一般。到了今天，达到了知识爆炸的水平。

同一问题	不同对象及差异	证明观点
知识积累	（猪）不会积累知识，跟一万年以前一样蠢	积累知识是非常重要的（下文指出书籍是贮存人类代代相传的智慧的宝库，实际上证明读书是大好事）
	（人）会积累知识，智慧越来越多	

例3. 欧阳修《朋党论》

夫前世之主，能使人人异心不为朋，莫如纣；能禁绝善人为朋，莫如汉献帝；能诛戮清流之朋，莫如唐昭宗之世；然皆乱亡其国。更相称美推让而不自疑，莫如舜之二十二臣，舜亦不疑而皆用之；然而后世不诮舜为二十二人朋党所欺，而称舜为聪明之圣者，以能辨君子与小人也。周武之世，举其国之臣三千人共为一朋，自古为朋之多且大莫如周；然周用此以兴者，善人虽多而不厌也。

同一问题	不同对象及差异	证明观点
对待朋党的态度	（纣、汉献帝、唐昭宗）禁朋党，而皆乱亡其国	君子结朋，有益于国家
	（舜、周武）用朋党，人君受称道，国家兴盛	

例4. 张溥《五人墓碑记》

夫五人之死，去今之墓而葬焉，其为时止十有一月耳。夫十有一月之中，凡富贵之子，慷慨得志之徒，其疾病而死，死而湮没不足道者，亦已众矣，况草野之无闻者欤？独五人之皦皦，何也？

…………

嗟乎！大阉之乱，缙绅而能不易其志者，四海之大，有几人欤？而五人生于编伍之间，素不闻诗书之训，激昂大义，蹈死不顾，亦曷故哉？

同一问题	不同对象及差异	证明观点
死后声名	（富贵之子、慷慨得志之徒）死而湮没不足道者众	五义士受人尊敬
	（五人）皦皦（名声昭彰）	
大阉之乱时的做法	（缙绅）不改变节操的极少	五义士气节高尚
	（五人）激昂大义，蹈死不顾	

（二）同一对象不同方面的对比

这类对比，参与对比的是同一对象的不同方面。同一对象在不同的时期、环境下有时相差甚大，形成鲜明的对比。同一对象的前后之异（例如荀子在《劝学》中说到的"木"，未加工前"木直中绳"，加工后"其曲中规"），同一论者的"双标"之别（例如独裁者"只许州官放火，不许百姓点灯"），都是常加以对比的。

例1. 鲁迅《"友邦惊诧"论》

好个"友邦人士"！日本帝国主义的兵队强占了辽吉，炮轰机关，他们不惊诧；阻断铁路，追炸客车，捕禁官吏，枪毙人民，他们不惊诧。中国国民党治下的连年内战，空前水灾，卖儿救穷，砍头示众，秘密杀戮，电刑逼供，他们也不惊诧。在学生的请愿中有一点纷扰，他们就惊诧了！

同一对象	不同方面及差异	证明观点
"友邦人士"	（日兵强占辽吉，炮轰机关，阻断铁路……国民党治下连年内战，空前水灾……）他们不惊诧	国民党政府的"友邦人士"是些什么东西！他们是虚伪的
	（学生请愿中有一点纷扰）他们就惊诧	

例2. 章明《"吃运动饭"》

在平时，"吃运动饭"的朋友们的形象是并不怎么雅观的。他们工作上疲疲沓沓，学习上马马虎虎，作风上稀稀拉拉，生活上挑挑拣拣。虽然他们也自称布尔什维克，也高呼社会主义好，但是出大力流大汗的活他们是不干的，雷锋式的"傻子"他们是不当的，甚至于见了公家的油瓶子倒了他们也懒得伸手扶一扶。因此，在绝大多数群众心目中，这些人大都威信不高，人缘不好，选劳动英雄、评工作模范都没有他们的份儿。然而，这些人也有着许多别人所不具备的长处：眼尖、耳灵、舌长、手勤。他们能在一个正直人的脸上看出他灵魂深处的"阴暗心理"，能够从伙伴们"杭唷杭唷"的劳动号子声中听到"阶级斗争新动向"，能够及时而详尽地给某些领导人"打小报告"，能够不厌其烦地在自己的小本本上记下别人的片言只语。所以，他们尽管得不到人们由衷的钦佩，却也能在群众中博得一个"敬而畏之"或"敬而远之"的地位。

等到政治运动一来，"吃运动饭"的朋友们就会像神灵附体般地一跃而起，刹那间就变成了冲锋陷阵的勇士、斩将搴旗的英豪。"坚决打倒"，义愤填膺；"誓死捍卫"，声泪俱下。他们只要把手中的小本本一翻，无数"尖端材料"便倾囊而出，油盐酱醋，要啥有啥，捕风捉影，骇人听闻。"草鞋没样，边打边像"，许许多多冤假错案就被他们炮制得很像个样子，不但叫被告人有口难辩，而且也能叫一些不明真相的群众大吃一惊，刮目相看："别看某某人平时不怎么样，关键时刻人家可不含糊！"于是乎，他们就立刻威名大振，身价十倍，成了一颗颗久被埋没、新近出土的闪光的珍珠。

同一对象	不同方面及差异	证明观点
"吃运动饭"的朋友们	（平时）工作上疲疲沓沓，学习上马马虎虎，作风上稀稀拉拉，生活上挑挑拣拣	揭穿"吃运动饭"者的丑恶面目，证明"政治运动"的危害
	（政治运动时）像神灵附体，冲锋陷阵，整人有术，威名大振	

例3. 王选《我一生中的重要抉择》

名人和凡人差别在什么地方呢？名人用过的东西，就是文物了，凡人用过的就是废物；名人做一点错事，写起来叫名人逸事，凡人呢，就是犯傻；名人强词夺理，叫作雄辩，凡人就是狡辩了；名人跟人握握手，叫作平易近人，凡人就是巴结别人了；名人打扮得不修边幅，叫真有艺术家的气质，凡人呢，就是流里流气的；名人喝酒，叫豪饮，凡人就叫贪杯；名人老了，称呼变成王老，凡人就只能叫老王。这样一讲呢，我似乎慢慢在变成一个名人了，在我贡献越来越少的时候，忽然名气大了。所以要保持一个良好的心态，认识到自己是一个非常普通的人，而且正处在犯错误的危险的年龄上。

同一对象	不同方面及差异	证明观点
世人	（看名人用过的东西）是文物	世人对名人太崇拜，喜欢采用双重标准，在普通人身上明明是不好的行为，在名人这里却一味叫好；所以当一个人成为名人时，要保持一个良好的心态，认识到自己是一个非常普通的人，而且正处在犯错误的危险年龄上
	（看凡人用过的东西）是废物	
世人	（认为名人做错事）是名人逸事	
	（认为凡人做错事）是犯傻	
世人	（认为名人的强词夺理）是雄辩	
	（认为凡人的强词夺理）是狡辩	
世人	（认为名人跟人握手）是平易近人	
	（认为凡人跟人握手）是巴结别人	
世人	（认为名人不修边幅）是真有艺术家气质	
	（认为凡人不修边幅）是流里流气	
世人	（称名人喝酒）是豪饮	
	（称凡人喝酒）是贪杯	
世人	（称呼年老的名人）王老	
	（称呼年老的凡人）老王	

例 4. 刘基《卖柑者言》

杭有卖果者，善藏柑，涉寒暑不溃。出之烨然，玉质而金色。置于市，贾十倍，人争鬻之。

予贸得其一，剖之，如有烟扑口鼻，视其中，则干若败絮。予怪而问之曰："若所市于人者，将以实笾豆，奉祭祀，供宾客乎？将炫外以惑愚瞽也？甚矣哉为欺也！"

卖者笑曰："吾业是有年矣，吾赖是以食吾躯。吾售之，人取之，未尝有言，而独不足子所乎？世之为欺者不寡矣，而独我也乎？吾子未之思也。今夫佩虎符、坐皋比者，洸洸乎干城之具也，果能授孙、吴之略耶？峨大冠、拖长绅者，昂昂乎庙堂之器也，果能建伊、皋之业耶？盗起而不知御，民困而不知救，吏奸而不知禁，法斁而不知理，坐糜廪粟而不知耻。观其坐高堂，骑大马，醉醇醴而饫肥鲜者，孰不巍巍乎可畏，赫赫乎可象也？又何往而不金玉其外、败絮其中也哉？今子是之不察，而以察吾柑！"

予默默无以应。退而思其言，类东方生滑稽之流。岂其愤世疾邪者耶？而托于柑以讽耶？

同一对象	不同方面及差异	证明观点
柑	（外表）闪闪发光，质地如玉，色彩似金	表里不一
	（里面）干瘪得像旧棉絮	
武将	（外表）佩虎符，坐虎皮，威风凛凛，像是捍卫国家安全的将才	武将、文官外强中干，只知利用特权享乐，而不知为国家、百姓效劳
	（实质）没有孙武、吴起的韬略	
文官	（外表）戴大纱帽，拖长带子，气宇轩昂地坐在朝堂之上	
	（实质）不能建伊尹、皋陶那样的功业	
武将文官	（外表）坐高堂，骑大马，醉饮美酒，饱吃美食，形象高大令人生畏，权势显赫令人景仰	
	（实质）盗贼起而不知抵御，百姓贫困而不知救济，官吏作恶而不加禁止，法律败坏而不加整顿	

三、混比

这一类比较有些复杂，近似于类比而又与类比不同，近似于对比也与对比相异。混比又可分为两类。一类是"同中求异"，与对比不同之处在于：对比是将截然相反的事物并置于一起，彰显出孰优孰劣、孰是孰非，意图主要在于突出自己主张的合理性；混比则是将貌似相同而实质相异的事物加以剖析，度长絜短，比优较劣，最后分出胜负高下，意图主要在于澄清误解。一类是"异中求同"，与类比不同之处在于：类比是用一个对象来推论另一个对象；混比则是将貌似不同而实质相同的事物加以剖析，意图在于揭示论述对象的实质相同。

（一）同中求异类

例1.杨述《恰到好处》

写到这里，有人会问："依你说：一个漂亮的姑娘，个儿要高，又不能太高。脸要白，又不能太白；要白里透红，又不能太红。什么事都要不长不短，不快不慢，不多又不少，那岂不是变成折中主义了吗？孔夫子讲过：过犹不及。你的说法很像儒家的中庸之道。"我说：不是折中主义，折中主义是按自己的主观，把长和短、快和慢、多和少加起来被二除的东西。自己以为"恰到好处"，其实是一种主观上的想象。我说的"恰到好处"，也不是中庸之道，中庸之道的"过"与"不及"，是按孔夫子所说的标准来衡量的。我们常说做事要恰如其"分"，这"分"也就是标准的意思。孔夫子认为的"分"和我们不同。马克思主义者对"过"与"不及"有自己的标准，那就是客观的实践的标准。这个客观的标准就是实事求是，就是从实际出发，按事物本身的规律性办事，要经过实践的检验。寻求这个客观的标准，就要下一番调查研究功夫，认真走群众路线，而且要善于在实际行动中总结出经验来。只有这样，才能准确地判断什么情况是"过"，什么情况是"不及"，才能使我们的工作做得"恰到好处"。

比较方	恰到好处（甲）；折中主义（乙$_1$）、中庸之道（乙$_2$）
相似处	都注意适度
相异处	依据的标准不同：甲依据客观标准；乙$_1$依据主观想象，乙$_2$依据儒家标准
推论	"恰到好处"不能混同为折中主义、中庸之道

例2. 周国平《独处与交往》

　　人们常常误认为，那些热心于社交的人是一些慷慨之士。泰戈尔说得好，他们只是在挥霍，不是在奉献，而挥霍者往往缺乏真正的慷慨。

　　那么，挥霍与慷慨的区别在哪里呢？我想是这样的：挥霍是把自己不珍惜的东西拿出来，慷慨是把自己珍惜的东西拿出来。社交场上的热心人正是这样，他们不觉得自己的时间、精力和心情有什么价值，所以毫不在乎地把它们挥霍掉。相反，一个珍惜生命的人必定宁愿在孤独中从事创造，然后把最好的果实奉献给世界。

比较方	慷慨（甲）；挥霍（乙）
相似处	都乐于把自己的东西拿出来与人分享
相异处	对分享东西的态度不同：甲珍惜；乙不珍惜
推论	应该赞扬那些珍惜生命的人，他们把最好的果实奉献给世界

例3. 王乾荣《成功压倒成就》

　　很多人痴迷于成功，却忽略了成就。其实成功不等于成就；成就，却包括了成功。世俗的成功，相对易得；而丰硕之成就，不劳筋骨、苦心志便只有望"就"兴叹了。成功含有功利色彩，成就只造福于人类。成功是一时一事的，成就却永久而普遍。成功，可成为生时炫耀的资本；成就的辉煌，死后也万世放光。成功可以很卑劣，成就却无不高尚。不成功者，可能大有成就；没有成就的，也许不无"成功"。人们看惯了世俗的成功，眼睛就势利了，乃至于连另类"成功"的脏脏和欺世盗名也分辨不出来，更别说细研别人的成就了。

比较方	成就（甲）；成功（乙）
相似处	都表现为有大收获，得到世人肯定
相异处	性质不同：甲指向造福人类，得之艰难，永久而普遍，无不高尚；乙指向自己功利，得之相对易，一时一事，可以通过卑劣手段
推论	更应尊重成就

例4. 梁启超《舆论之母与舆论之仆》

　　古来之豪杰有二种：其一，以己身为牺牲，以图人民之利益者；其二，以人民为刍狗，以遂一己之功名者。虽然，乙种之豪杰，非豪杰而民贼也。二十世纪以后，此种虎皮蒙马之豪杰，行将绝迹于天壤。

比较方	真豪杰（甲）；假豪杰（乙）
相似处	一般都认为是豪杰，尤其是后者伪装成前者时，不容易被识破
相异处	其行为的实质不同：甲牺牲自己以利人民；乙牺牲人民以利自己
推论	一为真豪杰，一为民贼

（二）异中求同类

例1. 鲁迅《帮忙文学与帮闲文学》

　　大凡要亡国的时候，皇帝无事，臣子谈谈女人，谈谈酒，像六朝的南朝，开国的时候，这些人便做诏令，做敕，做宣言，做电报，——做所谓皇皇大文。主人一到第二代就不忙了，于是臣子就帮闲。所以帮闲文学实在就是帮忙文学。

比较方	帮忙文学（甲）；帮闲文学（乙）
表面相异	甲写诏令、敕、宣言、电报；乙谈女人、酒，抒写闲情逸致
实质相同	都属于"廊庙文学"，都是为统治者服务的

例2. 鲁迅《上海的儿童》

　　中国中流的家庭，教孩子大抵只有两种法。其一，是任其跋扈，一点也不管，骂人固可，打人亦无不可，在门内或门前是暴主，是霸王，但到外面，便如失了网的蜘蛛一般，立刻毫无能力。其二，是终日给以冷遇或呵斥，甚而至于打扑，使他畏葸退缩，仿佛一个奴才，一个傀儡，然而父母却美其名曰"听话"，自以为是教育的成功，待到放他到外面来，则如暂出樊笼的小禽，他决不会飞鸣，也不会跳跃。

比较方	放纵型（甲）；严管型（乙）
表面相异	甲任其跋扈，一点也不管；乙终日给以冷遇或呵斥，甚至打扑
实质相同	结果都不健康

例3. 梁启超《忧国与爱国》

　　有忧国者，有爱国者。爱国者语忧国者曰："汝曷为好言国民之所短？"曰："吾惟忧之之故。"忧国者语爱国者曰："汝曷为好言国民之所长？"曰："吾惟爱之之故。"忧国之言，使人作愤激之气，爱国之言，使人厉进取之心，此其所长也；忧国之言，使人堕颓放之志，爱国之言，使人生保守之思，此其所短也。朱子曰："教学者如扶醉人，扶得东来西又倒。"用之不得其当，虽善言亦足以误天下。为报馆主笔者，于此中消息，不可不留意焉。

　　今天下之可忧者，莫中国若；天下之可爱者，亦莫中国若。吾愈益忧之，则愈益爱之；愈益爱之，则愈益忧之。既欲哭之，又欲歌之。吾哭矣，谁欤踊者？吾歌矣，谁欤和者？

比较方	忧国（甲）；爱国（乙）
表面相异	甲好言国民之短；乙好言国民之长
实质相同	都对祖国充满感情，愈忧之愈爱之，愈爱之愈忧之

例 4. 周国平《在义与利之外》

"君子喻以义，小人喻以利。"中国人的人生哲学总是围绕着义利二字打转。可是，假如我既不是君子，也不是小人呢？

曾经有过一个人皆君子言必称义的时代，当时或许有过大义灭利的真君子，但更常见的是借义逐利的伪君子和假义真情的迂君子。那个时代过去了。曾几何时，世风剧变，义的信誉一落千丈，真君子销声匿迹，伪君子真相毕露，迂君子豁然开窍，都一窝蜂奔利而去。据说观念更新，义利之辩有了新解，原来利并非小人的专利，倒是做人的天经地义。

…………

义和利，貌似相反，实则相通。"义"要求人献身抽象的社会实体，"利"驱使人投身世俗的物质利益，两者都无视人的心灵生活，遮蔽了人的真正的"自我"。"义"教人奉献，"利"诱人占有，前者把人生变成一次义务的履行，后者把人生变成一场权利的争夺。殊不知，人生的真价值是超乎义务和权利之外的。义和利都脱不开计较，所以，无论义师讨伐叛臣，还是利欲支配众生，人与人之间的关系总是紧张。

比较方	义（甲）；利（乙）
表面相异	甲教人奉献，让人想到君子；乙诱人占有，让人想到小人
实质相同	两者都无视人的心灵生活，遮蔽了人的真正的"自我"，都脱不开计较，把人与人之间的关系弄得紧张

四、一个好例子

上面介绍了议论文中运用"比"的三种类型。下面这篇文章，就非常善于用"比"。

吕叔湘先生说的比喻

叶圣陶

最近听吕叔湘先生说了个比喻，他说教育的性质类似农业，而绝对不像工业。工业是把原料按照规定的工序，制造成为符合设计的产品。农业可不是这样。农业是把种子种到地里，给它充分的合适的条件，如水、阳光、空气、肥料等等，让它自己发芽生长，自己开花结果，来满足人们的需要。

吕先生这个比喻说得好极了，办教育的确跟种庄稼相仿。受教育的人的确跟种子一样，全都是有生命的，能自己发育自己成长的；给他们充分的合适的条件，他们就能成为有用之才。所谓办教育，最主要的就是给受教育者提供充分的合适条件。

办教育决不类似办工业，因为受教育的人绝对不是工业原料。唯有没有生命的工业原料可以随你怎么制造，有生命的可不成。记得半个世纪以前，丰子恺先生画过一幅漫画，标题是《教育》。他画一个做泥人的师傅，一本正经地把一个个泥团往模子里按，模子里脱出来的泥人个个一模一样。我现在想起那幅漫画，因为做泥人虽然非常简单，也算得上工业；原料是泥团，往模子里一按就成了产品——预先设计好的泥人。可是受教育的人决非没有生命的泥团，谁要是像那个师傅一样只管把他们往模子里按，他的失败是肯定无疑的。

但是比喻究竟是比喻，把办教育跟种庄稼相比，有相同也有不相同。相同的是工作的对象都有生命，都能自己成长，都有自己成长的规律。不同的是办教育比种庄稼复杂得多。种庄稼只要满足庄稼生理上生长的需要就成，办教育还得给受教育者提供陶冶品德、启迪智慧、锻炼能力的种种条件，让他们能动地利用这些条件，在德智体各方面逐步发展成长，成为合格的建设社会主义的人才。

对受教育者提供充分的合适的条件，让他们各自发挥能动作用，当然比把他们往模子里按难得多。但是既然要办教育，就不怕什么难，就必得把这副难的担子挑起来。

（选自《教育与人生——叶圣陶教育论著选读》）

叶先生的这篇文章写得非常好，生动形象地讲了一个重要问题。从论证方法看，最突出的就是"比"：

类型	内容	目的
类比	教育类似农业	论证教育应提供充分、合适的条件，让受教育者自己成长
对比	工业：原料没有生命，没有个性	论证受教育者像种子而不像工业原料，教育类似农业而不应该像工业生产
	农业：种子有生命，有个性	
混比	教育与农业相似，但又有不同	论证教育的独特性、复杂性

第四节　权威的力量

一、为什么借重权威

有一个人牵了马到集市上卖，接连数日，无人问津。这个人请来伯乐，让伯乐围绕着他的马仔细看一阵，临走了，又回头凝望一会儿。于是，这个人的马一下子成了抢手货，卖价暴涨到了原先的十倍。

这是《战国策》中一个著名的故事。同样一匹马，普通人说"好"，没人信；伯乐一说"好"——事实上连"好"都不用说，仅仅是多看了几眼，大家就都相信那是匹千里马了。这个故事生动地说明了权威的力量。

权威，是指在某种范围（领域）里最有威望、地位的人或事物。能称得上权威的"人"，往往也是该范围（领域）内的名人，倘若大家都闻所未闻，也就谈不上威望。能称得上权威的"物"，表现在议论文中主要是指经典著作或名言，此外还有权威机构，如重要的政府部门、广受好评的新闻媒体、成就卓著的科研机构、声望极高的名牌大学等。

普通人争论一个问题，公说公有理，婆说婆有理。但是彼此心中都有些不踏实，因为大多数情形下，争论者并不曾对该问题有过系统、深入、扎实的研究，所持理由不过是一些较为浅薄的道理和较为陈旧的事例。而专家作为该问题最杰出的研究者，其权威的言行无疑极具说服力。

事实上，如果行文中旁征博引，尤其当征引的是一些相对陌生的名人名言时，除增强说服力之外，还会给读者带来一种神秘感、佩服感，产生"这个作者读书真多"的感觉，而"见多识广"往往容易得到别人的敬重。

大体上，可以将权威分为两个类型：一是专业类，二是价值观（含品德）类。

专业类权威是指某一领域的权威，该权威的权威性主要来自其业务的精湛度。例如：谈论相对论，我们相信爱因斯坦远胜于莎士比亚；谈论中国古代诗歌，我们相信李白远胜于霍去病；谈论书法，我们相信王羲之远胜于尼采；谈论外科医术，我们相信裴法祖远胜于华佗。

价值观（含品德）类权威多是指价值观、品行为主流价值观认可的权威，其实这里更适合说名人。对于这一类名人，一般并不计较他们的专业领域，只要他们足够有名，那么他们的善行美德就会被视作榜样，人们就可以借这类榜样来证明德行的必要性和重要性。例如居里夫人和爱因斯坦，本身都是科学家，但他们同时又是伟大的人文精神的体现者。

爱因斯坦在悼念居里夫人时说："第一流人物对于时代和历史进程的意义，在其道德品质方面，也许比单纯的才智成就方面还要大。即使是后者，它们取决于品格的程度，也远超过通常所认为的那样。"爱因斯坦对从事应用科学的青年说："如果你们想使你们一生的工作有益于人类，那么，你们只懂得应用科学本身是不够的。关心人的本身，应当始终成为一切技术上奋斗的主要目标；关心怎样组织人的劳动和产品分配这样一些尚未解决的重大问题，用以保证我们科学思想的成果会造福于人类，而不致成为祸害。在你们埋头于图表和方程时，千万不要忘记这一点！"这些话，无疑有崇高的权威性。

人们信任的权威往往随着时代和地域的不同而不同。在封建王朝时期，写文章最常借重尧、舜、周公、孔孟等来证明。如《师说》中，韩愈为了证明拜师的重要，就特意提到"圣人无常师"，一方面以孔子师郯子、苌弘、师襄、老聃的行为为榜样，另一方面又引孔子的话"三人行，则必有我师"来证明。

援引权威，在文章中表现为"引经据典"，尤其明显者则是"旁征博引"。要做到这一点，必须要养成爱好读书的习惯。"读书破万卷，下笔如有神"，"神"来自哪里？就来自阅读过程中积累的充足的材料。"胸藏万汇凭吞吐，笔有千钧任翕张。"材料丰厚，俯拾皆是，左右逢源，文章就好写多了。钱钟书先生的文章，就极其典型地表现了这一特点。学术著作不必论，单是那些"小品文"，例如在《论快乐》《说笑》《吃饭》《论俗气》等短文中，都征引了大量的中外名人名言。

二、援引权威的见解

借重权威的话，即我们常说的引用名言。名言既有"名人之言"，又有"名篇名著之言"，还有虽不是出自名篇名人，但流传久远之言。前两者依仗其"出身"，固然有说服力；后者虽不一定查考到出处，但是因长期流传，已经深入人心，所以也有很强的说服力。这一类名言包括一些谚语、俗语等，引用时常常以"常言道""老话说"之类开头。

引用名言，一个常见的作用是借这些精彩的话来从理论上证明自己的观点，尤其是自己的理论水平不够高，难以说清道理时，借助权威的见解、分析，往往可以收到极好的效果。换句话说，这类引用，比较关注话语本身的质量（语言是否精彩？见解是否精辟？），尤其在意这些话是否给我们提供了令人信服的分析。例如引用钱钟书的话"学术讨论不像外交或贸易谈判，无须订立什么条约，不必获得各方同意"（语出《"鲁迅与中外文化"学术研讨会开幕词》）来支持学术的争鸣，就极具说服力。

引用名言的另一个作用是增加例证，即增加持相同观点的例子，以壮大自己这一方的队伍。例如我们引用"识时务者为俊杰"来论证应顺应时代潮流，这句话并没有从理论上讲清为什么应该顺应时代潮流，它只是增加了一个证据——"早就有人这么认为了"。

引用权威见解，既可以照搬原话（直接引用），也可以用自己的话来转述（间接引用）。

例1.《光明日报》特约评论员《实践是检验真理的唯一标准》

怎样区别真理与谬误呢？ 1845 年，马克思就提出了检验真理的标准问题："人的思维是否具有客观的真理性，这并不是一个理论的问题，而是一个实践的问题。人应该在实践中证明自己思维的真理性，即自己思维的现实性和力量，亦即自己思维的此岸性。关于离开实践的思维是否具有现实性的争论，是一个纯粹经院哲学的问题。"(《马克思恩格斯选集》第 1 卷第 16 页）这就非常清楚地告诉我们，一个理论，是否正确反映了客观实际，是不是真理，只能靠社会实践来检验。这是马克思主义认识论的一个基本原理。

实践不仅是检验真理的标准，而且是唯一的标准。毛主席说："真理只有一个，而究竟谁发现了真理，不依靠主观的夸张，而依靠客观的实践。只有千百万人民的革命实践，才是检验真理的尺度。"（《新民主主义论》）"真理的标准只能是社会的实践。"（《实践论》）这里说"只能""才是"，就是说，标准只有一个，没有第二个。《实践是检验真理的唯一标准》是一篇极其重要的文章，它冲破了"两个凡是"的思想束缚，引发了关于真理标准的大讨论。这篇文章论证的力量，很大程度上来自文章中大量引用的马克思、毛泽东等权威的经典论述，尤其是毛泽东"真理的标准只能是社会的实践"的论述，对"两个凡是"形成强有力的打击。

例 2. 杨三喜《碎片化阅读，让我们变蠢了吗？》

这种担忧，尼尔·波茨曼在他的经典之作《娱乐至死》中也曾提出过。他认为印刷术时代步入没落，电视时代蒸蒸向上，会使印刷时代的高品质思维以及个性特征面临致命的威胁。一切文化内容都心甘情愿地沦为娱乐的附庸，而且毫无怨言，甚至无声无息，其结果是"我们成了一个娱乐至死的物种"。今天我们对新媒体时代带来的碎片化的担忧，就像是当年波茨曼对人类理性思维蜕化担忧的升级版。

作者在这里引用尼尔·波茨曼的观点，从理论上说明我们有可能"娱乐至死"。

例 3. 张岱年《文化传统与民族精神》

孔子赞扬"刚毅"，曾子提倡"弘毅"。《中庸》有云："博学之，审问之，慎思之，明辨之，笃行之。有弗学，学之弗能弗措也；有弗问，问之弗知弗措也；有弗思，思之弗得弗措也；有弗辨，辨之弗明弗措也；有弗行，行之弗笃弗措也。人一能之己百之，人十能之己千之。果能此道矣，虽愚必明，虽柔必强。"这就是自强不息精神的体现。《周易集解》引干宝云："凡勉强以进德，不必须在位也。故尧舜一日万机，文王日昃不暇食，仲尼终夜不寝，颜子欲罢不能，自此以下莫敢淫心舍力，故曰自强不息矣。"后世的有志之士，致力于事业学问，亦莫不尽心竭力，昼夜不懈。这正是中国传统文化延续发展的思想源泉。

文中援引《中庸》和干宝的话，精辟地解释了自强不息的精神。

例4. 宗白华《中国艺术表现里的虚和实》

清初文人赵执信在他的《谈艺录》序言里有一段话很生动地形象化地说明这全和粹、虚和实辩证的统一才是艺术的最高成就。他说："钱塘洪昉思，久于新城之门矣。与余友。一日，在司寇（渔洋）宅论诗，昉思嫉时俗之无章也，曰：'诗如龙然，首尾爪角鳞鬣一不具，非龙也。'司寇哂之曰：'诗如神龙，见其首不见其尾，或云中露一爪一鳞而已，安得全体？是雕塑绘画者耳！'余曰：'神龙者，屈伸变化，固无定体；恍惚望见者，第指其一鳞一爪，而龙之首尾完好，固宛然在也。若拘于所见，以为龙具在是，雕绘者反有辞矣！'"

洪昉思重视"全"而忽略了"粹"，王渔洋依据他的神韵说看重一爪一鳞而忽视了"全体"；赵执信指出一鳞一爪的表现方式要能显示龙的"首尾完好宛然存在"。艺术的表现正在于一鳞一爪具有象征力量，使全体宛然存在，不削弱全体丰满的内容，把它们概括在一鳞一爪里。提高了，集中了，一粒沙里看见一个世界。

作者借助清代名家赵执信《谈艺录》(注：当作《谈龙录》)里的一段话，生动形象而又极典型地说明了如何对待"全"与"粹"的问题。

例5. 王小波《思维的乐趣》

假如一个人每天吃一样的饭，干一样的活，再加上把八个样板戏翻过来倒过去地看，看到听了上句知道下句的程度，就值得我最大的同情。我最赞成罗素先生的一句话："须知参差多态，乃是幸福的本源。"大多数的参差多态都是敏于思索的人创造出来的。
这里用英国哲学家罗素的话来支持自己的观点。

三、援引权威的做法

借重权威的行止，一般可以归之于举例论证或类比论证。例如论述
"思想自由，兼容并包"的办学理念时，我们常常想到蔡元培先生。他在
担任北京大学校长时，胸怀宽广，既容得下陈独秀、胡适、李大钊这样的
新派人物，也容得下辜鸿铭、黄侃这样的怪杰，保守派、维新派和激进派
都同样有机会发表意见。无疑，蔡元培的事例有极强的说服力。有些文章
甚至全篇都依靠某个权威人物来支撑。例如李锐的《从"对话"想起孔夫
子》一文，作者提倡对话式教育，就请来孔子"坐镇"，自始至终借孔子
的教育方式来论证。

例1.《实践是检验真理的唯一标准》

革命导师们不仅提出了实践是检验真理的唯一标准，而且亲自作
出了用实践去检验一切理论包括自己所提出的理论的光辉榜样。马克
思和恩格斯对待他们所共同创造的著名的马克思主义科学文献《共产
党宣言》的态度，就是许多事例当中的一个生动的例子。1848年《宣
言》发表后，在45年中马克思和恩格斯一直在用实践来检验它。《宣
言》的七篇序言，详细地记载了这个事实……马克思和恩格斯根据新
实践的不断检验，包括新的历史事实的发现，曾对《宣言》的个别论
点作了修改。例如，《宣言》第一章的第一句是："到目前为止的一切
社会的历史都是阶级斗争的历史。"恩格斯在1888年的《宣言》英文
版上加了一条注释："确切地说，这是指有文字记载的历史。"(《马克
思恩格斯选集》第1卷第251页）这是因为，《宣言》发表以后人们
对于社会的史前史有了进一步的认识，特别是摩尔根的调查研究证明：
在阶级社会以前，有一个很长的无阶级社会；阶级是社会发展到一定
历史阶段的产物，并非从来就有的。可见，说"一切社会的历史都是
阶级斗争的历史"，并不确切。恩格斯根据新发现的历史事实，作了

这个说明，修改了《宣言》的旧提法。《宣言》还有一个说法，说到无产阶级要用暴力革命夺取政权，以推翻资产阶级。1872年，两位革命导师在他们共同签名的最后一篇序言中，明确指出："由于最近25年来大工业已有很大发展而工人阶级的政党组织也跟着发展起来，由于首先有了二月革命的实际经验而后来尤其是有了无产阶级第一次掌握政权达两月之久的巴黎公社的实际经验，所以这个纲领现在有些地方已经过时了。特别是公社已经证明：'工人阶级不能简单地掌握现成的国家机器，并运用它来达到自己的目的。'"（《马克思恩格斯选集》第1卷第229页）列宁对马克思和恩格斯的这个说明十分重视，他认为这是对《共产党宣言》的一个"重要的修改"。（《列宁选集》第3卷第201页）

这篇振聋发聩的力作，不但大量引用革命导师的经典论述，而且又举出确凿的事例，来证明实践是检验真理的唯一标准。文中所举马克思和恩格斯根据实践检验来修改《共产党宣言》的事例，就极典型，极有力量。

例2. 金开诚《漫话清高》

从陶渊明这个清高模式来看，一个人的行为与思想固然决定了他是否有清高之"实"；但如果在"实"之外还能享有清高之"名"，那就还得有一些不平凡的本事才行。陶渊明除了真正清高之外，还能写一手好诗，用来言志抒情，因而实至名归，成为清高的典型。其后，像林和靖、倪云林等人，也都因具有才艺专长，才成为著名的清高之人。例如林和靖"梅妻鹤子"，隐居杭州孤山，固然很清高；但也要写出"疏影横斜水清浅，暗香浮动月黄昏"这样的咏梅绝唱，才能成为名人。倪云林隐居无锡惠山，为人有点怪癖，但他的画脱尽烟火气，确有独特风格，所以连怪癖也一同被传诵了。

这里的观点是：要享清高之名，得有不平凡的本事。举出的名人是陶渊明、林和靖、倪云林。他们的共同点是，既清高又有才华。

例 3. 刘开《问说》

古之人虚中乐善，不择事而问焉，不择人而问焉，取其有益于身而已。是故狂夫之言，圣人择之；刍荛之微，先民询之。舜以天子而询于匹夫，以大知而察及迩言，非苟为谦，诚取善之弘也。三代而下，有学而无问。朋友之交，至于劝善规过足矣，其以义理相咨访，孜孜焉唯进修是急，未之多见也，况流俗乎？

这里援引了三个权威事例：一是"圣人"（即孔子）向"狂夫"（即楚狂人接舆）请教；一是"先民"（指古圣先王）向"刍荛"（即樵夫）咨询；一是贵为天子的舜向匹夫（指男性平民）问询。

例 4. 王乾荣《成功压倒成就》

凡·高是一个失败的典型，一辈子几乎干什么什么不灵光，仅仅擅长绘画，还无人赏识他那劳什子，根本与成功无缘。他精神反常，四处流浪，没有动人的爱情，最后穷困潦倒而亡。然而，你能否认他的光辉成就吗？他之成就，尽管活着时不被人看重，死后却终归被追认。

海瑞无论在为人还是为官方面，都失败得一塌糊涂。他勤勉清廉，又倔强古怪，亲人与同僚都指他不近情理。在家，他穷得无法孝敬父母；在朝，他从事的改革不仅破了产，还得罪了皇上和无数官僚。他被七次罢官，郁郁而终，何谈成功！但是你能说海瑞没有成就吗？至少，他在精神上为后世树立了一个成功的、真正的清官形象，足令如今的贪官、昏官羞愧而死——如果他们还有一点点良知的话。连被海瑞骂得狗血喷头的嘉靖皇帝，在海瑞被贬谪退休之后，还要做个样子，利用他来"镇雅俗、励颓风"呢。

作者认为成功是功利主义的，成就是造福人类的，成就大的人不一定成功。为论证这一观点，他举出了凡·高和海瑞两个名人的遭遇。

第五节 以攻为守

议论文根据论证目的的侧重点，通常分为立论文和驳论文。立论文是指侧重证明自己观点正确的议论文，驳论文是指侧重反驳对方观点的议论文。

在论辩中，有辩护和反驳之分。在分析议论文写法时，有"破立结合"之说。所谓"破"，就是指反驳对方错误观点，就是"攻"；所谓"立"，是指证明自己的观点正确，就是"守"。在驳论文中，以"破"为主；在立论文中，则常常"破""立"结合，以"破"助"立"，以"攻"为"守"。有鉴于此，探讨"攻"的方法就变得非常必要。

一、反驳

反驳是对明确的"靶子"——对立观点展开的攻击行为。

反驳一个错误观点与推倒一个旧房子有很大的区别。后者的目标很单一，就只是推倒，并不管建设；但是反驳一个观点时，往往要同时证明另一个观点的成立。因此，反驳时运用的方法，既有其独特之处，又与一般的论证有共同性。

议论文的"破""立"，其实与美食家评判一道菜的方法更相近。一道菜摆在面前，当你说菜好时，这是"立"；当他说菜不好时，这是"破"。至于怎么得出"菜好""菜不好"的结论，所用的方法其实是差不多的，无非是"品其味""观其色""闻其香""验其营养"等等。

反驳与证明，在具体方法上有很多共同之处。前面所讲的各种方法，都可以在反驳时运用。例如，证明"听话也是一种美德"时所用的方法，与反驳这一观点的方法并无大异。

立论：听话也是一种美德	反驳：听话不是一种美德	论证方法
听话，才能更好地传承，才能令行禁止，维护社会秩序……	人的可贵在于有思考的能力，对于他人的意见，首先应做的是明辨是非，而不是听话……	讲道理
当接到诈骗电话时，她想到了警察的嘱咐，没有上当	多少中华好儿女，没有听从父母"赶紧结婚养家"的劝告，出来参加革命	摆正面事例
一位母亲看到孩子走到深水边，大声警告，可是孩子不听，结果淹死了	袁枚的妹妹就因为太听话，太相信封建礼教那一套，误嫁中山狼	摆反面事例
托尔斯泰说过："正确的道路是这样：吸取你的前辈所做的一切，然后再往前走。"	有句名言说得好："千人之诺诺，不如一士之谔谔。"	借重权威

许多论著把驳论与立论对立起来，这容易给初学者带来困惑。写作时不必预存"我是立论""我是驳论"这样的念头，只想着如何把自己的观点论证得清清楚楚、叫人看了信服再说。

谈及反驳方法，一般论著会告诉我们：（1）反驳论点；（2）反驳论据；（3）反驳论证。其实在这三者中，"反驳论点"是目的，"反驳论据"和"反驳论证"是手段。无论反驳论据还是反驳论证，都是为了反驳论点。

一个人坚持某种观点，不论其正确错误，一般来说都有他自己的论据和论证逻辑。一个错误观点的得出，要么是依凭的论据出了问题（或者是错误的，或者是片面的），要么是其论证逻辑出了问题（例如强加因果），二者必居其一。

反驳对方，首先要有一双"慧眼"，能发现对方问题所在。有些论述乍一看蛮有道理，但是如果换一个角度思考，就会发现问题。这时须注意不要上对方的当，不要被对方牵着鼻子走。

有这样一个有趣的辩论："爸爸和儿子哪一个更聪明？"甲方主张儿子比爸爸聪明，举出的论据是爱因斯坦——"是爱因斯坦创立了相对论，而不是他的爸爸。"乍一看这样说没问题，可是乙方发现了破绽，反驳说："爱因斯坦的儿子也没有创立相对论，这不恰恰证明爸爸比儿子聪明吗？"可见同样一个事实，一结合具体的语境，从不同的角度（关系）解读，就会有不同的结论。

如果知晓对方依凭的论据和论证逻辑，在反驳对方时，当然可以从这两方面来动手，从而推翻其观点。但是，这不等于说，只要反驳了对方运用的论据和论证逻辑，就必然驳倒了对方论点。这是因为，一篇文章中运用的论据和论证逻辑是极有限的，虽然对方在这一篇文章中运用的论据、论证不足以证明他的观点，但是我们不能排除对方还可以找到别的论据、论证来证明。

例如对方这样说：

> 孙悟空西天取经路上遇到的妖精，有很多是有背景的。金角大王、银角大王是给太上老君看守金炉的童子，狮驼岭的老魔青狮、二魔白象是文殊、普贤菩萨的手下，黄眉大王是给如来佛祖敲磬的童子……
>
> 由此可见，有背景的人必然会为非作歹。我们的领导干部，尤其是高级领导干部，必须约束好身边的人。

这段论述中，第一，论据存在问题，黄眉大王是给弥勒佛敲磬的童子，不是给如来佛；第二，论证存在问题，仅凭这几个例子推论不出"有背景的人必然会为非作歹"。但是，论者的观点"我们的领导干部，尤其是高级领导干部，必须约束好身边的人"有问题吗？没有。

所以，仅仅反驳了对方的论据、论证，未必能够驳倒对方观点。但是，指出对方论据、论证存在的问题，就使得对方的论点变得可疑，反驳的目的在很大程度上也可以说实现了。

多数反驳的方法并没有什么特别，不过是运用摆事实、讲道理、做比较等前面提及的一般常用的方法来反驳对方。

例1.鲁迅《论"费厄泼赖"应该缓行》

听说刚勇的拳师,决不再打那已经倒地的敌手,这实足使我们奉为楷模。但我以为尚须附加一事,即敌手也须是刚勇的斗士,一败之后,或自愧自悔而不再来,或尚须堂皇地来相报复,那当然都无不可。而于狗,却不能引此为例,与对等的敌手齐观,因为无论它怎样狂嗥,其实并不解什么"道义";况且狗是能浮水的,一定仍要爬到岸上,倘不注意,它先就耸身一摇,将水点洒得人们一身一脸,于是夹着尾巴逃走了。但后来性情还是如此。老实人将它的落水认作受洗,以为必已忏悔,不再出而咬人,实在是大错而特错的事。

这里讲道理,直接从情理上分析为什么反对"不打落水狗"的主张。

例2.吴小如《为"中庸"正名》

至于"中庸"的本意,我想只摘引《中庸篇》几句正文就足以说明问题:一、"仲尼曰:'君子中庸,小人反中庸。君子之中庸也,君子而时中;小人之(反)中庸,小人而无忌惮也。'"二、"子曰:'中庸其至矣乎!民鲜能久矣。'"(此章又见《论语·雍也》,字句大同小异)三、"子曰:'天下国家可均也,爵禄可辞也,白刃可蹈也,中庸不可能也。'"这前三句可与孟轲说的"富贵不能淫,贫贱不能移,威武不能屈"参看,但做到不折不扣的"中庸",在孔子却认为非常之难。可见"中庸"乃儒家所悬的最高理想境界,怎么能与"老好人"之流相提并论呢!

作者反驳"中庸是老好人"的错误认识,他的办法是举出《中庸篇》中孔子论述"中庸"的话,借重权威,极其有力地驳斥了这一错误说法。

例3.吴伯箫《"因陋就简"》

但是,"因陋就简"就在那些艰苦的日子里,也不是对一切事情,在一切场合都适用的。先不说思想建设,要求广泛、深入、严格、彻底,所以伟大的整风运动才为抗战胜利做了准备。也不说军事建设,尽管长期用缴获的武器来武装自己,可是战略、战术、编制、装备、政治工作,却一开始就是向着解放全国着眼的;所以由抗日战争到解放战争，到抗美援朝……我们完全有力量由胜利走到胜利。就说物质建设，像延安杨家岭礼堂，也称得起是百年大计。拱形的石头建筑，它的雄伟，它的坚固和朴素，到现在也还是值得称赞的。

现在我们在进行社会主义建设，就是共产主义的第一步，是千秋万代的事业。这需要长远计划。解决一时一地的问题的"因陋就简"的办法就不好随便搬用了。我看见过，有的学校，新盖教室，土木结构，连砖石地基都不要，说是土质好，结果一个夏天，几场大雨，屋里搅得像泥潭，四周的墙壁都要里外支着，还没有使用，第二年已经需要重建了。我听说过，一个城市，基本建设压低造价，省工减料，说是要节约，结果，修建过程中就有上千上万平方米的建筑物倒塌了。责任谁负都找不着主。新建房子，哪里有"陋"可"因"有"简"可"就"呢？那简直是置"陋"造"简"！那是对"因陋就简"完全错误的了解。这样做的目的是什么呢？节约吗？倒了重建，哪谈到什么节约，是双重的浪费！应急吗？回炉返工，只有更加旷废时日。

有一段时间国家提倡节约，一些主持工作的领导在执行过程中不顾实际情况，盲目"因陋就简"。此文就是反驳这种盲目主张的。上一段列举历史上不因陋就简的正面事例，下一段列举盲目因陋就简的反面事例。一正一反加以对比，有力地反驳了这一做法。

例4. 狄马《荒谬的苦难美学》

一切没有选择的行为，在道德上都是没有价值的。不要表扬下岗工人勤俭节约，农民衣着朴素。只有当我们可以依照自己的良心选择并对自己的选择负责时，我们的"牺牲"才是有价值的。也就是说，善恶在个人不能负责的范围内是没有意义的。一件我们完全不能把握的事件，在道德上就既没有机会获得好评，也没有机会招致恶损。在皮鞭和棍棒下被动地从事一件他完全不得已的工作，和顶住舆论的压力，毁家纾难，成就一项他认为有价值的事业，这二者是有天壤之别的。如果不问选择和被迫的区分，一味赞叹受难者的勤劳勇敢，即使他们的工作真对后人有意义，也显得全无心肝。

这篇文章质疑一些人宣扬的"吃苦"精神，作者不同意动辄对吃苦者大唱赞歌。在这一段中，作者先是从理论上分析，指出被动的吃苦谈不上善行；继而对比两种做法（从事不得已的工作和积极主动的事业）的差别，肯定后者而否定前者。

例5. 葛剑雄《长城的价值》

近年来，长城的价值又有了最现代化的标准，因为据说它是一位美国太空人在太空中唯一能用肉眼见到的地球上的建筑物。最近又有消息说这一报道有误，事实并非如此。其实，即使被太空人看到了，也不见得就抬高了长城的身价。因为今天的长城已不是什么贯通万里的建筑了，很多地方已成断垣残壁，甚至已经杳无踪影。残留的长城中相当一部分只剩下黄土堆积，与周围的荒野并无明显区别。而地球上比长城的形象明显很多的建筑物并不少，何至于它们却没有进入这位太空人的眼帘？要真有这样的事，就只能归结于一系列偶然因素：如这一段长城上空正好未被云雾遮盖，光线正好适宜，太空人正好在观察，他事先又知道地球上有长城。只要缺少其中一项，恐怕就不会有这样的结果了。

如果这位太空人看到的不是长城，而是其他国家的什么建筑，长城的价值是不是就会降低或被取消了呢？看来大可不必担心。长城就是长城，它的价值客观存在。

作者思考长城的价值，站在民族交流、民族融合的角度，提出了新的看法。为了证明自己的看法，他先对长期以来流行的一些观点加以反驳。其中有一种观点是基于"据说它是一位美国太空人在太空中唯一能用肉眼见到的地球上的建筑物"这样的证据。作者反驳这一证据：一方面，提出"最近又有消息"这一事实来否定前面的"据说"；另一方面，又从事理上分析长城不可能成为太空人唯一看到的建筑物；最后又通过假设，从因果逻辑上指出长城的伟大与否与太空人能否看到它没有关系。

例6. 王安石《材论》

且人之有材能者，其形何以异于人哉？惟其遇事而事治，画策而利害得，治国而国安利，此其所以异于人也。上之人苟不能精察之，审用之，则虽抱皋、夔、稷、契之智，且不能自异于众，况其下者乎？世之蔽者方曰："人之有异能于其身，犹锥之在囊，其末立见，故未有有其实而不可见者也。"此徒有见于锥之在囊，而固未睹夫马之在厩也。驽骥杂处，饮水食刍，嘶鸣蹄啮，求其所以异者盖寡。及其引重车，取夷路，不屡策，不烦御，一顿其辔而千里已至矣。当是之时，使驽马并驱，则虽倾轮绝勒，败筋伤骨，不舍昼夜而追之，辽乎其不可以及也，夫然后骐骥騕褭与驽骀别矣。古之人君，知其如此，故不以天下为无材，尽其道以求而试之耳。试之之道，在当其所能而已。

王安石认为有才能的人，只有遇到具体事情时才会展现出他的才华，平时与常人并无明显区别。有人却不这么认为，并运用类比论证，借一个比喻（人若有才能，就像锥子在布袋里，锥尖一定会冒出来）来证明人有了才华一定会立即展现出来。王安石反驳的方法也是类比，另给一个比喻：骏马与普通马都在马厩中时，并无多大区别。两个比喻，提到了两类人才。主张"有才能的人立即就可看出来"的人，只是看到了锥子似的人才，而忽略了更多的人才是骐骥似的人才，其论据是片面的。作者只需要另举出相反的论据，就可以将其驳倒。需要指出的是，王安石的观点也存在一定的片面性，原因很简单，因为确实有锥子似的人才。

二、归谬法：一剑封喉

在反驳对立观点时，有一种巧妙而快捷的办法，就是先假设这个观点成立，以这个观点成立为前提，合乎逻辑地引申，推导出明显荒谬的结果，这就是归谬法。

归谬法的巧妙之处在于"以彼之矛，陷彼之盾"——发挥对方的观点，把本来不太明显的错误加以放大，往往有"四两拨千斤"的力量。

运用归谬法，往往针对对方逻辑的错误，多借助类比推理来实现"归谬"。

宋人笔记中记载，王安石撰成《字说》一书，对字的解释失之于臆断，例如他认为"笃"是"以竹鞭马"，"波"是"水之皮"。苏轼不同意他的观点，但他没有正面说这是不对的，而是先假定王安石的解释思路成立，然后用王氏的思路解释"笑""滑"等字，推出的结论是："笑"就是"以竹鞭犬"，"滑"就是"水之骨"。显然，这样的解释完全不合乎常人的认识，是荒谬可笑的。

《雅谑》中记载，有人丧母，居丧期间吃红米饭，被一个儒生看见，这个儒生批评他说："红是喜庆之色，居丧期间怎么能吃红米饭呢？"这个人反驳道："然则食白米饭者，皆有丧耶？"这个人反驳的，也是儒生的论证逻辑。

美国电影《好人寥寥》中有一场辩论：嫌疑人的律师卡菲认为军方有一套不成文的"红色条规"，两名海军陆战队员道森和多尼正是执行上级命令，用"红色条规"惩戒士兵圣地亚哥，误致其死亡；控方代表罗斯则不承认有这种"红色条规"。罗斯搬出一大本《军中条例》，请上庭作证的士兵找出"红色条规"在哪一页，证人摇头说："找不到。"罗斯满意地坐下了，他的潜台词是：既然找不到，说明根本就不存在什么"红色条规"。这时卡菲走上前来，指着那本《军中条例》对证人说："请你指出餐厅在哪一页。"证人茫然地摇头说："这里面哪有餐厅？"卡菲的做法就是"归谬"：假设《军中条例》没有记载"红色条规"就可以证明"红色条规"不存在，那么《军中条例》没有记载餐厅，餐厅也不存在。这显然是荒谬的，因为大家都知道有餐厅。

与归谬法相似的是反证法。反证法是这样一种论证方法：为了证明一个论点，先从反面假设入手，论证它的荒谬或矛盾性，从而间接地证明所立论点的正确。换句话说，想要证明观点 A 正确，先提出与之相反的一个观点 B，然后依据合理的逻辑进行推理，得出一个错误（或矛盾）的结论。

"反证法"的核心部分也是其精彩之处就是"归谬"的环节。

初学者在运用时，不妨把反证法视作归谬法在立论文中的应用。

例1. 司马迁《史记·滑稽列传》

楚庄王之时，有所爱马，衣以文绣，置之华屋之下，席以露床，啖以枣脯。马病肥死，使群臣丧之，欲以棺椁大夫礼葬之。左右争之，以为不可。王下令曰："有敢以马谏者，罪至死。"优孟闻之，入殿门，仰天大哭。王惊而问其故。优孟曰："马者王之所爱也，以楚国堂堂之大，何求不得，而以大夫礼葬之，薄，请以人君礼葬之。"……王曰："寡人之过一至此乎！"

假如	楚王厚葬爱马的想法正确
那么	为表达对马的爱，进一步就会以人君礼葬之（这显然是荒唐的）

例2. 韩愈《讳辩》

愈与李贺书，劝贺举进士。贺举进士有名，与贺争名者毁之，曰："贺父名晋肃，贺不举进士为是，劝之举者为非。"听者不察也，和而唱之，同然一辞……父名晋肃，子不得举进士，若父名仁，子不得为人乎？

假如	父亲名中带晋肃（谐音"进士"），儿子就不能做进士
那么	父亲名中带"仁"（谐音"人"），儿子就不能做人（这显然是荒谬的）

例3. 苏轼《东坡志林·记与欧公语》

欧阳文忠公尝言："有患疾者，医问其得疾之由，曰：'乘船遇风，惊而得之。'医取多年舵牙（舵轴，以手扳动可改变方向）为舵工手汗所渍处，刮末，杂丹砂、茯神之流，饮之而愈。今《本草注·别药性论》云：'止汗，用麻黄根节及故竹扇为末服之。'"文忠因言："医以意用药多此比，初似儿戏，然或有验，殆未易致诘也。"予因谓公："以笔墨烧灰饮学者，当治昏惰耶？推此而广之，则饮伯夷之盥水，可以疗贪；食比干之馂余（吃剩的食物），可以已佞；舐樊哙之盾,可以治怯;嗅西子之珥,可以疗恶疾矣。"公遂大笑。

假如	因为舵手久惊风浪,所以他握过的舵牙可以治疗惊吓之症	
	因为扇子拂风带来清凉,所以竹扇研末可以止汗	
那么	因为笔墨是文化人常用工具,所以笔墨灰可以治疗糊涂	显然,这是荒谬可笑的
	因为伯夷是极高洁之人,所以喝伯夷的洗脸水可以治疗贪腐	
	因为比干是极忠诚之人,所以吃比干的剩饭可以治疗奸佞	
	因为樊哙是极有名的猛将,所以舔樊哙的盾牌可以治疗胆怯	
	因为西施是大美女,所以嗅一嗅西施的耳环耳坠可以治疗丑	

例4. 王昌定《创作,需要才能》

更有一些青年既不懂创作规律,又缺乏生活经验,说是马上要提笔写一百万字的小说,写他自出生至今20年的"经历"。这就未免幼稚得可笑!如果随便写上一百万字就能成为作家,那么,世界上最大的作家怕是誊写员了,他们一年至少誊写一二百万字,一生岂不有几千万字么?

假如	一个青年随便写上一百万字就能成为作家
那么	世界上最大的作家怕是誊写员(事实显然不是如此)

例5. 柳宗元《桐叶封弟辨》

古之传者有言:成王以桐叶与小弱弟戏,曰:"以封汝。"周公入贺。王曰:"戏也。"周公曰:"天子不可戏。"乃封小弱弟于唐。吾意不然。王之弟当封邪,周公宜以时言于王,不待其戏而贺以成之也。不当封邪,周公乃成其不中之戏,以地以人与小弱者为之主,其得为圣乎?且周公以王之言不可苟焉而已,必从而成之邪?设有不幸,王以桐叶戏妇寺(宫中的妃嫔和太监),亦将举而从之乎?

假如	周成王跟年幼的弟弟开的玩笑必须当真
那么	如果周成王开玩笑把唐地封给妇寺，也得兑现这个诺言（这显然是荒谬的）

三、排除法：吹尽狂沙始到金

当与"我"的观点不同的见解并不繁杂时，一一把其他观点"破"掉，"我"的观点自然就胜出了。这种方法，我们叫作排除法。

例 1. 毛泽东《人的正确思想是从哪里来的？》

> 人的正确思想是从哪里来的？是从天上掉下来的吗？不是。是自己头脑里固有的吗？不是。人的正确思想，只能从社会实践中来，只能从社会的生产斗争、阶级斗争和科学实验这三项实践中来。

先排除掉"从天上掉下来的""自己头脑里固有的"这两种错误认识，然后指出正确观点——"从社会实践中来"。

例 2.《孟子·齐桓晋文之事》

> 曰："王之所大欲，可得闻与？"
>
> 王笑而不言。
>
> 曰："为肥甘不足于口与？轻暖不足于体与？抑为采色不足视于目与？声音不足听于耳与？便嬖不足使令于前与？王之诸臣皆足以供之，而王岂为是哉？"
>
> 曰："否，吾不为是也。"
>
> 曰："然则王之所大欲可知已：欲辟土地，朝秦楚，莅中国而抚四夷也。以若所为，求若所欲，犹缘木而求鱼也。"

齐宣王说自己有"大欲"，却笑而不言。孟子断定齐宣王的大欲是"辟土地，朝秦楚，莅中国而抚四夷"。他的推论办法是，先排除普通君主的"大欲"——美食、轻裘、美色、声乐、宠臣，然后推断出齐宣王的"大欲"。

例3.鲁迅《拿来主义》

譬如罢，我们之中的一个穷青年，因为祖上的阴功（姑且让我这么说说罢），得了一所大宅子，且不问他是骗来的，抢来的，或合法继承的，或是做了女婿换来的。那么，怎么办呢？我想，首先是不管三七二十一，"拿来"！但是，如果反对这宅子的旧主人，怕给他的东西染污了，徘徊不敢走进门，是孱头；勃然大怒，放一把火烧光，算是保存自己的清白，则是昏蛋。不过因为原是羡慕这宅子的旧主人的，而这回接受一切，欣欣然的蹩进卧室，大吸剩下的鸦片，那当然更是废物。"拿来主义"者是全不这样的。

在这个比喻中，作者一一否定了"孱头""昏蛋""废物"的做法，从而肯定了"拿来"的主张。

例4.陶行知《创造宣言》

有人说：环境太平凡了，不能创造。平凡无过于一张白纸，八大山人挥毫画他几笔，便成为一幅名贵的杰作。平凡也无过于一块石头，到了飞帝亚斯、米开朗基的手里可以成为不朽的塑像。

有人说：生活太单调了，不能创造。单调无过于坐监牢，但是就在监牢中，产生了《易经》之卦辞，产生了《正气歌》，产生了苏联的国歌，产生了《尼赫鲁自传》。单调又无过于沙漠了，而雷塞布竟能在沙漠中造成苏彝士运河，把地中海与红海贯通起来。单调又无过于开肉包铺子，而竟在这里面，产生了平凡而伟大的平老静。

可见平凡单调，只是懒惰者之遁词。既已不平凡不单调了，又何须乎创造。我们是要在平凡上造出不平凡，在单调上造出不单调。

有人说：年纪太小，不能创造，见着幼年研究生之名而哈哈大笑。但是当你把莫扎尔特、爱迪生及冲破父亲数学层层封锁之帕斯加尔的幼年研究生活翻给他看，他又只好哑口无言了。

有人说：我是太无能了，不能创造，但是鲁钝的曾参，传了孔子的道统；不识字的慧能，传了黄梅的教义。慧能说："下下人有上上智。"我们岂可以自暴自弃呀！可见无能也是借口。蚕吃桑叶，尚能吐丝，难道我们天天吃白米饭，除造粪之外，便一无贡献吗？

有人说：山穷水尽，走投无路，陷入绝境，等死而已，不能创造。但是遭遇八十一难之玄奘，毕竟取得佛经；粮水断绝、众叛亲离之哥伦布，毕竟发现了美洲；冻饿病三重压迫下之莫扎尔特，毕竟写出了《安魂曲》。绝望是懦夫的幻想。歌德说："没有勇气一切都完。"是的，生路是要勇气探出来、走出来、造出来的。这只是一半真理；当英雄无用武之地，他除了大无畏之斧，还得有智慧之剑，金刚之信念与意志，才能开出一条生路。古语说：穷则变，变则通。要有智慧才知道怎样变得通，要有大无畏之精神及金刚之信念与意志才变得过来。

所以处处是创造之地，天天是创造之时，人人是创造之人，让我们至少走两步退一步，向着创造之路迈进吧。

本文用了相当大的篇幅，来逐一驳斥"环境太平凡了，不能创造""生活太单调了，不能创造""年纪太小，不能创造""太无能了，不能创造""山穷水尽，走投无路，陷入绝境，等死而已，不能创造"五种论调，排除了这些论调的合理性，从而得出振奋人心的结论：处处是创造之地，天天是创造之时，人人是创造之人！

第六节　两种最基本的推理

前面讲的种种论证方法，都是着眼于人的感受，是从"显性"的角度来区分的。无论哪种方法，就其根本的思维逻辑来说，大都可归究到两种最基本的推理：归纳推理和演绎推理。

中学生没有机会专门学习逻辑课程，但这不意味着我们用不到逻辑推理。我们常说："写议论文要符合逻辑。"事实上，"符合逻辑"是议论文具有生命力的前提。不符合逻辑，就难免强词夺理，又怎么能获得读者的信任呢？

什么是推理？简单些说，推理就是从一个或几个已知的命题出发推出另一个新命题的思维形式。在论证中，则表现为依据已知的证据（包括理论和事实）来证明自己的观点。

一、归纳推理

归纳推理是从个别性的前提概括出一般性结论。

从认知规律来说，许多结论的形成，往往是基于对大量事实做了归纳和概括的结果。例如我们下结论说："地球上所有大洲都有矿藏。"这是基于对欧洲、亚洲、非洲、北美洲、南美洲、大洋洲、南极洲这七大洲的调查，明确这些洲都有矿藏，然后归纳出的结论。既然如此，当下此结论者向世人证明他的结论时，他的办法就是挨个列出七大洲分别有矿藏的事实。

运用归纳法有一个问题：理论上，只有在对"个别"一一列举的前提下归纳出的"一般"才是可靠的；否则，就难免有例外。然而，我们常常无法做到一一列举。所以，在大多数情况下，归纳推理是一种非必然性推理，也就是说，无法保证推理结果的正确。

但是，这不等于说归纳法没有证明价值。尽量选取那些具有典型性、普遍性的具体事例，并尽可能增加具体事例的数量，那么，即使做不到一一列举，所得结论仍然具有较强的可信度。事实上，人类社会的很多认知，是通过归纳法获得的。例如一种新药的研发，就是在总结足够多但显然也只是一部分的实验个体的反馈后，才确定出其可行性的。

议论文论证过程中，经常运用归纳推理。

杨述《恰到好处》一文中写道：

> 京戏著名演员表演，总讲究不瘟不火。优秀的歌手在热情地歌唱时，情真而又能自持。工人炼钢要注意火候，做政治工作要掌握分寸。一句话："过"与"不及"都不好。

这里总结了演员表演、歌手歌唱、工人炼钢、做政治工作的共性，得出"'过'与'不及'都不好"的结论。

再看李斯《谏逐客书》中的一段：

> 臣闻吏议逐客，窃以为过矣。昔缪公求士，西取由余于戎，东得百里奚于宛，迎蹇叔于宋，来丕豹、公孙支于晋。此五子者，不产于秦，而缪公用之，并国二十，遂霸西戎。孝公用商鞅之法，移风易俗，民以殷盛，国以富强，百姓乐用，诸侯亲服，获楚、魏之师，举地千里，至今治强。惠王用张仪之计，拔三川之地，西并巴、蜀，北收上郡，南取汉中，包九夷，制鄢、郢，东据成皋之险，割膏腴之壤，遂散六国之从，使之西面事秦，功施到今。昭王得范雎，废穰侯，逐华阳，强公室，杜私门，蚕食诸侯，使秦成帝业。此四君者，皆以客之功。由此观之，客何负于秦哉！向使四君却客而不内，疏士而不用，是使国无富利之实而秦无强大之名也。

李斯的论点是客没有对不起秦国，逐客是错误的。为了证明这一点，他一连举出了缪公、孝公、惠王、昭王四位君主任用由余、百里奚、蹇叔、丕豹、公孙支、商鞅、张仪、范雎等客卿的例子，归纳出"此四君者，皆以客之功"这样的结论。

这里所举的例子与要论证的观点，就是个体与一般的关系。由许多个体是这样，推论到所有人也是这样。

严格说来，尽管李斯在这里一下子举了八人，但相对于全体客卿来说，这些人仍是个体、局部，不能因这八人对秦有大功，就说所有客卿都对秦有大功。但是，这样论证，起码可以证明客卿对于秦国的意义重大，尤其是一连举出这么多人，就很容易动摇秦王"逐客"的决定。

运用归纳推理时，应当特别注意个别与一般之间的因果关系是否成立，是偶然还是必然，是表面的还是本质的。

例如寓言故事《守株待兔》：

宋人有耕者。田中有株，兔走触株，折颈而死。因释其耒而守株，冀复得兔。兔不可复得，而身为宋国笑。

这里宋人所犯的错误，恰是在运用归纳推理时误把偶然当成必然。

二、演绎推理

演绎推理与归纳推理相反，它是一种从一般到特殊（个别）的推理。凡是一类事物所共有的属性，其中的每一个别事物也必然具有该属性；所以，当我们已知某类事物的共同属性（一般原则），而且知道某一个别事物归属于该类事物时，就可以推断这一个别事物也具有该属性。

演绎推理的形式非常繁杂，有兴趣的读者不妨找专业著作探一探究竟。在这里，只简单地介绍一下三段论。

三段论是演绎推理中的一种简单推理判断，包含三个部分：大前提（已知的一般原则），小前提（所研究的特殊情况），结论（根据一般原则，对特殊情况做出判断）。

例如：

已经确诊的新冠肺炎患者都应该被隔离。小李是一个已经确诊的新冠肺炎患者，所以小李也应该被隔离。

这里，"已经确诊的新冠肺炎患者都应该被隔离"是大前提，"小李是一个已经确诊的新冠肺炎患者"是小前提，"小李也应该被隔离"是结论。

再举一例：

法何以必变？凡在天地之间者莫不变：昼夜变而成日；寒暑变而
成岁；大地肇起，流质炎炎，热熔冰迁，累变而成地球；海草螺蛤，
大木大鸟，飞鱼飞鼍，袋鼠脊兽，彼生此灭，更代迭变，而成世界；
紫血红血，流注体内，呼炭吸养，刻刻相续，一日千变，而成生人。
藉曰不变，则天地人类并时而息矣。故夫变者，古今之公理也：贡助
之法变为租庸调，租庸调变为两税，两税变为一条鞭⋯⋯荐辟变为九
品中正，九品变为科目。上下千岁，无时不变，无事不变，公理有固
然，非夫人之为也。

这是梁启超《变法通议·自序》中的一段文字。他论证"法必变"这
一观点时，运用的就是三段论：

大前提：凡在天地之间者莫不变。变者，古今之公理也。

小前提：法在天地之间。

结论：法当然也应因时而变。

再如王乾荣在《"天"会塌吗》一文中谈到"杞人忧天"：

事物均有生有灭，一切现有的，都曾经有过产生，也必将趋向灭
亡，无论有限事物，还是茫茫"无限"宇宙。对于天，似亦应有所忧。

其大前提是"事物均有生有灭"，小前提是"天也是一种事物"，结
论是"天也会有消亡的那一天"。

本章第一节谈到的通过理论分析来证明观点的方式，就常常用到这
一种推理方式。在三段论推理中，必须保证前提的无误和推理形式的恰当，
否则可能出现错误的结论。

例如古代判案故事中，常有滴血验亲的场景。当时人们认为，如果两
人是父子或兄弟关系，那么，他们的血滴到一盆水中，就会融合到一
起。依据这一"一般性原理"，来推断具体的验血结果。这里运用的也
是演绎推理：

大前提：父子或兄弟的血滴到一盆水中，就会融合到一起。

小前提：两个人的血没有融合到一起。

结论：他们不是父子或兄弟。

但是，由于其大前提存在错误，这个推论结果也不能保证正确，冤案因此发生。

第七节　论证方法的综合运用

在实际写作中，论证方法的运用往往是综合的：一方面，种类多元，避免单一；另一方面，组合方式多样，避免模式化。具体些说：

第一，"讲道理"与"摆事实"往往"联袂演出"，如影随形，只不过各有侧重。"讲道理"时常常依据人们熟知的事实，且提到这些事实时"点到即止"。"摆事实"时往往要讲一讲这些事实证明的道理。从二者出现的方式来说，或者先"讲道理"后"摆事实"，或者先"摆事实"后"讲道理"，或者边"讲道理"边"摆事实"。

第二，无论类比、对比还是混比，都是对"摆事实"和"讲道理"的运用。例如《邹忌讽齐王纳谏》中，邹忌用来类比的"三问"（问妻、问妾、问客），就是重"摆事实"；入朝见威王后，说"臣诚知不如徐公美。臣之妻私臣，臣之妾畏臣，臣之客欲有求于臣，皆以美于徐公。今齐地方千里，百二十城，宫妇左右莫不私王，朝廷之臣莫不畏王，四境之内莫不有求于王：由此观之，王之蔽甚矣"，就是重"讲道理"。

第三，权威，有时是一种事实，例如韩愈在《论佛骨表》中，举出黄帝、尧、舜、禹、周文王、周武王等长寿的事实，来论证长寿与佛无关；有时是一种道理，例如《反对党八股》中引用鲁迅的话"辱骂和恐吓决不是战斗"。许多时候，搬出权威后，还要对权威的话或做法进行评价、分析，来与论点对接。

第四，反驳的方法，前面已经讲到，往细处说也无非是"讲道理""摆事实"等方法的灵活组合。

第五，归纳推理、演绎推理都是以事实、道理为"材料"开展工作，而其推理过程又显然是"讲道理"。例如《劝学》中由登高而招可以见得远、顺风而呼可以听得真切、假舆马可以至远方、假舟楫可以渡江河这一系列事实，归纳出"君子善假于物"的道理。又如王乾荣谈及"杞人忧天"时，先摆出"事物均有生有灭，一切现有的，都曾经有过产生，也必将趋向灭亡"这一公理，然后由此推出结论"对于天，似亦应有所忧"，这也是讲道理。

越是成熟的作者，在运用论证方法时越注意综合性。初学者可以先侧重练习其中的一两种方法，在熟悉了具体的论证方法后，再进一步尝试综合运用，来增加文章的色彩，增强文章的生机。

现在来看一下冯友兰《论命运》中的两段文字：

　　要成大学问家，必须要有天资，即才。俗话说："酒有别肠，诗有别才。"一个人在身体机构上有了能喝酒的底子，再加上练习，就能成为一个会喝酒的人。如果身体机构上没有喝酒的底子，一喝就吐，怎样练习得会呢？做诗也是一样，有的人未学过做诗，但是他做起诗来，形式上虽然不好，却有几个字很好，或有几句很好，那种人是可以学做诗的，因为他有做诗的才。有的人写起诗来，形式整整齐齐，平仄合韵，可是一读之后，毫无诗味，这种人就不必做诗。一个人的才的分量是一定的，有几分就只有几分，学力不能加以增减。譬如写字，你能有几笔写得好，就只能有几笔写得好。学力只不过将原来不好的稍加润饰，使可陪衬你的好的，它只能增加量不能提高质。不过诸位不要灰心，以为自己没有才，便不努力。你有才没有才，现在还不晓得，到时自能表现出来，所谓"自有仙才自不知"，或许你大器晚成呢！既有天才，再加学力，就能在学问上有成就。

　　至于事功的建立，则是"命运"的成分多。历史上最成功的人是历朝的太祖高皇帝，刘邦因为项羽的不行而成功。如果项羽比他更行，他决不会成功。学问是个人之事，成功则与他人有关。康德成为大哲学家，并不因为英国没有大哲学家。而希特勒能够横行，却是英国的纵容和法国的疏忽所致。历史上有些人实在配称英雄，可是碰到比他更厉害的人，却失败了。有的人原很不行，可是碰着比他更不行的人，反能成功，所谓"世无英雄，遂令竖子成名"，所以事功方面的成就靠命运的成分大。"卫青不败由天幸，李广无功缘数奇"，我们不应以成败论英雄。

这两段相连的话，各有自己的论点，前者是"要成大学问家，必须要有天资"，后者是"事功的建立，则是'命运'的成分多"。两段运用的论证方法，计有：

1. 引用名言：前一段引"酒有别肠，诗有别才"的俗话和李商隐的诗句"自有仙才自不知"，后一段引阮籍评楚汉相争的名言"世无英雄，遂令竖子成名"（《晋书·阮籍传》，原文为"时无英雄，使竖子成名"）和王维的诗句"卫青不败由天幸，李广无功缘数奇"。

2. 运用类比：用喝酒来类比做诗。

3. 运用对比：前一段将有的人未学过做诗却能写出好句，与有的人写诗形式工整却毫无诗味相对比；后一段用康德与希特勒进行对比，又用有些人配称英雄却失败了与有些人原很不行却获得了成功相对比。

4. 列举事实：谈成功需靠"命运"时，举刘邦、希特勒的事例；谈学问是个人之事时，举康德的事例。

5. 讲道理：前一段在提到有些人虽未学过做诗却能写出好句子时，分析说"那种人是可以学做诗的，因为他有做诗的才"；后一段在提到刘邦成功时分析说"如果项羽比他更行，他决不会成功"，提到希特勒成功时分析说"而希特勒能够横行，却是英国的纵容和法国的疏忽所致"。

最后，还应当特别指出的是：对于"为什么"的回答，虽然泛泛地称之为"证明"或"论证"，为此而运用的各种方法称之为"论证方法"，但要严格追究起来，并不尽然，或者说不够准确。议论文中的所谓"论证"，许多时候其实只是一种"说明""阐释"，而不是逻辑学上那么严格的推理。

第
四
章

题目·开头·结尾

一篇议论文的题目、开头和结尾很容易被读者关注到。这三者精彩了，能令读者眼前一亮，产生好感；这三者乏善可陈，会让读者感到索然无味。因此，作者往往在这些地方下大功夫。

第一节 题目

读一篇议论文，最先关注的是它的题目。照《说文解字》的解释，"题"是额头，"目"是眼睛。额头和眼睛都占据脸的最高点，为脸增光。文章也是这样，题目精彩，便容易增加读下去的意愿；题目无趣，则很可能被弃置一边。网络上"标题党"盛行，就是利用了读者的这种心理。"标题党"名实不副，哗众取宠，议论文的题目，却必须与正文密切呼应。

一、论点式与论题式

议论文题目有两种基本类型：一种是论点式，就是把自己的主要观点提炼成题目；一种是论题式，就是把写作的话题提炼成题目。

例1. 关于中学生追星现象，你是如何看待的？请就此写一篇议论文。

①《追星现象可以休矣！》②《请停下你追星的脚步》③《树立正确的榜样观》④《追星，追追何妨？》⑤《我看追星现象》⑥《追星现象的背后》⑦《中学生该追什么星？》⑧《我们应该有怎样的榜样观？》

这8个题目，前4个是论点式，后4个是论题式。

例2. "梦里走了许多路，醒来还是在床上。"你是如何理解这句话的？请就此写一篇议论文。

①《行动胜于空想》②《成功是干出来的》③《醒来吧，少年！》④《成功不能靠"梦"》⑤《"梦里走路"与"床上醒来"》⑥《"梦里路"与"梦外路"》⑦《人生之路该怎么走？》⑧《想与干》

这8个题目，前4个是论点式，后4个是论题式。

论点式题目的优点是明明白白地亮出观点，主张什么，反对什么，旗帜鲜明，一望而知。例如《丢掉幻想，准备斗争》《反对党八股》《团结就是力量》《中国人民站起来了》《人格是最高的学位》《学游泳不要怕水》《文化不是味精》等。

下面列表说明论点式题目的常见类型：

类型	举例
肯定式 （以肯定的语气对某种情况作出断定，明确倡导某种做法）	《作家要铸炼语言》
	《人应当坚持正义》
	《推开虚掩的门》
	《激活你的青春》
	《让我们逐梦前行》
	《把家国情怀融入不懈奋斗中》
	《永远把人民放在最高位置》
	《用拼搏展现青春风采》
	《为诚信社会筑牢制度篱笆》
否定式 （对某种情况作出否定性断定，明确反对某种做法）	《"朴素感情"不一定朴素》
	《别在机器人面前丢了"人类"的脸》
	《绝不能好了伤疤忘了痛》
	《莫拿青春赌明天》
	《辱骂和恐吓决不是战斗》
	《谨防"馅饼"变陷阱》
	《拒绝恭维》
反问式 （以反问的语气来表达自己的观点）	《豺狼当道，安问狐狸？》
	《中国人失掉自信力了吗》
	《"人比人，气死人"吗》

论题式题目的优点是形式灵活，容易设置悬念，可供作者发挥的空间较大。论题式题目比较容易拟定，然而要拟得精彩却很难。

类型	举例
论说式 （用"论""说""谈""议""看"等加论题构成。这些动词前面有时加"也""再""闲""漫""杂""刍"等词，其中"刍"表自谦，有时则采用"从……说起/说开去"结构）	《文学革命论》
	《论雷峰塔的倒掉》
	《说"打造"》
	《我看文化热》
	《〈杀错了人〉异议》
	《略论中国人的脸》
	《杂谈礼教》
	《文学改良刍议》
	《从孩子的照相说起》
	《从"曲突徙薪"说起》
	《从选本说开去》
感想式 （用"有感""断想"等词加论题构成）	《三八节有感》
	《五四断想》
	《读〈阿Q正传〉有感》
问题式 （用疑问句提出论题）	《唐僧将提拔谁》
	《动物是人的什么》
	《"打仗兵"还是"游行兵"》
假设式 （假想一种情况）	《我若为王》
	《假如记忆可以移植》

类型	举例
关键词式 （提取论题中的关键词，构成偏正或并列词组）	《沉默的大多数》
	《鬼混哲学》
	《智慧与国学》
	《怀疑和学问》

采用哪种类型的题目并无硬性要求，一般来说，经过审题环节后，如果自己的论点比较容易提炼成一个题目，就可以优先采用论点式题目。如果论点特别新颖，富有吸引力，那就更建议采用论点式题目；否则就应当考虑采用论题式。

无论是论点式还是论题式，又可根据关键词的类型分为两类：一是就事论事，立足于材料中的具体现象来命题，如《追星现象可以休矣！》《中学生该追什么星？》《"梦里路"与"梦外路"》等；二是由表及里，切入本质问题来命题，如《我们应该有怎样的榜样观》《想与干》等。有时还可以将两者结合，既保留材料中的具体现象，又引向本质问题。如《醒来吧，少年！》这个题目，"醒"字既照应材料中的"梦里"，又导向本质的"清醒"、不空想。

二、好题目的标准

什么样的题目好？见仁见智，不必求一致。从应试作文的角度来说，应当特别注意以下两点：

第一，扣题而为。

好的题目，应该准确无误地体现文章论述的内容。议论文的题目，往往是文章内容的高度概括。读者期待通过题目，就可以判断文章谈的是什么问题，或者表达的是什么观点。在应试作文中，阅卷者往往通过观察该文的题目是否扣题，来判断考生审题是否准确。

例如 2018 年全国 II 卷材料作文（详见本书第 31 页例 3），如果你是阅卷老师，看到下列题目，会产生什么印象？

①《开拓创新》②《不要迷信权威》③《就是要特立独行》④《不盲从才能有灼见》⑤《走自己的路，让别人说去吧》⑥《现象与本质》⑦《工欲善其事，必先利其器》⑧《要学会全面地看待问题》

从"扣题而为"的要求来分析以上题目：④⑥⑧都触及问题的实质，紧扣论题；"开拓创新"一般是针对"因循守旧"而言，这不是本次写作的论题，所以①不妥；"不要迷信权威"似是而非，因为材料中出现的双方都是权威，所以②不妥；"特立独行"含有不随波逐流的意思，但侧重指个人操守，而非侧重就事论事，所以③不妥；"走自己的路，让别人说去吧"重在坚持自己选择的道路，与论题也不契合，所以⑤不妥；"工欲善其事，必先利其器"突出应该对飞机加强保养，其关注点不在"加强哪里"，所以⑦也不妥。

第二，富有魅力。

首先，表达应简洁，字数不宜过多。尤其是论点式题目，与行文中对论点的表述相比要简略得多，是一种"简称"。行文中对论点的表述比较完整、严谨、明确，题目的表述只需"点到为止"，要符合题目美学。

例如马铁丁的《俭以养德》一文，其论点体现在以下语句：

　　1."静以修身，俭以养德"（诸葛亮《诫子书》），节俭不仅是经济问题，而且还可能牵连到一个人的思想品质。

　　2."俭以养德"，当然不是诸葛亮时代的封建道德，而是当今的社会主义、共产主义的美德。艰苦朴素是我们的光荣传统，发扬光大，不亦宜乎？！

作者在行文中明确了"俭"是"艰苦朴素"，"德"是"社会主义、共产主义的美德"，而题目只提取了"俭以养德"这句名言，干净利落。

再如弘征的《何妨一谈》，其论点是通过以下语句表述出来的：

　　1.不要在结尾来这些空头的"自然……不准备多谈"之类！那是不足以服人的。

2. 不必在文章的结尾去提那些"不准备多谈"的其他方面。

3. 不准备多谈，就不发空头支票，干脆不提。如果要提的话，那又何妨一谈？——具体地谈，详细地谈。

作者在行文中提出的论点有明确的对象，而题目"何妨一谈"连主语、宾语都省去了。然而正因为省去了这些，这个题目才显得短小有力，又充满悬念。

其次，可以运用各种修辞手段，对题目进行"魅化"（增强魅力）。比较下面14组题目，可以体会到修辞在题目中的妙用。

组别	论题		题目
1	批评	A	《谈批评》
		B	《老虎屁股摸不得？》（反问）
2	评价历史人物	A	《评价历史人物的标准》
		B	《千古凭谁定是非》（设问）
3	蔺相如完璧归赵	A	《蔺相如完璧归赵论》
		B	《完璧归赵：是经验，还是教训？》（选择问）
4	空话	A	《少说空话》
		B	《伟大的空话》（反语）
5	文学批评	A	《谈近年来的文学批评》
		B	《骂杀与捧杀》（对比）
6	元旦致辞	A	《2015年元旦致辞》
		B	《时间未老，理想仍在》（对偶）
7	文学的职责	A	《迎合的文学》
		B	《帮忙文学与帮闲文学》（仿词）

组别	论题		题目
8	公众的政治观念	A	《公众的观念》
		B	《观念的水位》（比喻）
9	邵燕祥诗抄	A	《读〈邵燕祥诗抄·打油诗〉》
		B	《诗化的杂文 杂文化的诗》（顶针）
10	某女生想报考考古系	A	《走好自己的路》
		B	《妹妹你大胆地往前走》（引用电影插曲歌词）
11	悲观思想	A	《不必悲观》
		B	《星星之火，可以燎原》（引用诗文）
12	"三一八"惨案	A	《纪念"三一八"惨案中的烈士们》
		B	《为了忘却的记念》（故设矛盾）
13	社会问题	A	《被忽略的问题》
		B	《没来的请举手》（故设矛盾，引用笑话）
14	新时代的青年	A	《对新时代青年的寄语》
		B	《志气，骨气，底气》（排比）

　　以上 14 组题目，A 类比较平实，B 类则灵动、新鲜，更容易吸引读者。

　　需要指出的是，题目是否吸引人，并不仅仅依靠语言形式，更关键的还是内容。所谈话题是否能引发读者兴趣？所持观点是否能让读者耳目一新？这是作者最应该下功夫的地方。许多人熟悉鲁迅的《论"费厄泼赖"应该缓行》，多少年后，突然看到王蒙的《论"费厄泼赖"应该实行》，就会产生极大的兴趣；从积贫积弱的旧中国过来的人，饱受欺压，一看到《中国人民站起来了》，就会心潮澎湃。

最后还应指出,一个题目的优劣,不能孤零零地就题目论题目,还应将题目与文章本身结合起来。鲁迅有篇短文叫《现代史》,作为一篇议论文的题目,这三个字似乎毫无精彩之处,粗读文章,又并无一句讲"现代史",给人以"文不对题"的印象。然而且慢,再读一读,品味一番,不由得拍案叫绝——文章所描述的以哄人钱财为目的的变戏法,不正是统治者变着法子剥削百姓的"现代史"的生动写照吗?正因为有了这个题目,正文才有了"不著一字,尽得风流"之妙。

媒体一般都会在文章题目上下功夫,这里附上部分媒体的新年献词,供大家欣赏。

题目	出处
《不忘初心,逐梦前行》	《人民日报》(2017年)
《历史由每一个今天写就》	《光明日报》(2017年)
《与你共赴一个新的春天》	《光明日报》(2021年)
《总有一种力量让我们泪流满面》	《南方周末》(1999年)
《没有一个冬天不可逾越》	《南方周末》(2009年)
《像一束光簇拥另一束光》	《南方周末》(2012年)
《你对美好的向往关乎国家的方向》	《南方周末》(2015年)
《考验如火,正在淬炼真金》	《南方周末》(2020年)
《每一次抉择都期待一场苦尽甘来》	《南方周末》(2022年)
《唯有大地蓄江河》	《央视新闻》(2017年)
《越过风浪就是最美的远方》	《新华日报》(2021年)
《出发,出发》	《央视新闻》(2018年)
《脚下的大地 心中的远方》	《中国青年网》(2019年)

题目	出处
《一起打开未来的封面》	《华西都市报》（2017 年）
《春天是从冬天开始的》	《澎湃新闻》（2019 年）
《对生命的热爱是最通行的世界语言》	《澎湃新闻》（2021 年）
《到真实的世界中去》	《澎湃新闻》（2022 年）
《你的努力，就是这个国家的方向》	《新京报》（2012 年）
《相信时间，相信世道，相信人心》	《新京报》（2018 年）
《心有大愿，不计风雨》	《南风窗》（2019 年）
《心中有光，向阳而行》	《齐鲁晚报》（2021 年）
《奋斗者的每一帧画面都是时代的缩影》	《齐鲁晚报》（2022 年）

第二节　开头

　　以店铺为喻，文章的题目相当于店门口高悬的招牌；文章的开头，则像是正冲着店门的柜台。对于一个小店来说，店里有什么货色，是什么档次，一般顾客看一看最显眼处的柜台上的货物，就会暗暗地给出结论。一篇文章，读一读开头，也往往能感受到作者的功底。

　　这个头该怎么开？也无一定之规，须根据表达的需要灵活安排。其基本原则，一是有利于表现主旨，二是有利于吸引读者。

　　最常见的开头方式有两种：一是亮观点，一是谈话题。

一、开门见山，亮出观点

这类文章的特点是，在简单点明论题后立即亮出自己的观点。许多时候，作者并不刻意交代论题，但在陈述观点的过程中，读者已经明白他说的是怎么一回事。如果作者要表达的观点非常明确、非常集中，这是一种很好的开头方式。如果观点比较新颖、深刻，就更适合在开头提出。亮出观点的方式，既可以"我手写我口"——用自己的语言表达观点，也可以借他人言论（包括诗文等）来表达自己的观点。

例 1. 李斯《谏逐客书》

  臣闻吏议逐客，窃以为过矣。

作者的观点是"逐客过矣"，同时读者很容易明白，"吏议逐客"即本文要谈论的问题。

例 2. 苏洵《六国论》

  六国破灭，非兵不利，战不善，弊在赂秦。赂秦而力亏，破灭之道也。或曰：六国互丧，率赂秦耶？曰：不赂者以赂者丧。盖失强援，不能独完。故曰：弊在赂秦也。

作者开篇即明确观点，在明确观点的同时，也自然地交代了本文要谈的话题——六国破灭的原因。

例 3. 李大钊《危险思想与言论自由》

  思想本身没有丝毫危险的性质，只有愚暗与虚伪是顶危险的东西，只有禁止思想是顶危险的行为。

开篇三个分句，每一个分句都表明一种观点。

例 4. 邵燕祥《说"看客心理"》

  喜欢"看热闹"，哪里有热闹就凑上去围观，表面看似乎跟"一人向隅，满座不欢"的落落寡合不同，其实是比"事不关己，高高挂起"还坏的心理。

这里既点明要谈的是"看客心理"，更明确态度，对看客心理做出了批判。

例5.利哈乔夫《论教养》

　　良好的教养不仅来自家庭和学校，而且可以得之于自身。

这个极为简短的开头表达了作者的观点，同时也让读者看出作者要谈的问题是"教养"。

例6.孙广远《固守尊严》

　　人生有许多东西值得珍惜，而最值得珍惜的首推尊严。失去尊严，一切所谓有价值的东西其实都将贬值，人生也就随之轻淡和苍白了。

开头两句话，一正一反，明确表达了作者对尊严的认识。

例7.萧铮《"听话"辨》

　　"听话"，照词典的解释，乃是上级对下级、领导对群众、大人对孩子的一种要求。那么，反过来，前者该不该听后者的话呢？答案无疑是肯定的，否则便有片面性、单向性了。

这个开头解释了"听话"的通常理解后，转而提出一个新问题，并立即给出了肯定答案，表明了自己的论点。

二、交代话题，引发思考

有时观点不容易简洁地表达清楚，或者文章的精彩之处并不在观点，或者作者有意保持一种神秘感，不肯一上来就揭示谜底，那么，采用交代话题的方式开头是不错的选择。这种开头方式，有许多便利处：如果是就事论事，就可以"就地取材"，交代所谈的事，或者交代引发这次写作的因由；如果是借题发挥，也可以先摆出所借何题，为下文展开议论做好准备。

需要指出的是，这里所说的"话题"，其实指两种情况：

一种是实质话题。例如鲁迅《作文秘诀》一文，开头即说"现在竟还有人写信来问我作文的秘诀"，而该文确实是谈"作文秘诀"这个话题的，所以首段这句话交代的是实质话题。

一种是表层话题。例如曾彦修有一篇文章叫《九斤老太论》，第一段说："鲁迅先生的短篇小说《风波》里，有一位人物，叫作'九斤老太'，老得很，七十九岁了。据说她的丈夫——看文章是指她的丈夫——生下地来就有九斤重，以后她的后代都每况愈下：七斤、六斤……因此这位九斤老太便一切都看不上眼，开口闭口就是：'一代不如一代！'"文章虽然名叫"九斤老太论"，其实用心并不在"九斤老太"身上，只是借鲁迅小说中的这个人物，来谈论现实社会中那些总觉得年轻人越来越不像样的当权者。

例1. 冯骥才《文化可以打造吗？》

　　一个气势豪迈的词儿正在流行起来，这个词儿叫作：打造文化。常常从媒体上得知，某某地方要打造某某文化了。这文化并非子虚乌有，多指当地有特色的文化。这自然叫人奇怪了，已经有的文化还需要打造吗？前不久，听说西部某地居然要打造"大唐文化"。听了一惊，口气大得没边儿。人家"大唐文化"早在一千年前就辉煌于世界了，用得着你来打造？你打造得了吗？

文章一开篇就提出了作者关注的一个现象——打造文化。接着又用三个问句提出疑问，很容易引起读者的阅读兴趣。

例2. 鲁迅《论雷峰塔的倒掉》

　　听说，杭州西湖上的雷峰塔倒掉了，听说而已，我没有亲见。但我却见过未倒的雷峰塔，破破烂烂的映掩于湖光山色之间，落山的太阳照着这些四近的地方，就是"雷峰夕照"，西湖十景之一。"雷峰夕照"的真景我也见过，并不见佳，我以为。

在这篇文章中，鲁迅把雷峰塔看作是封建恶势力的象征，所以他的观点是为雷峰塔的倒掉而欣喜。首段却并未急于表明观点，而是先叙述本文要谈的话题——雷峰塔倒掉了，继而谈"雷峰夕照"，故意把节奏放缓来增加情致。

例3. 黄秋耘《犬儒的刺》

　　我们文艺界有一种不健康的现象：每当某一股风吹起来的时候，总有一些人在那儿一窝蜂地随声附和，推波助澜。究竟他们对于这股风是"信而从"呢？还是"盲而从"呢？抑或是"怕而从"呢？他们嘴里所说，笔下所写，和心里所想的，是否完全一致呢？这些问题，研究起来，倒是很有趣的。

本文开头列出文艺界随"风"附和的现象，并进而用"是……还是……抑或是……"的选择问句，来引发读者思考，又指出这些问题"很有趣"，这就更容易引起读者的关注了。

例4. 巴人《况钟的笔》

看了昆剧《十五贯》，叫我念念不忘的是况钟那支三落三起的笔。

《况钟的笔》是借谈论昆剧《十五贯》中况钟谨慎使用判人生死的朱砂笔，来呼吁官员增强责任心。作者在第一段，不枝不蔓，直接说到本文谈论的话题。

例5. 王蒙《论"费厄泼赖"应该实行》

五十多年以前，鲁迅先生提出了"'费厄泼赖'应该缓行"这一富于革命的彻底性的著名命题。当时，鲁迅先生大概不会想到，在解放以后的历次政治运动中，这一篇名作得到了特别突出的、空前的宣扬和普及。"费厄泼赖"在1957年要缓行，在1959年要缓行，在1964年、1966年、1973年直到1976年仍然要缓行。看样子，缓行快要变成了超时间、超空间的真理，快要变成了"永不实行"，从而根本否定了"缓行"了。

作者一上来说五十多年前鲁迅提出"'费厄泼赖'应该缓行"这一命题，然后指出此后"费厄泼赖"一直"缓行"，简直要"永不实行"了。这个问题，正是作者要谈论的论题。

例6. 周国平《私人写作》

一八六二年秋天的一个夜晚，托尔斯泰几乎通宵失眠，心里只想着一件事：明天他就要向索菲亚求婚了。他非常爱这个比他小十六岁、年方十八的姑娘，觉得即将来临的幸福简直难以置信，因此兴奋得睡不着觉了。求婚很顺利。可是，就在求婚被接受的当天，他想到的是："我不能为自己一个人写日记了。我觉得，我相信，不久我就不再会有属于一个人的秘密，而是属于两个人的，她将看我写的一切。"

这个开头，用记叙的方式，由托尔斯泰求婚成功那天思考的一个问题，引发了本文的话题。

例7.罗迦·费·因格《谈创造性思维》

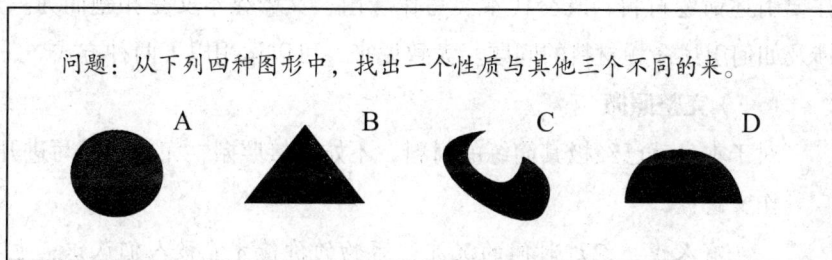

问题：从下列四种图形中，找出一个性质与其他三个不同的来。

A B C D

对上面这个问题，你是怎么回答的呢？你若选择的是B，那就恭喜你答对了。因为图形B是唯一一个仅由直线构成的图形。

不过，也许有人会选择图形C。由于非对称性图形只有C一个，所以C会被认为与其他图形不同。确实如此，这也是正确答案。答A也是可以的。因为A是唯一一没有角的图形，所以A也是正确答案。那么，D又怎么样呢？这是唯一一个由直线与曲线构成的图形，因此D也是正确答案。换句话说，由于看图形的角度不同，四种答案全都正确。

"正确答案只有一个"这种思维模式，在我们头脑中已不知不觉地根深蒂固。事实上，若是某种数学问题的话，说正确答案只有一个是对的。麻烦的是，生活中大部分事物并不像某种数学问题那样。生活中解决问题的方法并非只有一个，而是多种多样。由于情况的变化，原来行之有效的方法，到了现在往往不灵了。正因为如此，如果你认为正确答案只有一个的话，当你找到某个答案以后，就会止步不前。因此，不满足于一个答案，不放弃探求，这一点非常重要。

这篇文章被收入初中语文课本。这个开头非常有意思，作者先提出一个有趣的问题，然后巧妙地引入自己要谈的话题并亮出观点。

三、命题材料的引述

应试性质的议论文，很少有不限定写作内容的。命题者往往给出单个或多个材料（包括话题），要求考生在此范围内写作。这时，开头部分往往要引述命题材料，既交代本文写作缘由，又彰显本文是扣题而为。这就涉及如何引述命题材料的问题。大致说来，可以运用以下两种方式。

（一）完整照搬

对于本身就已经极其简练的材料，不妨直接照搬，完整地抄写进开头。作文题：

> 有人说，经过时间的沉淀，事物的价值才能被人们认识；也有人认为不尽如此。你怎么看？请写一篇文章，谈谈你的思考。

开头就可以这么写：

> 有人说，经过时间的沉淀，事物的价值才能被人们认识；也有人认为不尽如此。如果全面回顾历史，就会发现，显然是后一种观点更有道理。

（二）调整转述

1. 根据自己文章的表达风格、论述的侧重点等对命题材料加以调整。特别是图表、漫画类材料，很少照搬到开头中，一般需要改变其表达形式。

作文题一：

> 虹看到弧形的石桥，向她说："大地上的姐妹，我真羡慕你，可怜我自己。你的生命比我长久。"石桥回答："你那样美，你在人们的记忆里是美的永恒。"
>
> 请根据虹与桥的对话写一篇文章。

开头可以这么写：

> 天上的彩虹转瞬即逝，但在人们的记忆中，它的美丽是永不磨灭的；地上的石桥实实在在，飞架沟壑之间，让人们从它身上大踏步前进，人们同样赞美它……

作文题二：

欣赏下面的漫画，据此写一篇议论文。

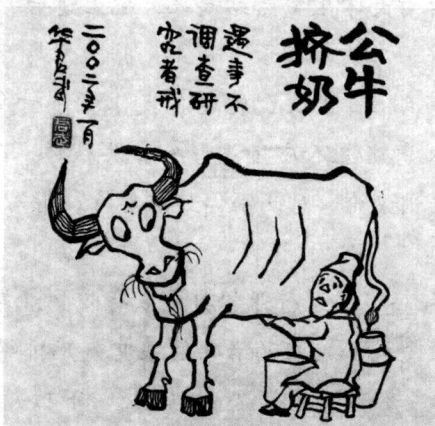

开头可以这么写：

提个大奶桶，搬个小板凳，坐在一头大牛身边，匆匆忙忙就挤开了奶，可是，这位先生竟连这头牛是公牛母牛都没搞清楚。可想而知，他就是再挤三天三夜，也不会有一滴奶的收获！

2. 对于较长的材料，考生往往需要浓缩概括，提取精髓，有时甚至只提取其中的关键词。

作文题一：

改革开放初期，乌鲁木齐市一家挂面厂在日本花十六万元人民币印刷的挂面包装袋，由于一点之差全部报废。这一点之差，就差在"乌"被错印成"鸟"字，堂堂的自治区首府"乌鲁木齐"变成了"鸟鲁木齐"。由于设计的"马大哈"和审查的"马大哈"，大家都没有看出这一点之误，致使花巨资印成的包装袋成了废品。

请根据这则材料写一篇议论文。

开头可以这么写：

因为一点之差，"乌鲁木齐"变成"鸟鲁木齐"，致使16万元的产品报废。由此可见，精益求精的严谨态度多么重要。

作文题二：

　　某大学开学典礼上，相关发言人正按照既定程序先后讲话。这时，一名刚入学的大学生突然站起来，跳上讲台，强烈要求展示自己准备好的演讲。工作人员予以制止，并劝他离开。当晚，该大学官方微博发布声明说："敢于展现自我体现了青年人可贵的精神，但再强烈的个人意愿也不应随意影响公共秩序。"此事引起了该校师生和网友的热烈议论。对此事你如何看待？请写一篇议论文。

开头可以这么写：

　　按照既定程序有序进行开学典礼很有必要，勇于展现自我的精神也应当予以鼓励。如何在两者之间架起一座桥梁，既能保障公共秩序，又可以尊重个人意愿，这是我们应该下功夫思考的问题。

第三节 结尾

"编筐编篓，重在收口。"大凡一件事，其结尾如何，往往影响这件事的性质。同样道理，一篇文章的结尾，往往影响到这篇文章的精彩程度。

结尾该怎么写？元代乔吉提出"豹尾"说；明代谢榛则主张"结句当如撞钟，清音有余"；姜夔在《白石诗说》中说："一篇全在尾句，如截奔马。"这些提法，尽管并非针对议论文而谈，但写议论文时大可借鉴。

如豹之尾，劲道足而收束自如；如撞大钟，槌虽止而音犹在；如截奔马，脚跟稳而气势足。要做到这些，要点有三：第一是内容本身要"过硬"；第二是行文不可拖沓，力求简洁明快；第三是提高文章写作技巧，增加语言魅力。

说到简洁明快，当然不是硬性规定字数，而是指尽可能以最少的文字表达最丰富而有价值的意思。例如林放《"费厄泼赖"可以施行了》一文，结尾只三句话19个字："条件成熟了，空气澄清了，'费厄泼赖'可以施行了。"简洁自然，而态度明确，又对全文加以归结。而鲁迅《论雷峰塔的倒掉》，文章结尾更是简洁之至，就两个字：活该。"活该"二字，蕴含了鲁迅多少情感！

议论文的结尾，还应当注意以下两点：

首先，必须能完结此文。既然是结尾，就意味着文章结束，这时必须检查一下，自己要表达的意思是否表达完整，是否表达清楚。如果话没有说完整说明白，就匆匆结尾，这是敷衍之举，会给读者留下深深的遗憾。

其次，应当注意与题目、开头及文章其他重要段落的照应。好的文章是一个富有活力的有机体，题目、开头、结尾不是孤立的，而是互相照应，形成一个整体。

结尾方式千变万化，这里只介绍三种常见的。

一、解决问题型

这是最常见的议论文结尾方式。在前文对问题做了充分分析的基础上，结尾就"该怎么做"给出自己的意见。前文只分析问题，没有明确说怎么解决问题，结尾的"解决问题"便是不可或缺的部分。

例1. 黄秋耘《犬儒的刺》

　　文艺批评，总是要比眼力的。我们要有学问，要有修养，要有真知灼见，要有独立思考能力，但，更重要的，是要有坚持真理的勇气，要有正道直言的特操，要有实事求是的精神。假如大家都成了"不敢有主见"的莫尔恰林（莫尔恰林是俄国诗人格里包耶多夫的诗剧《智慧的痛苦》中的人物。他阿谀谄媚，最怕得罪人，曾说过"在我的年纪，可不敢有主见"这样貌似谦逊其实极端虚伪的话），那么，这学问，这修养，这真知灼见，这独立思考能力，又中什么用？不错，做"事后马克思"是最"安全"不过的。但，我们需要有更多的"事前马克思"，哪怕是百分之一的"事前马克思"也比百分之百的"事后马克思"强得多。要不然，也就用不着提出百家争鸣、百花齐放的方针了。

本文前面对见风使舵、随声附和的风气做了分析和批判，结尾一段旗帜鲜明地提出该怎么做——"我们要有学问，要有修养，要有真知灼见，要有独立思考能力，但，更重要的，是要有坚持真理的勇气，要有正道直言的特操，要有实事求是的精神"，"我们需要有更多的'事前马克思'"。

例2. 利哈乔夫《论教养》

　　无须背诵数以百计的格言信条，只需记住一条：必须以尊重的态度对待别人。如果你懂得了这一点，再加上几分随机应变的智慧，那么风度就会自动来到你的身边。换句话说，你会自然而然地记住保持优雅举止的具体做法，你将乐于实施并且善于把这些法则付诸实践。

文章结尾给出"怎么办"的答案。

例3. 牧惠《赵书信与我》

那办法是：在笑赵书信的同时，笑一笑自己身上的赵书信！

本文是评述著名电影《黑炮事件》的主人公赵书信的。作者认为，赵书信对于受到的不公正待遇茫然不觉其辱，反倒以为理所当然，这是一种新式奴才思想。倒数第二段，作者提出"是彻底把这个包袱扔掉的时候了"，结尾则给出了办法——反思自己身上的奴才思想。

二、总结强调型

这也是很常见的结尾方式。前文已经对相关问题进行了论述，任务基本完成，结尾再对前面的内容加以总结、强调。

例1. 李斯《谏逐客书》

夫物不产于秦，可宝者多；士不产于秦，而愿忠者众。今逐客以资敌国，损民以益仇，内自虚而外树怨于诸侯，求国无危，不可得也。

"物不产于秦，可宝者多；士不产于秦，而愿忠者众"是对上文两部分（由余、百里奚等"不产于秦"之士，昆山之玉、明月之珠等"不产于秦"之物）的总结；"今逐客"句是强调逐客的危害，明确其危害，自然也就彰显出不逐客的价值。

例2. 章智明《无"度"不丈夫》

人才只有在没有后顾之忧的情况下，才能最大限度地发挥自己的聪明才智。如果他老是担心领导给他穿小鞋，担心身后有人在暗里计账，要横着身子战斗，所谓"才尽其用"，便是一句空言。"恐整病"一蔓延，结果大不妙矣。由此观之，"毒"不可有，"度"不可无——"无'度'不丈夫也"。

这个结尾照应题目，进一步对当权者有"毒"无"度"的危害做了强调，归结到"无'度'不丈夫"这一论点上。

例3. 梁启超《敬业与乐业》

我生平最受用的有两句话：一是"责任心"，二是"趣味"。我自己常常力求这两句话之实现与调和，常常把这两句话向我的朋友强聒不舍。今天所讲，敬业即是责任心，乐业即是趣味。我深信人类合理的生活总该如此，我盼望诸君和我一同受用！

前文分论敬业与乐业，结尾进一步总结：敬业即是责任心，乐业即是趣味。

三、另出新意型

这一种结尾方式，不满足于对上文论述的重复，而是再翻出一层新的意思，提出新的问题或观点。

在另出新意型结尾中，有一类是从原则性的论述上升到严峻的现实。这类文章，前面的论述往往是借题发挥，或谈史，或设喻，结尾时"图穷而匕首见"，透露出作者的真正用意——其实是针对现实生活中某一迫切问题。还有一类是对主要观点进行"反向"限制，防止走向极端，避免给论敌留下攻击的借口。

例1. 苏洵《六国论》

夫六国与秦皆诸侯，其势弱于秦，而犹有可以不赂而胜之之势。苟以天下之大，下而从六国破亡之故事，是又在六国下矣。

前文皆就六国破灭发议论，结尾时忽然跳出六国，指出如果一个统一的政权也采用"赂秦"的方式以图苟安，其决策可就太低劣了。至此，显然可见，作者真正用意在"当下"而不在历史，这就给当时的北宋朝廷一声棒喝，文章的价值也一下子增加了。欧阳修的《五代史伶官传序》以"岂独伶人也哉"收尾，情形与此相似。

例2. 吴祖光《相府门前七品官》

严重的是这种精神、这种意识偏偏不是首长们所能接触和体会得到的。

结尾突然提出一个新问题，而又并不展开论述，这就留下了无穷的余味。

例3. 柏杨《尊官舒服术》

对"尊官"尚且如此，对皇帝更可想而知，王积薪先生再大的胆都不敢赢李隆基先生，除非他不想当他的翰林。5世纪60年代南宋王朝（指南朝时的宋）第七任皇帝刘彧先生，也是一个嗜棋如命的家伙，他的棋力大概跟柏杨先生的棋力差不多，只不过会鬼打墙而已，不同的是，他是皇帝，所以大家就一致公推他为三品。

正文批判讨好尊官的行为，结尾由"尊官"跳升到皇帝。

例4. 章明《"吃运动饭"》

　　要说难处，恐怕只有这么一点：过去"吃白相饭"的朋友们有一种连鲁迅也以为"可敬"的地方，因为"他们还直直落落的告诉人们说，'吃白相饭的！'"。而"吃运动饭"的同志们就决没有这点坦率劲儿。不信，你要是对他们之中的一位当面指出："你是吃运动饭的。"他非跳起脚来骂你八代祖宗不可！

这个结尾，进一步将"吃运动饭"的与"吃白相饭"的加以对比，尖锐地指出"吃运动饭"者拒不认错、死不悔改的可憎面目。这层意思，前文并没有提到。

例5. 孙犁《谈妒》

　　项羽看见秦始皇，大言曰："彼可取而代之也。"猛一听，其中好像有嫉妒的成分。另一位英雄所喊的"帝王将相，宁有种乎？"乍一看也好像是一个人的愤愤不平，其实他们的声音是和时代，和那一时代的广大群众的心相连的，所以他们能取得一时的成功。

孙犁此文谈的是妒，而且侧重谈妒的危害。可是结尾提到项羽和陈涉的话，却并非顺着前文意思谈妒，而是改谈"不妒"了。

例6. 弘征《何好事之多磨》

　　当然，我并不是说年轻人在约会之时、新婚之夜就可以什么都不管，见火可以不灭，见死可以不救。不，绝不是这个意思。我想的是，为什么事情偏偏这么凑巧，不迟不早都在这时发生，这未免使人感到有点那个……作家们要写青年们的高贵品质、社会主义的劳动热情、英雄的行为等等，在他们生活中何处不可表现，为什么一定要借用这样的时刻来加以"突出"呢？生活就是这样简单吗？这难道就是给年轻人的"生活的教科书"吗？

弘征此文是针对当时一些程式化的爱情题材的文章而作的，作者对于当时一些写爱情的文章动不动就写恋人约会时甚至新婚之夜公而忘私这样千篇一律的模式提出疑问。结尾处笔锋一转，声明自己"并不是说年轻人在约会之时、新婚之夜就可以什么都不管，见火可以不灭，见死可以不救"，这样就预先堵住了论敌可能的攻击。最后又以三个问句结束，引人深思。

例7. 邵燕祥《说"寂寞"》

> 话说回来，生活有自己的辩证法，没有寂寞也就没有人生。然而我愿今天人人各得其所，各得其心之所安，而都能不觉寂寞；也愿一时的寂寞能使人奋发，使人清醒；更愿甘于寂寞者专心致志，却不致从与世无争沦于容忍恶行；但愿不甘寂寞者能爱惜自己的羽毛，并且不损害别人。

前文谈寂寞，侧重寂寞的负面意义。结尾时则把话"说回来"，指出寂寞存在的合理性——"生活有自己的辩证法，没有寂寞也就没有人生"，然后提出正确的寂寞观。

前面列举了三类结尾方式，意图不在束缚创作者的思维，而是提供一个基本的范式。同时，我们必须知道，因地制宜，灵活结尾，是优秀文章的基本要求。

例如：夏衍《"废名论"存疑》

> 这种废名论的理论根据，据说第一是为了整齐，为了"统一"；第二是因为旧时代的名称都有封建性。那么，像福建、安徽这一类省名，宛平、长治这一类县名，也都应该废名排号了吧。我设想若干年后，人们的履历表将如下式：
>
> 姓名：王十七。
>
> 籍贯：第五省、第三十八县、第二二六乡。
>
> 学历：第十一省第九十八中学毕业。
>
> 职业：第十五省第九市第三副食品商店第七门市部经理。

这篇文章的结尾独出心裁，作者不像一般议论文那样在结尾进行集中议论，而是轻轻宕开去，运用归谬的办法，设想了一个荒唐的履历表，此外不发一言。读者看到这个履历表，于会心一笑中，自然明白了作者的褒贬之意。

第五章

思路的延展

写作需要构思，构思涉及文章的方方面面，其中最重要的一项工作是确定思路。有了思路，就可以大大松一口气，因为文章的"架子"搭起来了，剩下的只不过是完善细节。尤其是在争分夺秒的考场中，思路的延展是否通畅、快捷，至关紧要，成败攸关。

第一节 议论文的基本思路

"思路"这个概念，叶圣陶先生曾做过阐释："思路，是个比喻的说法，把一番话、一篇文章比作思想走的一条路。思想从什么地方出发，怎样一步一步往前走，最后达到这条路的终点，都要踏踏实实摸清楚，这就是注意思路的开展。"

思路展不开，结构就难以形成；思路不清晰，结构就易致混乱。所谓"构思"，力气往往是下在拓展思路上。

议论文的基本结构，有各种说法，例如"总—分—总""是什么—为什么—怎么做""引（引述原材料）—提（提出中心论点）—联（联系实际）—析（分析议论）—结（总结全文）"等，各有其道理。

本书在这里提供一个基本思路，供初学者借鉴。这一基本思路由"引—提—论—结"四步骤构成，其中"论"部分又可分为 三个环节——基础性论述，补充性论述，针对性论述。下面以表格的形式加以说明：

步骤	对应内容			解决问题
引	引述材料，揭示论题，说明这次写作的因由			回答"因何而论"
提	提出本文主要论点			回答"有何高见"
论	分解论点，展开具体论述	论①	基础性论述：立足一般，论说常理	回答"何以见得"
		论②	补充性论述：查漏补缺，避免片面	
		论③	针对性论述：结合个例，联系现实	
结	总结全文，强化论点			收束完篇

"论"部分的三个环节,"论①"是基础,"论②"集中体现了辩证分析,有效地"堵上"了论点存在的漏洞,"论③"体现了时代性和现实意义。有些文章这三个环节很齐全,有些文章则未必面面俱到,而且这几个环节的先后次序也不固定。

例如2015年新课标全国I卷(大学生小陈举报父亲在高速公路上打电话),假如你是支持小陈做法的,就可从以下三个方面展开论述:①重点论述如何对待亲情与法律的矛盾,这是"基础性论述";②强调遵守法律并不是认为亲情不重要,这是"补充性论述";③具体分析小陈的做法和这一问题在今天的重要性,这是"针对性论述"。

再如邓拓《不求甚解》一文,先引用《五柳先生传》中"好读书,不求甚解;每有会意,便欣然忘食"的做法,指出"这是古人读书的正确态度,我们应该虚心学习,完全不应该对他滥加粗暴的不讲道理的非议"。又引用王粲的《英雄记钞》中诸葛亮与徐庶、石广元、孟公威三人读书方式的区别——"三人务于精熟,而亮独观其大略",指出"诸葛亮比徐庶等人确实要高明得多,因为观其大略的人,往往知识更广泛,了解问题更全面"。到这里是"论①"的范围,作者的主要观点已经表达清楚了。接下来,作者又写道:

> 当然,这也不是说,读书可以马马虎虎,很不认真。绝对不应该这样。观其大略同样需要认真读书,只是不死抠一字一句,不因小失大,不为某一局部而放弃了整体。
>
> 宋代理学家陆象山的语录中说:"读书且平平读,未晓处且放过,不必太滞。"这也是不因小失大的意思。所谓未晓处且放过,与不求甚解的提法很相似。放过是暂时的,最后仍然会了解它的意思。

作者提倡"不求甚解"的读书态度,但是,他在表达完自己的主张后,又紧接着做了补充说明,一是强调不能将"不求甚解"误解为"读书可以马马虎虎",二是强调"放过是暂时的,最后仍然会了解它的意思",这就避免了读者误解自己的主张。这些内容就是"论②"。这篇文章没有特别针对现实来谈。

现在来"尝试"一下表格中显示的基本思路。例如这样一道作文题：农村居民冬天用煤炉取暖，容易发生一氧化碳（煤气）中毒事故。为了防止这样的悲剧发生，甲乙两位村长都采取了措施。甲村长的办法是召开大会，反复提醒村民"当心煤气中毒"；乙村长的办法是挨家入户检查煤炉的质量和房间通风设施。请你就这两位村长的做法写一篇评论。

依照上面的基本思路，写作时不妨列出如下提纲：

步骤	对应内容		解决问题
引	为了应对煤气中毒，两个村长都做了工作，哪个村长的工作更有价值呢？		回答"因何而论"
提	答案不难确定，甲村长流于空谈，乙村长却是致力于落实。一件事能不能干好，关键不在于嘴上说怎么干，而在于扎扎实实去行动		回答"有何高见"
论	论①	论述实干的意义和空谈的害处	回答"何以见得"
	论②	避免片面性，补充论述强调实干并不等于否定说的价值	
	论③	联系现实，结合两位村长的做法，谈今天在基层工作尤其需要实干精神	
结	总结全文，强化论点——关键是落实		收束完篇

这样列出的结构简洁明了，便于理解，不过实际写作要复杂得多，存在许多变化。例如"联系现实"，既可以在主体部分的"论"中，也可以放在结尾处。

议论文的"引""提""结"三部分如何写相对"稳定"，篇幅也比较短小，对于训练有素的考生来说构思起来不算太难。（具体写法参见本书第四章"开头""结尾"两部分相关内容）比较困难的是"论"的部分，这是文章的主体，篇幅远比"引""提""结"长，内容远比"引""提""结"复杂。如何细化这一部分的思路，做到既从整体上确定结构，又在具体段落中快速延展思路，这是一个严峻的挑战。

"论"部分延展思路的过程，在大多数情况下也是"找理由"的过程。有些理由比较容易想到，有些理由则需要搜肠刮肚，绞尽脑汁。初学写作者，应当努力培养找理由的意识。

例如要写一篇"青少年应当少看电视"的文章，为什么要少看电视呢？你能找到多少理由呢？有一篇文章叫《砸烂电视的十个理由》(《新周刊》1999年总第63期)，作者列出了"砸烂电视"的十个理由：①它把你的大脑当垃圾桶；②它把你的口袋当提钱柜；③它把你的情感当拉面；④它是你欲望的催生剂；⑤它把你的家变成监狱；⑥它把你的家人变成"敌人"；⑦它把你的大脑当别人思想的跑马场；⑧它是你孩子的教唆犯；⑨它是你时间的"小偷"；⑩它是你多种疾病的根源。

每一个理由同时又是一个分论点，都有自己的"理由"。找到的理由足够证明你的观点了，文章也就基本成功了。

例如关于理由⑦，作者是这样写的：

有个恐怖片(不知叫什么名字)，说的是在某个城市中，人们在广告"狂轰滥炸"式的劝导下，大吃特吃一种叫"食得乐"的白浆，最后身体和思维都被这种白浆所控制，并且成为它的帮凶劝说更多的人吃。这种"食得乐人"被枪打中时流出来的不是血而是白浆。其实，人们在催眠状态下无保留地接受电视给予的一切，就会跟吃"食得乐"一样，最终也变成"电视人"，电视渐渐把你的思维换上它的"瓢子"，你成了它的教民。

现在的电视是没有对话渠道的，永远是"它说，你听"。电视是个超级布道者，整晚都在听它喋喋不休说教，没有你插嘴的份儿。思考是上苍给予人的天分，而电视则让你思维退化。

说电视能教你学习知识那是昏话。书本、报刊不管编得如何至少是在人的控制之下，你可以随意翻看，而电视是不允许你从后往前看的，电视的视觉轰炸甚至不容你有思考的间隙。每当打开电视，你便进入一种催眠状态，你的大脑便成了人家的"跑马场"。与此同时，你沦为一只只会接受感官刺激的"巴甫洛夫狗"，一只手拿遥控器、翻捡垃圾的狗。你被完全控制了。

从理论上说，理由找得越多越好，但文章有字数限制，不是每一个理由都可用到文章中，而应考虑整体论证效果。一方面，提出的理由涉及的面越广、层次越多、方法越多样，论证的力量也越大；另一方面，提出的理由越有针对性、越切中要害，论证越具有说服力。基于对这两点的考虑，我们要注意：一方面，雷同或相近的理由，在同一个层面上的理由，不宜过多；另一方面，不是根本原因、不属核心理由的可以不要。例如在上面十大理由的基础上，我们写一篇"离电视远一些，离书近一些"的文章，就应当侧重从青少年成长的因素来考虑电视的危害、读书的益处。

本书第三章讲述的论证方法，其实也可看作是延展论述思路的方法。下面三节尝试从联想的方式入手来考察议论文思路的延展方式。

第二节　属种式延展

　　属种式延展其实是通常所说的"总分式"与"并列式"的"合体"。由属概念拆分为种概念是"总分"，拆分出的种概念之间的关系是"并列"。这里采用"属种式"这一说法，是为了更好地理解这种延展方式。

　　同一个属概念包含多个种概念，例如"词典"这一属概念就包含"现代汉语词典""古代汉语词典""牛津英语词典"等种概念。把议论文的中心论题视作属概念，其分论题就可以视作种概念。例如要论证"劳动是光荣的"，就可以将属概念"劳动"拆解成种概念"体力劳动""脑力劳动"，从而形成分论点：体力劳动是光荣的；脑力劳动是光荣的。再如要论证"文学的价值是不容忽视的"，就可以将属概念"文学"拆解为种概念"诗歌""小说""戏剧""散文"，从而形成分论点：诗歌的价值不容忽视；小说的价值不容忽视；戏剧的价值不容忽视；散文的价值不容忽视。

　　中学课本中的议论文，其论点的拆解，不少是运用这一思路的。现举例如下：

篇目	属概念（中心论题）	种概念（分论题）
《六国论》	六国	赂秦之国
		不赂秦之国
《反对党八股》	党八股	第一条：空话连篇，言之无物
		第二条：装腔作势，借以吓人
		第三条：无的放矢，不看对象
		第四条：语言无味，像个瘪三

篇目	属概念（中心论题）	种概念（分论题）
《反对党八股》	党八股	第五条：甲乙丙丁，开中药铺
		第六条：不负责任，到处害人
		第七条：流毒全党，妨害革命
		第八条：传播出去，祸国殃民
《在马克思墓前的讲话》	贡献	作为科学家的贡献
		作为革命家的贡献

以上是就整篇文章而言，其实，文章局部也常常会运用这种思路来展开论述。以高中课文为例，《劝学》中论述"君子善假于物"时，作者将"物"分解为"高"、风、舆马、舟楫；《谏逐客书》中论述"客卿有益于秦"时，作者将"客卿"分解为缪公重用的客卿（由余、百里奚、蹇叔、丕豹、公孙支）、孝公重用的客卿（商鞅）、惠王重用的客卿（张仪）、昭王重用的客卿（范雎）；《谏逐客书》中论述"外国的宝物有益于秦"时，作者将"外国的宝物"分解为昆山之玉、明月之珠、太阿之剑、纤离之马、翠凤之旗等约20类；《谏太宗十思疏》最后一段论点是"君人者多多反思"，作者将君主该有的反思分解为"见可欲则思知足以自戒""将有作则思知止以安人""念高危则思谦冲而自牧""惧满溢则思江海下百川"等10类。

刘瑜《素什么质》一文要论证"中国人素质并不低"这样的观点，就把核心概念"素质"拆解成"文化水平""合作精神""规则意识"等各项素质，然后分别论述，依次得出"可见中国人的文化水平怎么也不算很低""很难说中国人基因里缺少凝聚力""规则意识这种'素质'也不是一遇到中国人就发生排异反应"等结论，综合评判，得出中国人素质并不低的结论。

例1. 季羡林《不完满才是人生》

每个人都争取一个完满的人生。然而，自古及今，海内海外，一个百分之百完满的人生是没有的。所以我说，不完满才是人生。

关于这一点，古今的民间谚语，文人诗句，说到的很多很多。最常见的比如苏东坡的词："人有悲欢离合，月有阴晴圆缺，此事古难全。"南宋方岳（根据吴小如先生考证）诗句："不如意事常八九，可与人言无二三。"这都是我们时常引用的，脍炙人口的。类似的例子还能够举出成百上千来。

这种说法适用于一切人，旧社会的皇帝老爷子也包括在里面。他们君临天下，"率土之滨，莫非王土"，可以为所欲为，杀人灭族，小事一端，按理说，他们不应该有什么不如意的事。然而，实际上，王位继承，宫廷斗争，比民间残酷万倍。他们威仪俨然地坐在宝座上，如坐针毡。虽然捏造了"龙御上宾"这种神话，他们自己也并不相信。他们想方设法以求得长生不老，他们最怕"一旦魂断，宫车晚出"。连英主如汉武帝、唐太宗之辈也不能"免俗"。汉武帝造承露金盘，妄想饮仙露以长生；唐太宗服印度婆罗门的灵药，期望借此以不死。结果，事与愿违，仍然是"龙御上宾"呜呼哀哉了。

在这些皇帝手下的大臣们，"一人之下，万人之上"，权力极大，骄纵恣肆，贪赃枉法，无所不至。在这一类人中，好东西大概极少，否则包公和海瑞等决不会流芳千古，久垂宇宙了。可这些人到了皇帝跟前，只是一个奴才，常言道：伴君如伴虎，可见他们的日子并不好过。据说明朝的大臣上朝时在笏板上夹带一点鹤顶红，一旦皇恩浩荡，钦赐极刑，连忙用舌尖舔一点鹤顶红，立即涅槃，落得一个全尸。可见这一批人的日子也并不好过，谈不到什么完满的人生。

至于我辈平头老百姓，日子就更难过了。建国前后，不能说没有区别，可是一直到今天仍然是"不如意事常八九"。早晨在早市上被小贩"宰"了一刀；在公共汽车上被扒手割了包，踩了人一下，或者被人踩了一下，根本不会说"对不起"了，代之以对骂，或者甚至演出全武行；到了商店，难免买到假冒伪劣的商品，又得生一肚子气……谁能说，我们的人生多是完满的呢？

再说到我们这一批手无缚鸡之力的知识分子，在历史上一生中就难得过上几天好日子。只一个"考"字，就能让你谈"考"色变。"考"者，考试也。在旧社会科举时代，"千军万马独木桥"，要上进，只有科举一途，你只需读一读吴敬梓的《儒林外史》，就能淋漓尽致地了解到科举的情况。以周进和范进为代表的那一批举人进士，其窘态难道还不能让你胆战心惊、啼笑皆非吗？

现在我们运气好，得生于新社会中。然而那一个"考"字，宛如如来佛的手掌，你别想逃脱得了。幼儿园升小学，考；小学升初中，考；初中升高中，考；高中升大学，考；大学毕业想当硕士，考；硕士想当博士，考。考，考，考，变成烤，烤，烤；一直到知命之年，厄运仍然难免，现代知识分子落到这一张密而不漏的天网中，无所逃于天地之间，我们的人生还谈什么完满呢？

灾难并不限于知识分子，"人人有一本难念的经"，所以我说"不完满才是人生"。这是一个"平凡的真理"；但是真能了解其中的意义，对己对人都有好处。对己，可以不烦不躁；对人，可以互相谅解。这会大大地有利于整个社会的安定团结。

季羡林先生论证人生不完满，其思路是把"人生"分成"皇帝的人生""大臣的人生""老百姓的人生""知识分子的人生"，通过分论这些人的人生都不完满，来证明"人生不完满"这一论点。

例2. 梁衡《匠人与大师》

在社会上常听到叫某人为"大师"，有时是尊敬，有时是吹捧。又常不满于某件作品，说有"匠气"。匠人与大师到底有何区别？

匠人在重复，大师在创造。一个匠人比如木匠，他总在重复做着一种式样的家具，高下之分只在他的熟练程度和技术精度。比如一般木匠每天做一把椅子，好木匠一天做三把五把，再加上刨面更光，合缝更严等。但就算一天做到一百把也还是一个木匠。大师则绝不重复，他设计了一种家具，下一个肯定又是一个新样子。判断他的高下是有没有突破和创新。匠人总在想怎么把手里的玩意儿做得更多、更快、更绝；大师则早就不稀罕这玩意儿，而在不断构思新东西。

匠人在实践层面，大师在理论层面。匠人从事具体操作水平的上限是经验丰富，但还没从经验上升到理论。虽然这些经验体现和验证了规律，但还不是规律本身。大师则站在理论的层面上，靠规律运作。面对一片瓜地，匠人忙着一个一个去摘瓜，大师只提起一根瓜藤；面对一大堆数字，匠人满头大汗，一道接一道地去算，大师只需轻轻给出一个公式。匠人常自持一技，自炫于一艺，偶有一得，守之为本；大师视鲜花掌声为过眼烟云，新题层出，开拓不停。居里夫人把诺贝尔奖章送给小女儿当玩具，但是接着她又得了一个诺奖。

匠人较单一，大师善综合。我们常说一技之长，一招鲜，吃遍天，这是指匠人。大师则不靠这，他纵横捭阖，运筹帷幄，触类旁通，举一反三。因为凡创新、创造，都是在引进、吸收、对比、杂交、重构等大综合之后才出现的。当匠人靠一技之长，享一得之利，拿人一把，压人一筹时，大师则把这一技收来只作恒河一沙，再佐以砖、瓦、土、石、泥，起一座高楼。牛顿、爱因斯坦成为物理大师并不只因物理，还有更重要的数学、哲学等。一个画家，当他成为绘画大师时，他艺术生命中起关键作用的早已不是绘画，而是音乐、文学、科学、政治、哲学等。而成为一个社会科学方面的大师要求就更高，马克思、恩格斯是一部他们那个时代的百科全书，毛泽东则是当时中国政治、军事、文学的宝典。

这就是大师与匠人的区别。研究这个区别毫无贬损匠人之意，大师是辉煌的里程碑，匠人是可贵的铺路石。世界是五光十色的，需要大师也需要匠人，正如需要将军也需要士兵。但是我们必须承认这个世界需要人们有一个较高的追求目标。拿破仑说不想当将军的士兵不是好士兵。将军总是在优秀的士兵中成长起来的。当他不满足于打枪、投弹的重复而由单一到综合，由经验到理性，有了战役、战略的水平时，他就成了将军。鲁班最初也是一名普通木匠，当他在技术层面已经纯熟，不满足于斧锯的重复，而进军建筑设计、构造原理时，就成了建筑大师。虽然从匠人而成为大师的总是少数，但这种进取精神是人类进步、社会发展的动力。古语说：法乎其上，得乎其中；法乎其中，得乎其下。要是人人都法乎其下呢？这个社会就不堪设想。

我们可能在实际业绩上达不到大师水平，但至少在思想方法上要循大师的思路，比如力求创新，不要重复，不要窃喜于小巧小技，沾沾自喜。对事物要有识别，有目标，有追求。力虽不逮，心向往之。在个人有了这样一种心理，就会有所上进；在民族有了这样一个素质，就会生机勃勃；在社会有了这样一个氛围，就是一个创新的社会。

在属种式思路中，有一种常见的形式是在提出论点后，找出几个重要的标准作为立论的根据，分别加以论述。例如要论证"体育锻炼有益于健康"，先确定健康的几个主要标准，然后分别论述体育锻炼是否符合这些标准。这篇文章的思路正是如此，作者谈匠人与大师，目的在于提倡从匠人向大师发展的进取精神。文章第一段提出了"匠人与大师到底有何区别"的问题，针对这一问题，第二、三、四段分别从"重复与创造""实践与理论""单一与综合"三个标准来论述匠人与大师的区别，从而得出自己的结论。

第三节　对照式延展

　　事物间存在对立、矛盾的关系，思考问题时，常常由此"是"联想到彼"非"。由此"正"联想到彼"反"。这种思路，表现在论证上就是对比论证，以大家熟悉的中学课文为例：《劝学》中由骐骥想到驽马，由锲而舍之想到锲而不舍，由蚓想到蟹；《师说》中由古之圣人想到今之众人，由百工之人想到士大夫之族；《逍遥游》中由朝菌、蟪蛄想到冥灵、大椿，由彭祖想到众人……都是这样的思路。

例 1. 鲁迅《玩具》

　　今年是儿童年。我记得的，所以时常看看造给儿童的玩具。

　　马路旁边的洋货店里挂着零星小物件，纸上标明，是从法国运来的，但我在日本的玩具店看见一样的货色，只是价钱更便宜。在担子上，在小摊上，都卖着渐吹渐大的橡皮泡，上面打着一个印子道："完全国货"，可见是中国自己制造的了。然而日本孩子玩着的橡皮泡上，也有同样的印子，那却应该是他们自己制造的。

　　大公司里则有武器的玩具：指挥刀，机关枪，坦克车……。然而，虽是有钱人家的小孩，拿着玩的也少见。公园里面，外国孩子聚沙成为圆堆，横插上两条短树干，这明明是在创造铁甲炮车了，而中国孩子是青白的，瘦瘦的脸，躲在大人的背后，羞怯的，惊异的看着，身上穿着一件斯文之极的长衫。

　　我们中国是大人用的玩具多：姨太太，鸦片枪，麻雀牌，《毛毛雨》，科学灵乩，金刚法会，还有别的，忙个不了，没有工夫想到孩子身上去了。虽是儿童年，虽是前年身历了战祸，也没有因此给儿童创出一种纪念的小玩意，一切都是照样抄。然则明年不是儿童年了，那情形就可想。

但是，江北人却是制造玩具的天才。他们用两个长短不同的竹筒，染成红绿，连作一排，筒内藏一个弹簧，旁边有一个把手，摇起来就格格的响。这就是机关枪！也是我所见的惟一的创作。我在租界边上买了一个，和孩子摇着在路上走，文明的西洋人和胜利的日本人看见了，大抵投给我们一个鄙夷或悲悯的苦笑。

然而我们摇着在路上走，毫不愧怍，因为这是创作。前年以来，很有些人骂着江北人，好像非此不足以自显其高洁，现在沉默了，那高洁也就渺渺然，茫茫然。而江北人却创造了粗笨的机枪玩具，以坚强的自信和质朴的才能与文明的玩具争。他们，我以为是比从外国买了极新式的武器回来的人物，更其值得赞颂的，虽然也许又有人会因此给我一个鄙夷或悲悯的冷笑。

《玩具》一文，由外国儿童想到中国儿童，前者富有创造精神、进取意识，后者羞怯、文弱；由儿童玩具想到大人玩具，前者少而后者多；由江北人想到骂江北人的人，前者有坚强的自信和质朴的才能，后者徒作高洁之态而无创造之举。

例2.宋遂良《说"俗"》

"俗"究竟是个什么含义，似乎也难说得准确。苏东坡曾有诗云："宁可食无肉，不可居无竹。无肉令人瘦，无竹令人俗。"如果从字面上理解，似乎吃素的人，种点花花草草的人，就不俗了。所以现代人把大吃大喝的酒楼饭店栽上些竹子葡萄，装上些风车盆景，并给小包间取上一些诸如"秋月""映泉"或"素心斋""白云轩"一类的雅号，吃腻了肉，便弄些野味窝窝头来换换口味，酒足饭饱之后，左手捂着嘴，右手用一根竹签去剔牙，似乎都可以以雅冲俗，以雅掩俗，就不俗气了——苏东坡说的肯定不只是这个意思。这样论俗，并没有抓住它的要害。

"俗"的要害恐怕是和追名逐利争官要钱一类事相关的。孔子早就教导过读书人"不义而富且贵，于我如浮云"。在老子、庄子看来，红尘滚滚，天下人皆为名利所苦，争名于朝，争利于市，有几个人能了悟脱俗跳出名利圈子？于是，"人又谁能以身之察察，受物之汶汶者乎"（屈原），"田园将芜胡不归"（陶潜），"苟非吾之所有，虽一毫而莫取"（苏轼），便成为文人信守的根本。汉代有个叫郑崇的大官就自豪地向皇上说过："臣门如市，臣心如水。"看来，不为名利富贵所动，重视名节操守，保持人格独立和精神自由，应该是脱俗的要害。

这两段文字谈如何正确理解脱俗，前一段写没有抓住要害的理解，后一段写抓住要害的理解。两段文字一反一正，先否定，后肯定。

例3. 孙广远《固守尊严》

尊严不等同于身份，身份高不见得有尊严，身份低不见得没尊严；尊严不等同于财富，有财富不见得有尊严，没财富不见得没尊严；尊严不等同于本事，本事大不见得有尊严，本事小不见得没尊严；尊严甚至也不等同于知识，知识多不见得有尊严，知识少不见得没尊严。体面不是尊严，因为少却尊严也能赢得体面；威风不是尊严，因为少却尊严也能显出威风；自大不是尊严，因为少却尊严容易助长自大；虚荣不是尊严，因为少却尊严可能滋生虚荣。

尊严是什么？是灵与魂，骨与节，气与魄，道与德，是国格、人格与品格，是生命之结晶。"我善养吾浩然之气"是尊严；"富贵不能淫，贫贱不能移，威武不能屈"是尊严；"男儿自保黄金膝，除却梅花不拜人"是尊严；"不为五斗米折腰"是尊严；"横眉冷对千夫指，俯首甘为孺子牛"是尊严；"士可杀而不可辱"是尊严；而恃强凌弱、作威作福、颐指气使、横行霸道、狐假虎威、为虎作伥、仰人鼻息、低三下四、卖身求荣、苟且偷生等，都会尊严扫地。

这两段文字辨析尊严的真相，思路是先反后正。作者在第一段中用两组排比句否定了身份、财富、本事、知识、体面、威风、自大、虚荣这些容易被误以为尊严的东西，在第二段中又用两组排比肯定了什么是尊严。像这种先否定后肯定（不是什么，是什么）或先肯定后否定（是什么，不是什么）的思维方式，也是一种常见的对照式延展。

第四节　层进式延展

所谓"层进式"，是指由此内容到彼内容，话题、层次都有了明显的变换。常见的如由"是什么"到"为什么""怎么做"、由描述具体表现到分析问题实质、由提出问题到解决问题、由小问题到大问题、由浅层次到深层次、由局部到整体、由自然现象到人生哲理等。显然，相比前两种构思方式，层进式构思不但多了一种变化之美，而且增加了文章的丰富度和纵深感，使论证更充分、更深入。

这里所讲到的"层进式"并不仅仅指递进关系，还包括并不存在明显递进关系的话题变换、转折等。也就是说，层进式延展既包括由一个层次推进到另一个层次，也包括由一个问题变换到另一个问题。

以《师说》为例，以"古之学者必有师"这样的论断开篇后，先后谈了这样几个问题：（1）界定师的职责（"师者，所以传道受业解惑也"）。（2）指出从师的必要性（"人非生而知之者，孰能无惑？惑而不从师，其为惑也，终不解矣"）。（3）谈从师的标准（"无贵无贱，无长无少，道之所存，师之所存也"）。（4）指出当前存在的问题（"师道之不传也久矣"）。（5）进一步谈从师的标准（"弟子不必不如师，师不必贤于弟子"）。（6）交代写作缘起。这六个问题之间看不出有明显的递进关系，但又不是在一个层面上的并列分述。作者一个接一个地谈及这些问题，多层次多方面地论述了从师这个话题。

例1. 林放《"费厄泼赖"可以施行了》

①30年前，鲁迅先生写过一篇文章，叫做《论"费厄泼赖"应该缓行》。

②"费厄泼赖"的原意是：光明正大的竞赛，不要使用不正当的

手段。鲁迅先生所以认为这个办法"应该缓行"，是因为在30年前，我们还处在敌我斗争的时期。敌人对待我们根本就没有什么"费厄泼赖"，那末，我们也只有采取"即以其人之道还治其人之身"的办法来对付他们；如果不这样，对敌人也一味地"费厄泼赖"起来，那事实上就是对敌人的宽容，对自己的残酷。

③ 在对敌斗争中，采取"无情的打击""一棍子打死"的方针，是完全应该的。即使敌人变成落水狗，我们还应该加以"下井投石"的打击。就在今天，我们对于反动派还是要专政，不许他们乱说乱动。也还谈不到跟他们来个"光明正大的竞赛"之类的事情。

④ 但是今天国内的情况毕竟起了根本性的变化了。在处理人民内部的问题上，既有矛盾，也就有是非；有是非，也就有争论。然而这既是人民内部的事情，就根本不同于敌我的斗争。今天，就处理人民内部思想矛盾的意义上说，"费厄泼赖"是可以施行的。

⑤ "百花齐放，百家争鸣"，这就是我们的"费厄泼赖"。

⑥ 照顾大局，多说道理，与人为善，这便是我们的"费厄泼赖"。

⑦ 从团结出发，经过斗争，来达到团结的目的，这便是我们的"费厄泼赖"。

⑧ 在思想学术问题上，容许别人保留自己的意见，不要以"人多为王"，反对"一棍子打死"的办法，这便是我们的"费厄泼赖"。

⑨ 对批评、言论、争鸣、齐放的问题，只可动嘴，不可动手；对于坏书、坏戏、坏文章——即所谓"毒草"，应当具体分析，据理力争，但是不可以采取"不准革命"的态度对待犯错误的好人，这便是我们的"费厄泼赖"。

⑩ 最后，尽管教条主义的批评是比较地缺乏"费厄泼赖"的，然而我们对于教条主义也决不采取"即以其人之道还治其人之身"的办法；我们还是要跟他们说理，反对采取"请君入瓮"，以毒攻毒，以棍子回答棍子的报复办法；只辨是非，不计恩怨，这便是我们的"费厄泼赖"。

⑪ 条件成熟了，空气澄清了，"费厄泼赖"可以施行了。

前三段谈由来（交代本文是针对鲁迅的《论"费厄泼赖"应该缓行》一文而写的），解释"费厄泼赖"是什么，鲁迅的文章是怎么回事，其中第③段欲抑先扬，解说鲁迅的观点的合理性；第④段笔锋一转，谈今天国内情况发生了根本变化，因此"费厄泼赖"可以施行了，这就回答了"是什么"和"为什么"（为什么自己主张"费厄泼赖"可以施行了）；第⑤⑥⑦⑧⑨⑩段界定"我们的'费厄泼赖'"的具体内容——实质上回答了该怎么施行"费厄泼赖"的问题；最后一段重申论点。这篇文章，大体上比较完整地体现了"是什么""为什么""怎么做"这一思路。

例2.狄马《尊重人还是尊重人才》（有删节）

"尊重人才"是好事，比摧残人才强，但喊叫得过火了，我就觉得这话大可怀疑。人才固然应当尊重，但不是人才的人就不应该尊重吗？我觉得与其说"尊重人才"，还不如说"尊重人"。两种提法虽只有一字之差，但其中所关涉的理念却有本质的不同。我们为什么要提"尊重人才"？说到底，还不是因为社会普遍存在着不尊重人的现实，而不得不把"人才"从"人"中分离出来而加以特别保护。但如果一个社会在对待它的每一个成员时，不是把天赋的权利和尊严作为一个基本理念用法律的形式固定下来，而在碰到每一个人时，先盘算他是不是"人才"，然后决定"尊重"或"不尊重"，我就觉得这个社会过于势利。实际上，对人的尊重是一个完整的信仰理念，如果每一个人的权利和尊严都得到了尊重，那么，"人才"的权利和尊严自然就得到了尊重；反之，如果普通人的权利和尊严得不到尊重，那么，"人才"的权利和尊严也必然得不到尊重。

我曾在一次朋友聚会上听到这样一个故事：西部某省为了吸引外资，在一个城市里举行了盛大的酒会，结果被邀出席的德国某公司经理还未到场就愤然离去，原因是保安在门口殴打了一个上门混饭的老太太。事后，当记者问他对"保护投资者的利益"有何感想时，他迫不及待地说，你们应该首先保护"不投资者"的利益。我不知道这个德国公司经理说这话是基于什么考虑，但我知道，他的话一点没错，他懂得在一个群体内，人的自然权利被剥夺是遵循一个多米诺骨牌原理的。也就是说，当罪犯、白痴和蠢材的权利得不到保障时，守法公民、人才和天才的权利被剥夺也就指日可待了。

更何况什么是人才，从来就没有一个客观标准。在希特勒看来，爱因斯坦就不是"人才"，不然，不会把他赶出德国；在汉武帝看来，司马迁也不是"人才"，不然怎么会把他下狱宫刑？在斯大林看来，左琴科、阿赫玛托娃、索尔仁尼琴等一大批杰出的作家也不是"人才"，否则怎么可能把他们驱逐、流放，甚至迫害致死？

退一万步说，世界上即使真有一个全人类眼也不眨都相信的"人才标准"，还有一个标准由谁来掌握的问题。如果这个标准由刘备来掌握，那么，他一定会以诸葛亮为标本；如果由宋高宗来掌握，那么，他可能推举秦桧作典型；如果由武则天来掌握，那么，冯小宝和张宗昌兄弟肯定少不了擢升；当然，如果这个标准不幸落到了希特勒手里，那么，犹太人再聪明，也不会被提名……

更要命的是，人才的标准从来就是变化不居的。也就是说，在此时此地是人才，在彼时彼地就可能连"庸才"也不是。所以才有了淮阴侯"狡兔死，良狗烹；高鸟尽，良弓藏；敌国破，谋臣亡"的千古悲叹。

因而，我觉得必须把人自上天得来的生命、自由和追求幸福的权利，作为一种"绝对原则"接受下来。如果在保障每一个人的自由和尊严前面可以加上许多冠冕堂皇的条件，那么，这些条件就迟早有一天会变成迫害、奴役，甚至是杀人的借口，这大概是二十世纪留给人类的最沉痛的经验。

这篇文章对"尊重人才"的提法表达了质疑，其整体思路是层进式的。文章首段点出"尊重人才"这个口号背后隐含的理念，明确提出"与其说'尊重人才'，还不如说'尊重人'"。第二段借德国一个公司经理的话，进一步谈不尊重人的危害。第三段以"更何况"引出人才"从来就没有一个客观标准"这个分论点。第四段以"退一万步说"引出就算有统一的"人才标准"，那么这个标准"由谁来掌握"的问题。第五段又以"更要命的是"引出人才标准的"变化不居"问题。最后以"因而"引出结论。一千多字的一篇文章，居然层层翻新，几乎每一段都有变化，一步步将论述深入下去，给读者带来震撼。

需要说明三点：

1. 这三种方式的划分，只是为了便于构思时延展思路，不必过于推敲，以免胶柱鼓瑟。例如我们论证"提高公民素养很重要"，想到先"从小处说，有利于个人的发展"，再"往大处说，有利于国家乃至世界的发展"。这里的由"小处"到"大处"，既有着并列延展的特点，又有着层进的味道，不必非明确是哪种方式。

2. 这三种延展思路的方式往往是综合运用的。同一篇文章中，从整篇来说是这一种，但局部论述时又运用另一种。例如毛泽东《反对党八股》，就全篇来看是并列式的；但具体到其中某一股，又采用了层进式。

3. 议论文的思路必须明晰，始终瞄准中心论点，不得随意转换话题，偏离主题，否则文章就容易变得松散无力。譬如一个厨师接到在30分钟内做好一条红烧鱼的任务，那么，他接下来先做什么、后做什么，必然是服务于这个任务的。备料、清洗、烹调，环环相扣，全力以赴，才能把这道菜做好。假如他在洗鱼的环节，由水联想到园子里的花还没浇，于是放下鱼去浇花；在点火的环节，由火联想到烧伤，于是出门去药店买烧伤膏。等他再回到灶前，30分钟的时限已到，他的烹调工作只好草草收场。显然，他做的红烧鱼好不到哪里去。

第五节 关系型题目的思路

关系型题目，是指侧重于分析两个或多个对象之间关系的思辨型命题。高考作文题目中，涉及两个对象的如"坚硬与柔软"（2015年）、"虚拟与现实"（2016年）、"倾听读者的呼声与坚持自己的想法"（2019年）、"疫情中的距离与联系"（2020年）、"可为与有为"（2021年）等，涉及三个对象的如"树木·森林·气候"（1986年）、"语文素养提升的三条途径"（2016年）等。

不同对象之间的"关系"往往是复杂的，写作者对待它们的态度也是多样的，写作时不能面面俱到。倘若某些"关系"是老生常谈，自己说起来不痛不痒，那就不要谈；倘若某些"关系"与核心论点风马牛不相及，那就更不必谈。应该关注的是各种"关系"中最重要的部分。

尤其应当注意的是，关系型题目不能止于列述"关系"。辨析"关系"应当服务于论证自己的论点，而不是本末倒置，仅仅为了揭示"关系"而大谈"关系"；必须提出一个明确的统率全文的观点，论述"关系"的目的正是为了论证这个观点。

不同的"关系"有不同的写作思路，所以，遇到关系型题目，写作时首先要确定对象之间的"关系"，然后再考虑如何延展思路。

对于初学者来说，写作这类文章（以两个对象为例）时，大致可从以下几个方面拓展思路：（1）论述甲（是什么、有何意义等问题）；（2）论述乙（是什么、有何意义等问题）；（3）论述甲与乙之间的区别、矛盾性等；（4）论述甲与乙之间的联系、统一性等；（5）论述甲、乙之间转换的条件；（6）结合现实，回扣命题，强化核心观点。

以2019年浙江卷为例，试题针对作家写作提供了两种做法，一种是

"坚持自己的想法"，一种是"倾听读者的呼声"。假如确立的观点是"多倾听读者的呼声，但不能一味迎合，不可失去自己的独立性"，拟定的题目是"多倾听，还是多坚持"，那么在提出论点后，不妨这样展开思路：

明确论题	1. 界定"倾听"：所谓倾听，是指"倾听读者的呼声"
	2. 界定"坚持"：所谓坚持，是指"坚持自己的想法"，相信自己的选择，并坚守自己的信念
论述"多倾听读者的呼声"（略）	解释理由1：多倾听读者的呼声，是一个作家富有社会责任感的体现
	解释理由2：这也是一个作家认识自己、完善自己的必由之路，通过倾听来完善自己的想法，从而更好地坚持
论述"不一味迎合，不可失去自己的独立性"（详）	解释理由1："创作"意味着"独创"，这就要求作家不能一味迎合读者
	解释理由2：作家想表达的东西，未必符合读者的期待；而且，一个作家对应着众多读者，不可能都言听计从
结合现实，回扣命题，强化核心观点	正确的做法是倾听而不盲信盲从，坚持而不自负自闭。倾听众人的意见，汲取有益的成分，修订完善自己的想法，然后坚定不移地去创作出不同凡响的好作品

在这一构思中，"两者间的联系"合并到"为什么倾听读者呼声"这一项中，成为其中的一个原因；"两者间的矛盾"合并到"为什么不一味迎合"这一项中，也成为其中的一个原因。由于自己的核心观点侧重在"坚持"，所以，重心应放在论述坚持上。

再以"可为与有为"为例，第一段引述材料，提出观点："在如今这个大有可为的时代，我们应当大有为。"接下来的思路，可以这样展开：

论述"可为"	1. 界定"可为":"可为"就是可以有所作为,也就是说客观环境为一个人干一番事业提供了较好的条件
	2. 解释理由:如今是一个大有可为的时代。就国内而言,政治清明,社会安定,经济繁荣;就国际而言,竞争日趋激烈
论述"有为"	界定"有为":"有为"是指有所作为,在事实上有成就。这种成就,不仅仅指个人的收获,更应该指向对社会、对国家、对人民的贡献
"有为"与"可为"的联系	联系1:"可为"给"有为"提供了条件
	联系2:"有为"使"可为"成为现实
	引申1:不可为而强为,会带来危险
	引申2:可为而不为,会留下遗憾
"有为"与"可为"的区别	可为未必有为,二者之间还有一段距离
"可为"到"有为"的条件	实干
结合现实,回扣命题,强化核心观点	学习榜样,勇于担当,拒绝躺平,在中华民族伟大复兴的新征程中,成为一个大有为的人

　　应试作文追求精彩,同时又不能不综合考虑时间、字数。落笔前的构思,不可能"瘝寐思服"精益求精,确定后难免有这样那样的不足。它像一根拐杖辅助我们行文,我们依赖它,但不必完全遵从。在实际写作中往往会根据写作进度的快慢、文章内容的丰俭以及临时产生的灵感做一些调整,或者为了语义更连贯调整一下顺序,或者为了增加篇幅多举一个事例、多加一些评述,或者因为字数已经达到要求而删掉部分计划,或者突然想到某些内容而临时添加进去。总之,我们既要致力于更快捷、更流畅的写

作（以确保按时完篇），又要追求更合乎逻辑、更准确生动的表达。应试作文，就是在这种权衡中构思、写作的。

例如在"可为与有为"一题的写作中，如果突然想到孔子的"知其不可而为之"，并觉得很有价值，不妨穿插进去。例如可以在谈完"不可为而强为，会带来危险"之后，接着说：

> 当然，"不可为"也不是固定不变的，暂时看是"不可为"的，长远看也许"大可为"。例如孔夫子周游列国，宣扬儒家思想，在弱肉强食、战火纷飞的春秋时期，是"不可为"；然而孔子"知其不可而为之"，尽管生前未得实现抱负，却深深地影响了中国，站在漫长的历史角度看，他通过自己勤奋而顽强的"为"变"不可"为"可"，变"不可为"为"有为"，而且是"大有为"。由此观之，努力扎实的奋斗实干，是最关键的。"为之，则难者亦易矣；不为，则易者亦难矣！"

接下来继续依照原定计划论述"可为而不为，会留下遗憾"。如此，全文的衔接仍是连贯的。

对初学者来说，比较难把握的是如何论述不同对象的关系。对此，可多借鉴一下优秀文章中关于"关系"的论述。

例1. 商子雍《隐私权和透明度》

> 隐私权和透明度显然是两种完全对立的观念。按说，无论是何人何事，一旦完全透明便毫无隐私可言，而倘要保护隐私又不能达到透明。但在时下的中国，人们一方面呼吁必须尊重隐私权，一方面又主张应该增加透明度，这不是有点儿自相矛盾吗？
>
> 然而，只要您联系中国的实际深入地想一想便不难明白，前述那两种貌似矛盾的呼吁和主张，其实倒是完全切合我们的国情的。要知道，之所以要呼吁必须尊重隐私权，是因为有些人的隐私曾不怎么被甚或完全不被尊重，这些人大多是老百姓；同样，之所以主张应该增加透明度，是由于有些事曾不怎么甚或完全不透明，这些事多数系当官者所为。呼吁尊重隐私权着眼的是在下的民，主张增加透明度针对

的是在上的官。怎么样，这二者是并无矛盾的吧！

第一段侧重论述隐私权与透明度之间的矛盾，第二段侧重分析二者之间的统一性（并无矛盾）。说二者矛盾，是单就理论上具体到同一对象来论的；说二者不矛盾，是结合中国国情并分别针对民和官来谈的。

例2.人民日报《有利益考量，也要有理想情怀》（有删节）

"如今的青年怎么了"，近来，关于青春的话题持续引发社会热议。有声音批评，本是最富朝气锐气、最有权利做梦的年轻一代，不少人却陷入利益的羁绊，精致利己而老于世故，热衷实惠而耻谈理想。

对利益名正言顺的主张，让人人得享发展成果，"利益觉醒"可说是改革开放最重要的成就之一。马克思早有断言："人们奋斗所争取的一切，都同他们的利益有关"。刻意回避利益，岂止是陈腐迂阔，离开利益的齿轮，世界将空挡滑行。对个人也好，对社会也好，都如小平同志所言，"如果只讲牺牲精神，不讲物质利益，那就是唯心主义"。

但是，考量利益，并非让利益的追求绝对化。表面上看，精致的利益计较未必无益于社会的进步。相反，它有可能在短期内创造出经济奇迹。利益最大化的风轮，很容易鼓荡物质的城堡遍地开花。然而，这样的城堡却精神凋敝，缺乏良性演进的可能。只在意自己的人不会在意公共问题，只关心物质利益的人不会关心社会福祉。一旦利益的巨浪吞噬了理想情怀，我们的身边便会充斥利己主义的铁杆拥趸，责任能够淡忘、道德可以离席、灵魂容许出丑。

走出了"耻于言利"的时代，难道就一定要抛弃"时刻准备着"的理想？经历着"利益解放"的大潮，难道就一定要放弃"为了全人类"的信念？

就像文学家所说的那样，"理想有如晨星——我们永不能触到，却可以借着星光在人生海洋中远航"。确实，理想饥不可食，寒不可衣，不能帮我们找一个优厚的工作，领一份体面的薪水。甚至一个有理想的人，活在当下，会比别人更觉生存的困难与尴尬。但是人若没有了理想，生命将走向何方？……循着理想的星光，我们才能跳脱一己得失，眼界更远、胸怀更大，找到一个更持久、更深刻的生命出口。

"唯意志论"者固然举步维艰，只有利益的人生同样苍白无力，"喻于利"不是开启幸福的万能之钥，"喻于义"才能推开梦想的必然之门。构筑精神的高地、留存理想的底色，才有灵魂的原野郁郁葱葱，文明的河流碧波荡漾。这就是为什么写出《国富论》的亚当·斯密，更看重《道德情操论》，也是为什么社会的改革者，既需要现实主义的利益考量，更需要理想主义的勇气担当。

翻开历史，越是大发展、大变动的时代，越需要有超越个人、超越利益的理想。文艺复兴时代人文主义的执着信念，法国大革命中民主自由的热烈追求，20世纪初叶席卷世界的红色狂飙，都曾是导引时代前进的旗帜。在中国现代化的关键时刻，在"触动利益往往比触及灵魂还难"的当下，尤需在物质利益之外，多一份理想情怀。借用叔本华的一句话，它是对每个时代伟大事物的同一性和连续性的信心，是对一代代人的变化和衰退的抗议。

这篇评论前面侧重写利益考量的合理性，后半部分侧重写理想情怀。作者虽然将两者并提，视两者为并存关系，但是又有明显的倾向性。作者认为，在当下社会，两相比较，更需要理想情怀。后半部分在写理想情怀时，又常常兼顾利益考量，这就更有针对性，更严谨。

例3.陈四益《道与器》

形而上者谓之道，形而下者谓之器。我们中国的"上等人"一向重道而轻器，"下等人"则只管器而不大关心道。读书人要去做人上人，把闻道看得无比重要，而器呢，自有人下人一代代口口相传地做去。这情形，只要看中国论道之书汗牛充栋，而论器之书寥寥可数，就可以知其大概。中国是以农立国的，但自先秦至明，研究农事的著作，可称的也只有《齐民要术》等有限的几部，不少还因不受重视而亡佚了。到徐光启著《农政全书》，已是受了西方思想的影响了。

梁启超氏说，清代的学术，其研究方法已近于"科学的"。这是不错的。其对于已往以为神圣不可动摇之经书的怀疑精神，其于疑问的细密求证功夫，巨细必究，本末兼察，事事讲究证据，没有证据就不相信，有了证据还要反复查验，看它是否充足，都很接近于近代科学研究的方法。可惜的是清儒的细密研究功夫，还是都花到了论道上面，孜孜于经书的真伪乃至一音一义的考证，弄到最后，与器仍旧没有什么关系。

洎乎近代，因为西方的洋枪洋炮打了进来，这才觉得器不如人，但道还是我们自己的好。以中国之道，驭西洋之器，这就是"中体西用"了。重道轻器如故，器也依然不能进步，而道的争论却是很热闹的。主义呀、思想呀、理论呀，旗号满天飘舞。谁都想当圣人，谁都要弄一套主义，但不管什么主义，什么思想，鼓吹之际，天花乱坠，一到实行，仍旧停在嘴上的多而落在实处的少，所以中国还是中国。一场辛亥革命，说是什么主义的胜利，但照鲁迅的观察，不过革去了一条辫子，若再加一句，就是换了一批主子——专制依旧，愚昧依旧，下等人的生活也依旧。

道是不妨论的。但道若有用，必要有个着落。这着落就是器。体制也罢，机构也罢，程序也罢，法律规章制度也罢，都是器。孔夫子讲仁者"爱人"，孟夫子讲"仁政"，今人讲民主、讲法制、讲别的什么重要思想，都高妙之极。但若没有一套确能保证其施行的制度、法律、程序、监督体系，要言妙道也只是要言妙道。孔老先生说"我欲仁，斯仁至矣"，如果孔小先生说"我不欲仁"呢？事实上中国论孔孟之道两千多年，那美妙的"仁政"始终踪影全无。我们这个民族在论道上搞的花样、耗费的无谓精力实在已经太多，倒是扎扎实实在器上多下点气力的好。

这篇文章论述道与器的关系，开篇先对"道""器"做了极其简练的界定。由于文章预设的阅读对象以知识分子为主，这样界定没什么不妥；如果阅读对象改设为中学生，就应当再详细、通俗一些，否则学生不容易明白。文章题目虽然是道与器并列，但作者并不是泛泛论述二者关系，而是有一个核心论点，那就是最后一句话："我们这个民族在论道上搞的花样、耗费的无谓精力实在已经太多，倒是扎扎实实在器上多下点气力的好。"文章正是围绕这个论点构思的：第一段就指出知识阶层忽视"器"的倾向；第二、三段特别分析清代和近代仍然是重"道"轻"器"，以及这一做法带来的危害；第四段分析"道"与"器"的关系，指出"道"若有用，必须落实到"器"上，从而水到渠成得出结论。

第六章

议论的漏洞

议论文要求观点正确，论证严密，令人信服。但在实际写作中，即使是名家作品也很难做到无懈可击，初学者的文章更容易出现这样那样的问题。探讨议论的漏洞，明晓是非，知所趋避，大有意义。

第一节　观点问题

议论文的观点要旗帜鲜明，不能含糊其词，同时必须注意分寸。但是，有不少人把"旗帜鲜明"误作为绝对化，因而常常言过其实，偏颇不当。也有不少人把"辩证分析""注意分寸"误作为"模棱两可"。还有许多文章对核心概念把握不透，界定不当，观点因之而含糊不清。

一、片面夸大，观点绝对

著名语言学家王力在回忆自己的老师赵元任先生时，提到赵先生说过的一句话："言有易，言无难。"这六个字成为他的座右铭。（王力《怀念赵元任先生》）在学术问题上，断定一种现象存在比较容易，只需要举出一两个例子即可；可是要断定一种现象不存在就困难多了，因为你需要确保没有例外。

现实中的问题极其错综复杂，下结论时应当慎重权衡，避免"非黑即白""非友即敌""非善即恶"这样简单、粗率的看法。

学生习作为了突出自己论证的观点，常常会不顾实际地任意夸大。谈"习惯"，就说"习惯是一个人成功的最重要的因素"；谈"坚持"，也说"坚持是一个人成功的最重要的因素"；谈"勤奋"，又说"勤奋是一个人成功的最重要的因素"；谈"选择"，还说"学会选择是一个人成功的最重要的因素"……甚至于差别极大的成对立关系的概念，他也都照此模式硬着头皮下结论：谈"理论"，他就说"理论是一个人成功的最重要的因素"，谈"实践"，他又说"实践是一个人成功的最重要的因素"；谈"思"，他说"思是一个人成功的最重要的因素"，谈"学"，他又说"学是一个人成功的最重要的因素"；谈"个人努力"，他说"个人努力是一个人成功的最重要的因素"，谈"别人帮助"，他又说"得到别人帮助是一个人成功的最重要的因素"……这样的论断，是不符合实际的。

例1.

　　檐上水滴之力微不足道，但它却能穿透石块。这看似不可思议的事情正是由于坚持而变成了现实，想要获得成功，靠的也正是这种滴水穿石的精神。也许你觉得你的力量很小，但是只要你拥有了锲而不舍的品格，便没有征服不了的高山；也许你觉得你的头脑愚钝，但只要你拥有了坚韧不拔的毅力，便没有不可逾越的障碍。

坚持是成功的重要条件，这没有错，可以像《劝学》中那样说"锲而不舍，金石可镂"，因为这可以成为事实；但如果说"只要你拥有了锲而不舍的品格，便没有征服不了的高山"，"只要你拥有了坚韧不拔的毅力，便没有不可逾越的障碍"，显然太绝对化了。征服高山需要好多条件都具备才行，条件不允许，一味"锲而不舍"，甚至会失去生命的。任何障碍的逾越，都需要多种因素共同作用，绝不是只靠毅力。

例2.

　　著名科学家钱学森曾发问："为什么我们的学校总是培养不出杰出人才？"据统计，自中华人民共和国成立至2016年，在联合国4万多名工作人员中，中国人只有450位，其中的高级人才所占比例更是少得可怜。一个人口和教育大国，却培养不出优秀人才，原因何在？我想这是值得所有国人关注的问题。我以为，其中最重要的一个原因是我们缺失了对人的德行的塑造。

说"教育应重视德行"是对的，但是作者针对钱学森之问，把新中国培养不出杰出人才的最重要的原因归结为"缺失了对人的德行的塑造"，却夸大了德行的作用。钱学森所说的人才，据他的秘书涂元季说，主要指"科技帅才"，而这样的人才培养不出来，关键问题并不在于"缺失了对人的德行的塑造"。

例3.

　　习惯体现的是一个人灵魂的高度。从一个人的习惯，我们足以评价一个人。

习惯很重要，会影响人的发展，但是，说"习惯体现一个人灵魂的高度""从一个人的习惯，我们足以评价一个人"，就太夸大了。如果仅仅通过习惯就可以判定一个人，那么就不需要那么复杂的选拔人才的方式了。

例4.

> 在生活中，我们之所以会与快乐和幸福擦肩而过，是因为我们的心灵深处缺少了一种东西——一颗感恩的心。

不快乐、不幸福的原因是缺少感恩的心？这当然有可能，但显然不是唯一的答案。

例5.

> 奇迹总是在厄运中产生的。如果我们稍稍留意一下那些在人类历史上有过杰出贡献的人们，就会惊奇地发现，他们几乎无一例外地从幼时就遇到过不幸，遭受了很多的苦难。

无论"奇迹总是在厄运中产生"，还是"有过杰出贡献的人们……几乎无一例外地从幼时就遇到过不幸"，都是夸大偏颇之词。例如钱钟书、杨振宁、爱因斯坦等，毫无疑问是有过杰出贡献的人，却并非"从幼时就遇到过不幸"。

例6.

> 回顾中华文明史，但凡卓越的人才都有不凡的德行……然而进入新时代，许多基本的价值观似乎被磨去了光泽，人们只奔着钱去，所有对人的德行的要求都成了一张白纸。

说"卓越的人才都有不凡的德行"已经不尽符合史实，例如曹操，他的德行受到怀疑，但不能说他不算卓越的人才；说新时代"所有对人的德行的要求都成了一张白纸"更不符合事实，道德对人的约束力不可能全部失去。

二、界定不当，观点模糊

初学者写议论文，往往在"提出论点"后立即进入论证环节。该界定而不界定，或虽界定而界定不当，这些都影响了文章表达的清晰度，自然也就削弱了其说服力。

有道作文题要求以"人生需要经营"为话题写一篇议论文。在应考的近2000名考生中，只有不足百人对"经营"这一概念做了解释、界定。另一次考试中所给材料是这样一句话："理想信念就是共产党人的精神之钙，没有理想信念，理想信念不坚定，精神就会缺钙，就会得软骨病……要及时补钙壮骨。"要求以"缺钙与补钙"为题作文，这里的"钙""缺钙""补钙"显然是取其比喻义，写作时应当先界定明白，可是很多同学缺乏这种意识。

因界定不当导致观点模糊更是一个严重问题，这个问题又可分为两种。最为常见的一种是对核心概念缺乏透彻理解，界定不清，论述一个问题时"旁逸斜出"。在同一篇文章中，使用的概念和做出的判断必须保证其含义的明确和唯一。孙绍振教授曾批评一篇谈"热忱"的文章，全文反复抒写"青春的热忱""是知识的渴求"，"是渴望与奋斗的决心"，"是修养自身、不求闻达的君子儒"，"是'天下兴亡，匹夫有责'的社会责任感"，是"爱国情操"。这样的界定随意而草率，违背了同一律。（详见《孙绍振论高考语文与作文之道》）孙教授评论说：

> 文章逻辑混乱，主要原因是主题概念在行文过程中发生错乱。"热忱"本有相当确定的内涵，但是，作者几乎把与热忱邻近的美好词语通通塞了进去。热忱是人生态度，是奋斗的决心，是知识的渴求，还勉强可以归纳为意志上进层次，可是接下来的"爱国情操"则属政治范畴，而"不求闻达的君子儒"则是道德范畴，而且"不求闻达"是一种平静的心态，与热忱相去甚远……表面上文章从头到尾一直扣紧"热忱"，内涵却不是重复、断裂，就是偏离。作者对"热忱"的内涵不求确定的理解，对与热忱相近的观念不做起码的辨析，就眉毛胡子一把抓，鸡毛蒜皮一锅煮，令读者不能不产生一团乱麻之感。

在应试作文中，类似的问题普遍存在，应该予以高度重视。许多议论文爱用"某某是什么"的句式来分解论点，展开论述。采用这样的句式，如果对涉及的判断是否成立缺乏审查，就容易导致核心概念内涵的随意化、模糊化。例如有一篇作文题目叫《国之重器的启示》，文章在首段借鲁迅的话界定"国之重器"为"埋头苦干的人、拼命硬干的人、为民请命的人、舍身求法的人"，即"中国的脊梁"。接下来的三个分论点分别是这样表述的："国之重器是指那些善于抓住机会的人"，"国之重器是指那些有勇气的人"，"国之重器是指那些有眼光的人"。这样一来，"国之重器"的内涵就复杂多样，含糊不清了。如果我们说"那些善于抓住机会、有勇气、有眼光，而且对我们国家做出了巨大贡献的人，才称得上国之重器"，是不是好些？

另一种情况是对于"要么A要么B"，A、B不可共真的观点，不能明确表态，而是既肯定A又肯定B，或既否定A又否定B，立场忽而东忽而西，飘忽不定。这样空泛地强调事物的两面性，忽视在具体条件下对是与非的辨析，可导致观点的模糊化，甚至给人出尔反尔、自相矛盾的不良印象。例如有一篇名为《规则与道德》的文章谈到规则时，前文说："什么是规则？是白纸黑字的法律条文，还是七大章八大节的校规？应该不是这些。"后文却又说："当道德不足以约束人们的行为时，规则将会适时地补上这个漏洞……美国却专门制定法律，要求你先把自家门前的雪扫干净了再说，至少不能让路人因为你家门前的积雪而滑倒。这就是有道德的底线——规则存在的社会。"前后明显矛盾。

例1. 考生作文《在铭记与忘记的两岸》

席慕蓉说："生命是一条奔流不息的河，我们都是那个过河的人。"在生命之河的左岸是忘记，在生命之河的右岸是铭记。我们乘坐着各自独有的船在左岸与右岸穿梭，才知道——忘记该忘记的，铭记该铭记的。

行走在人生路上，我们笑看窗外花开花落、叶枯叶落，静观天外云卷云舒、风停风起。在路上，我们经历着太多太多悲喜交集的事，在生命之河的航行之中，我们学会了忘记该忘记的悲欢之事，学会了铭记该铭记的点点滴滴。

东坡披发仰天大呼"大江东去",他面临的那些烦心琐事顷刻之间沉入滚滚波涛之中,消失得无影无踪。壮阔的滔滔江水让东坡选择忘记,忘记那些失意、悲伤,忘记那些仕途的不得意。陶潜伴着"庄生晓梦迷蝴蝶"中的翩翩起舞的蝴蝶在东篱之下悠然采菊。面对南山,渊明选择忘记,忘记那些官场的丑恶,忘记自己遇到的所有不快。这是心灵的选择,这是过河人在"河"的两岸所做出的明智的选择,这更是明智的"摆渡"。

人们在河的左岸停留着,在这之外,同样又有在右岸快乐生活的人们。

坐在池边亭下泪流满面的独酌的易安居士,用她的文字告诉我她永远铭记着这一生之中所经历的点点滴滴,那是她在"争渡"途中所做出的选择。海子用"面朝大海,春暖花开"告诉我"从明天起"他将记住所有的人生之"水",因为那是他用于"浇灌"他的"花儿"的"玉露"。三毛用她的文字永远地记住了撒哈拉的灵魂。凡·高用《向日葵》永远记住了他的"船"……

这些是生命之河两岸的人生,这是忘记与记忆的选择。风吹起花瓣如同阵阵破碎的童年,决荒的古乐诠释灵魂的落差,躲在梦与记忆的深处,听花与黑夜唱尽梦魇,唱尽繁华,唱断所有记忆的来路,由分明的笑和谁也不知道的不分明的泪来忘记该忘记的不快和琐碎,来铭记该铭记的深刻与永恒。

"茕茕白兔,东走西顾。衣不如新,人不如故。"航行于"生命之河"中,坐在自己独有的船上,知道——忘记在左,铭记在右,中间是无尽穿梭!

这是针对2005年全国Ⅲ卷要求(以"忘记与铭记"为话题写作)而写的一篇"满分作文"。对于这篇文章存在的问题,余党绪先生指出(详见余党绪《议论文写作新战略》):

问题在于:到底什么才是"该忘记的",什么才是"该铭记的"呢?从逻辑上说,这是本文展开论证的起点,是文章必须首先要界定的两个概念。如果不能界定"该忘记的"和"该铭记的"具体内涵，不能给出一个铭记与忘记的标准，只是反复强调铭记"该铭记的"，忘记"该忘记的"，这样的同语反复等于什么也没说。文章使用了大量文化名人的事例。苏轼、陶潜、易安居士、海子，还连带上了三毛与凡·高，但是，对于"该铭记的"和"该忘记的"具体内容，文章始终不能给出明确的判断。对于"该忘记的"内容，文章借苏轼、陶潜等例证，算是做了一个比较明确的界定，那就是"失意、悲伤""仕途的不得意""官场的丑恶""自己遇到的所有不快"，总之就是那些不愉快的、不成功的、不顺利的人生经历或者社会的黑暗面。而对于"该铭记的"内容，则自始至终都是闪烁其词，语焉不详，让人捉摸不透。

余先生分析得极是，这篇"满分作文"，华丽的语句下，其实是内容的空洞与观点的含混不清。表现在行文上，就是缺乏必要的界定。

例2.考生作文《欲成其事，必先利器》

　　器，能助人成事，有利器，方成匠心之作。新时代的广大青年学子，是祖国未来事业的建设者和接班人。从这个角度看，他们就是国之利器！

　　有个成语叫暴虎冯河，讲的是有勇无谋的人徒手上阵打老虎，过河的人不借助马和船之类的工具，这是愚蠢的行为。荀子说："假舆马者，非利足也，而致千里；假舟楫者，非能水也，而绝江河。君子生非异也，善假于物也。"不善于借助器物，就不是真正的智者。习近平总书记指出，办好中国的事情，关键在党，关键在人，关键在人才。要聚天下英才而用之，真诚关心人才、爱护人才、成就人才，激励广大人才，为实现"两个一百年"奋斗目标、实现中华民族伟大复兴的中国梦贡献聪明才智。可见，国家需要人才，祖国需要我们这些未来的国之利器。

　　欲成其事，必先利器。人们常说："磨刀不误砍柴工。"它说的就是这个道理。青年朋友怎么样去打造利器，怎么样才能成为利器呢？

利其器，首先要热爱祖国，要立鸿鹄志。中国历史上，不乏立下鸿鹄之志的名人。岳飞小时候，他的母亲就在他的背上刺下了"精忠报国"四个字，希望他长大以后，为国争光，成为栋梁。凡事预则立，不预则废。果然，岳飞以国为重，抗金杀敌，高呼"还我河山"，成为一代名将，名垂青史。马克思在自己的文章《青年在职业选择时的考虑》中写道："人们只有为同时代人的完美、为他们的幸福而工作，才能使自己也达到完美。"马克思从小就立下了鸿鹄之志，从而取得了不凡的成就。所以，当代青年首先要立志、励志，才有成为利器的可能。

利其器，其次要做奋斗者，不怕困难，勇于开拓。立下了志向，就要去实施和奋斗，否则就会成为空想和幻想。古人或凿壁偷光、悬梁刺股，或卧薪尝胆、闻鸡起舞，无不是奋斗的佳话。近代人如鲁迅先生就是一个不怕困难、善于磨砺自己的典型。他在江南水师学堂读书时，因考试成绩优异，学校奖给他一枚金质奖章，他没有沾沾自喜，而是将这枚奖章卖掉了，然后买了几本书和一串红辣椒。在晚上寒冷时，他边吃辣椒驱寒边读书。就这样，他最终成为文学巨匠。

利其器，还要求真学问，练真本领。当代青年正处于学习的黄金时期，更要掌握真本领，成为货真价实的利器。否则青年人将来只能成为沽名钓誉、投机倒把、滥竽充数、祸国殃民的社会败类。

江山留胜迹，我辈复登临。广大青年生逢其时，只有今日铸利器，方能他年展雄才。

这篇文章是 2018 年天津卷的答卷。原题中给的材料是：

生活中有不同的"器"。器能盛纳万物，美的形制与好的内容相得益彰；器能助人成事，有利器方成匠心之作；有一种"器"叫器量，兼容并包，彰显才识气度；有一种"器"叫国之重器，肩负荣光，成就梦想……

在这则材料中，各个"器"的内涵是不同的。确定论点时，应该先确定谈哪一种意义上的"器"，这样题旨才明确，论述才集中。可是这篇文章的作者，缺乏这样的意识，没有界定好自己谈的器"是什么"。在第一段中，作者先说"器，能助人成事，有利器，方成匠心之作"，这里的"器"当指器具、工具。可是作者接着说"新时代的广大青年学子，是祖国未来事业的建设者和接班人。从这个角度看，他们就是国之利器！"这里的"器"忽然变成了青年人。这就违背了同一律。

这样的问题几乎贯穿全文。例如第二段，当作者说"有个成语叫暴虎冯河……不善于借助器物，就不是真正的智者"时，这里的"器"是取"器具、工具"义。当他说"国家需要人才，祖国需要我们这些未来的国之利器"时，"器"又换成了"人才"。

第三段首句"欲成其事，必先利器"，一般读者会以为这是化用"工欲善其事，必先利其器"，看作者紧跟着的"人们常说：'磨刀不误砍柴工。'"一句，也在印证这一理解。可是，接下来作者的论述——"青年朋友怎么样去打造利器，怎么样才能成为利器呢？"却又将"器"界定为了"人"。作为核心论证部分的四、五、六三段，都以"利其器"开头，可是，这里所谈的，都不是"把自己所用的工具磨锋利"，而是"使自己成为利器"。

作者就这样摇来摆去，随意地变更"器"的具体含义，观点自然也就变得模糊不清。

例3.考生作文《谈意气》

"千磨万击还坚劲，任尔东西南北风"，是青翠的竹在向你昭示着它的意气，昭示着一种贯穿生命的不屈与坚韧；"不爱沙滩擢贝子，扬帆击楫戏中流"，是浪顶峰尖的弄潮儿在向你昭示着他的意气，昭示着一种蓬勃于血脉中的勇敢和无惧；"仰天大笑出门去，我辈岂是蓬蒿人"，是骄傲的行者在向你昭示着他的意气，昭示着一种托起生命、托起希望的坚定的信心。

意气，生命的支撑，成功的基石。

充满意气的人是坚韧不屈的，他们不畏风霜，不畏冷雨。还记得"黑色羚羊"鲁尔·玛道夫吗？有谁能想象一个曾经身患小儿麻痹症、连走路都很艰难的小女孩如今却站在辉煌的奥运领奖台上享受着王者的荣光？然而她的确做到了，她用一次次的跌倒与一次次的努力艰辛地铺就了自己走向成功的路。这路上的障碍与荆棘，也许多得无法想象。可是，充满着意气的她，何曾有过丝毫的退却？意气成就了她，也向世人宣告，坚韧的生命是如此伟大。

充满意气的人是勇敢不惧的，他们不怕牺牲，勇往直前，在生命中奏出壮烈，奏出辉煌。人人都无法忘记那个风雨如晦的年代，当日寇的铁蹄在神州大地上肆虐时，到处都是悲伤，遍地都是苦难，然后就在一个叫蕴藻滨的不起眼的小村庄，八百抗日勇士身捆炸药，全身浇满煤油冲入了敌营。随着一声声巨响传来，战士们的碧血染红了养育他们的土地。那一场战役没有一人生还，然而他们走得如此轰烈！历史不会把他们遗忘，因此这场战役被世界称为中外战争史上的奇迹；我们不会将他们遗忘，因此当我们追忆他们时仍会热泪盈眶。这群充满意气的可敬的英雄，勇敢地奏响了生命的华章。

充满意气的人是自信乐观的，人生几多风雨，几多阴霾，他人只见乌云蔽日，他们却总能拨开云雾看见明媚的阳光。我不禁想起了林肯，八次竞选八次失败，两次经商两次失败，其间还精神崩溃过一次。似乎在这几十年中，他一直在失败中度过。然而充满意气的人面对命运的玩笑始终不会放弃心中坚守的信念，于是最后一次，他成功了。一个分裂的国家在他的手中合二为一，美国的经济再次腾飞。坚定信念，厚积薄发，方能九天揽月，深海寻珠。林肯的意气给了他一颗坚定乐观的心，于是他的名字被载入史册，千古传诵。

意气，成就生命的坚韧与不屈；意气，谱写生命的华丽与壮美；意气，铸就心灵的自信与乐观。

将意气之歌，在生命中唱响，唱出生命绚丽的华章；将意气的帆，在生命中扬满，到中流击水，看时代风光；将意气的剑，在生命中磨亮，披荆斩棘，不怕前路漫漫，我自力创辉煌。

　　作文命题交代了《现代汉语词典》中"意气"一词的三个义项：（1）意志和气概，如意气风发；（2）志趣和性格，如意气相投；（3）由于主观和偏激而产生的情绪，如意气用事。本文作者没有明确界定自己用的是哪一个，从行文看，似乎是取第一个义项，然而细读后又觉得不那么相契合。

　　第三段说"充满意气的人是坚韧不屈的"，这里说的"意气"好像接近坚韧；第四段说"充满意气的人是勇敢不惧的"，这里说的"意气"好像强调勇敢；第五段说"充满意气的人是自信乐观的"，这里说的"意气"又好像指乐观和信心。那么，意气究竟是什么呢？有什么特质呢？为什么"充满意气的人"就能坚韧不屈、勇敢不惧、自信乐观呢？作者没有解释。

　　结尾又用了一组排比句，写"意气之歌""意气的帆""意气的剑"，都是比喻性质，也很难从中准确地把握作者的观点。

第二节　论据与论证的漏洞

发议论要出于真诚，本着探求真相、追求真理的良好意愿。论点的可信度，取决于你运用的论据和论证方式，论据必须真实而充分，论证必须符合逻辑，遵守交流的基本准则。

初学者由于知识、能力不足，论据、论证常常出现漏洞。

如果明明知道论据不当、论证不妥，却故意用它们来混淆视听，以花言巧语来颠倒黑白，则是诡辩。黑格尔说："诡辩这个词通常意味着以任意的方式，凭借虚假的根据，或者将一个真的道理否定了，弄得动摇了；或者将一个虚假的道理弄得非常动听，好像真的一样。"诡辩的问题主要不在于知识、能力不足，而在于心术不正。

一、可疑的论据

论据应当是真实的，可是，这一点并不容易做到。我国历史上最有名的假论据，恐怕得算苏东坡的"皋陶为士"。

龚颐正《芥隐笔记》载：

> 东坡试《刑赏忠厚之至论》，其间有云："皋陶曰'杀之'三，尧曰'宥之'三。"梅圣俞以问苏出何书，答曰："想当然耳。"

陆游《老学庵笔记》也载此事：

> 东坡先生省试《刑赏忠厚之至论》有云："皋陶为士。将杀人，皋陶曰'杀之'三，尧曰'宥之'三。"梅圣俞为小试官，得之以示欧阳公。公曰："此出何书？"圣俞曰："何须出处！"公以为皆偶忘之，然亦大称叹。初欲以为魁，终以此不果。及揭榜，见东坡姓名，始谓圣俞曰："此郎必有所据，更恨吾辈不能记耳。"及谒谢，

首问之，东坡亦对曰："何须出处。"乃与圣俞语合。公赏其豪迈，太息不已。

其实，这种"想当然"的使用论据之法，汉末的孔融就已经用过。《后汉书·孔融传》载：

> 初，曹操攻屠邺城，袁氏妇子多见侵略，而操子丕私纳袁熙妻甄氏。融乃与操书，称"武王伐纣，以妲己赐周公"。操不悟，后问出何经典。对曰："以今度之，想当然耳。"

然而，我们若援此为例，放手造假，则大错。事实上，苏轼的故事当是好事者编排的。前人已经指出，苏轼文中引用的"皋陶为士"，事出《礼记》，并非他想当然地杜撰。他的错误，只在于把对话双方周公与有司误记成了尧与皋陶。而孔融说"武王伐纣，以妲己赐周公"，更不是为了欺人，而是故意讽刺曹操。

此外，选用论据还须注意价值观要正确，要符合时代精神。例如论证"孝道"，就不宜再以有着浓郁的封建伦理道德色彩的"二十四孝"为论据。如果非要以"二十四孝"为论据，宁可选"子路负米""陆绩怀橘"，绝不选"王祥卧冰""郭巨埋儿"这类教人愚孝甚至犯罪的故事。

例1.

> 翻开历史的卷轴，踏入古人的世界。乌江畔，他仰天长啸："纵江东父兄怜而王我，我何面目见之。"接着纵身一跃，滔滔江水向东流，淹没了他的长啸，淹没了他的一世伟业。"至今思项羽，不肯过江东。"唉，项王，你为什么不坚持呢？大丈夫能屈能伸，重整旗鼓，一样是条好汉啊！

在本段中，项羽居然像屈原一样投江了！事实是项羽不过乌江，回身继续与汉军战，杀敌数百人，伤痕累累，自刎而死。

例2.

> 一方水土养一方人。浙江精神正是因为有这些优秀的浙江人才得以传承。不仅有王国维，亡躯殉节，自沉于昆明湖；还有鲁迅，以笔为戈，挺身而出，唤醒了民众愚昧的心灵。巴金先生在不灭的灯下沉

潜于文化书籍，发出自己内心的呼唤，为迷茫的人们指引正确的方向；丰子恺先生总是以温柔悲悯的心来看待事物，把心与民生融在一起，认为"愈具民族性的就愈具世界性"。他们都为别人擦亮了心窗，如点点繁星，璀璨美好。古往今来，浙江大地上正是有了这一个个擦亮星星的人，今天的文化星空才如此美好。

作者列举的浙江名人中，巴金的籍贯令人生疑。巴金的高祖李介庵从浙江到四川定居，到巴金出生，整个家族已经在四川定籍五代近百年。巴金籍贯四川，这已经是一个常识，硬被拉过来作为浙江名人、浙江精神的代表并不合适。

例3.

> 又如花木兰，替父从军，相信自己能行，于是铸就了十年从军的《木兰辞》。难怪李清照说："何须浅碧深红色，自是花中第一流。"

从行文看，好像李清照为花木兰写了这两句话。但事实如何？事实是：这两句出自李清照的词《鹧鸪天·桂花》，是咏桂花的，不是咏花木兰的。此外，"铸就了十年从军的《木兰辞》"的说法也不妥当。

例4.

> 创新改变了文学名著遭受冷落的窘境。中国古代四大文学名著之一的《水浒传》，最初被翻译成英文出版时书名被译为《发生在水边的故事》，当它出现在各大书店的书架上时，很少有人问津。出版商因此而大伤脑筋，耗费大量资财却得不到回报，这可怎么办呢？解决这个问题似乎并没有使智者犯难，仅仅一个小小的创新，便使钱财滚滚而来。很快，书店的货架上出现了精装大作《105个男人和3个女人的故事》。市井之民争相购买，而他们当中很少有人知道，它依然是那本《发生在水边的故事》。

用"105个男人和3个女人的故事"作《水浒传》一书的新名字，来迎合低俗趣味，这显然是不妥当的做法，作者却拿来当作正面论据，这样的论据是没有力量的。

二、论据与论点脱节

提出一个观点，论证时自然应针对这个观点；如果论证与观点不相契合，就没有说服力。有些作者，或由于思想认识模糊，或由于素材积累不足，运用论据时东拉西扯，牵强敷衍。

（一）强加因果

由果溯因，必须注意这种成因的真实性、必然性。用以立论的事例必须具有典型性，这种典型性体现为该事例是普遍的而不是极端的个案。初学写作者往往"有病乱投医""装进篮子里都是菜"，不顾及复杂的实际情况，缺乏令人信服的具体分析。

如果不适当地判断动机，不合事实地解读某一现象的"本质"，还会犯"上纲上线"的错误。小题大做，吹毛求疵，局部问题被夸大为全局问题，个别问题被夸大为普遍问题，认识问题被夸大为立场问题，从而带来严重后果。

例1.

  信念的力量是巨大的，它可以创造奇迹。

  曾看过一篇报道：一场山洪把一个青年缆车工困在了600米深的矿井里，但谁又能想到，33天零13个小时后，在身边的12个工友相继死去的情况下，他却奇迹生还。

  这便是信念爆发出的力量。求生的信念使他忍受了饥饿的煎熬，创造了奇迹。

作者搬出青年缆车工奇迹生还的事，没有提供任何证据，就断定这是信念的力量。那么，12个死去的工友，都没有求生的信念？或者求生的信念都比这个青年弱？显然，这是无法回答的问题。这样断定因果，就有些武断。

例2.

  另一方面是"出于礼貌不得不说的谎"，简单地说也就是"善意的谎言"。……又如《三国演义》中黄盖诈降的故事、二战中英国的浮尸计，哪个不是谎言？但没有它们，历史上怎会有火烧赤壁？又怎会有二战的胜利？兵不厌诈啊！

初中语文课本上有篇文章是陈然写的《我的"自白"书》。对于一个被敌人抓住的俘虏来说，说真话意味着什么呢？那就是当叛徒，而历经折磨咬紧牙关不说实话的人则被称为英雄。如果按为人不可说谎来看，这该是什么逻辑呢？

作者将谎言界定为"出于礼貌不得不说的谎"，然而，作者接下来提供的论据，什么"黄盖诈降""英国的浮尸计"等，都不是"出于礼貌不得不说的谎"，自然也证明不了其价值。

例3.

头疼医头，脚疼医脚，固然要引起疗救者的注意。但是抓全面、寻根本、溯源头，才是对症下药的上策。比如说治理国家，物质文明必须要抓，但是精神文明也要重视，而且要做到"两手都要抓，两手都要硬"。如果偏向一方，都可能导致发展的不平衡。

《廉颇蔺相如列传》中有这样的句子："强秦之所以不敢加兵于赵者，徒以吾两人在也。"这是蔺相如向其门客讲的话。文中这"两人"是指有攻城野战之大功的武将廉颇和有勇有谋的外交文官蔺相如。国家要强盛，文武人才都离不了，如果只偏向一方，那么国力很难强大，国富民强的梦想最终难以实现。

今天的青少年在学习时，也要全面兼顾、文理并重，不能偏向某一学科或某些学科。如果偏科严重，最终在高考的考场上就难以出类拔萃。人们常说的"6减1等于0"讲的就是这个道理。在培育建设祖国的人才时，有些人只看重分数，而忽略了道德品质培养这一重要方面。如果长期这样下去，国家教育工作的"立德树人"的根本任务就难以得到落实。这样培育出来的人才，他们的道德素养也很难与发达的经济建设要求相匹配。

本文论点是"抓全面、寻根本、溯源头"，由于这是针对"头疼医头，脚疼医脚"的弊端开出的"上策"，所以，其重心应放在"寻根本、溯源头"上。但是作者的论据，诸如"物质文明、精神文明都要抓""文武人才都离不了""文理并重，各科平衡"等，都是针对"不宜偏颇"而非"寻根本、溯源头"的。

例4.

> 瓦特注重能源改革的小小举措，将人类送入了蒸汽时代；达尔文注重生物和自然的关系，给人类以自我认识的全新视角；孔子注重人心向善的良知，赋予人类文明无穷的精神境界。如此，难道还不足以说明注重偶然、创造必然的正确性吗？

作者极空泛地说了三个人的行动，而这三个事例都不足以证明"注重偶然、创造必然"（这个说法也不通），作者的质问也就显得"色厉内荏"。

例5.

> 正因为观察和体验，才有周敦颐"予独爱莲之出淤泥而不染，濯清涟而不妖"的感慨；正因为观察和体验，才有孟浩然"夜来风雨声，花落知多少"的幽思；正因为观察和体验，才有严子陵垂钓富春江的高风亮节……

感受到莲"出淤泥而不染，濯清涟而不妖"是基于观察和体验，联想到"花落知多少"是基于观察和体验，这是有道理的。但说一个人高风亮节也是因为观察和体验，则毫无道理。

（二）混淆因果

因与果，在时间上存在先后之别，因在前，果在后。有时因与果界限分明，一望而知；有时因与果却不那么明显，易被人混淆，将因作果，将果作因。另一方面，因与果又可以转换。例如：一个人的见识高，可以帮助他提高阅读质量；而提高阅读质量，又可以使他的见识更高。但是，在一定的语境下，因就是因，果就是果，不能颠倒。

有这样一则对话：

> 汤姆："安娜，你嫁给我好吗？"
>
> 安娜："那可不行！"
>
> 汤姆："为什么？"

> 安娜："我们家人都是跟亲属结婚，我爷爷跟我奶奶结婚，爸爸跟妈妈结婚，就连我哥也不例外，他跟我嫂子结婚。"

安娜认为：因为爷爷跟奶奶是亲属，爸爸跟妈妈是亲属，哥哥跟嫂子也是亲属，所以自己家里人都是跟亲属结婚的。

显然，安娜把因果给弄颠倒了。正确的关系是：因为爷爷跟奶奶结了婚，所以他们才成为亲属；因为爸爸跟妈妈结了婚，所以他们才成为亲属；因为哥哥跟嫂子结了婚，所以他们才成为亲属。"结婚"这件事先发生，是因，"是亲属"这种情况后发生，是果。

再举应试作文中一例：

> 行而知之，有行才有知。你看那碧天里翱翔的大鹏，如果不是因为飞行，又怎能振翅逐风，知晓天空的辽阔，而有扶摇直上九万里的壮志豪情？你看那浩瀚的大海里远洋的巨轮，正是因为航行，才有了"直挂云帆济沧海"的理想和信念，驶往那太阳升起的彼岸。

从一般常识来说，是因为有了理想和信念，所以才航行，而本文把这种关系弄颠倒了。

（三）任性"脑补"，夸大结果

有人在论及一件事的结果时，喜欢把想象当成事实，夸大其词。

例1.罗大经《鹤林玉露》中记载：

> 张乖崖为崇阳令，一吏自库中出，视其鬓傍巾下有一钱，诘之，乃库中钱也。乖崖命杖之，吏勃然曰："一钱何足道，乃杖我耶？尔能杖我，不能斩我也。"乖崖援笔判曰："一日一钱，千日一千，绳锯木断，水滴石穿！"自仗剑下阶斩其首。

张乖崖把盗了一钱的库吏处以死刑，他的理由就是这个小吏的偷盗行为带来的后果很严重。他所谓的"严重"，只不过是貌似有理的推理——一日一钱，千日一千，显然夸大了其结果，以空想出来的结果当成真实的结果。这样的做法，当然是违背事实和法律精神的，可是竟然得到许多人的支持，这很可怕。

例2.明代江盈科在《雪涛小说·妄心》中记载：

一市人贫甚，朝不谋夕。偶一日拾得一鸡卵，喜而告其妻曰："我有家当矣。"妻问安在，持卵示之曰："此是。然须十年，家当乃就。"因与妻计曰："我持此卵，借邻人伏鸡乳之，待彼雏成，就中取一雌者，归而生卵，一月可得十五鸡，两年之内，鸡又生鸡，可得鸡三百，堪易十金。我以十金易五牸（母牛），牸复生牸，三年可得二十五牛，牸所生者，又复生牸，三年可得百五十牛，堪易三百金矣。吾持此金举责（放债），三年间，半千金可得也。就中以三之二市田宅，以三之一市僮仆，买小妻。我乃与尔优游以终余年，不亦快乎？"

这位丈夫拾得一个鸡蛋，就幻想到这个鸡蛋给他们家带来五百金的财富，可以买田宅、僮仆、小老婆了。

前面讲到的张乖崖判案是把结果猛往坏处想，这个故事里的丈夫则把结果猛往好处想，两者都凭着一厢情愿任意夸大结果。

如果根据夸大的结果来判断一个现象，就会得出荒谬的结论。

三、名人名言的滥用

援引名人名言来证明自己的观点，应该适度，要充分考虑名人发挥作用的范围，看他在哪方面是权威。谈军事，搬出孙子有说服力，搬出梅兰芳就令人生疑。鲁迅在《名人和名言》一文中对此有精彩的论述。他说："博识家的话多浅，专门家的话多悖。"又说："苏州的学子是聪明的，他们请太炎先生讲国学，却不请他讲簿记学或步兵操典。"

援引名人名言应当用心诚恳，态度端正，立足于说理、论证，切不可狐假虎威，装神弄鬼。有的文章动辄罗列一堆名人名言，自己不做具体分析，无实事求是之诚意，有哗众取宠之私心。法国思想家蒙田在他的《论教育》一文中批评过这种做法。他说："我们可以说'西塞罗曾经这样说，这是柏拉图的伦理学，这是亚里士多德的话'，但我们自己说什么呢？我们判断什么呢？我们干什么呢？一只鹦鹉也可以这样夸耀！"叶圣陶也写过一篇文章《"老爷"说的准没错》，批判那种"只认某某而不辨道理""无条件地肯定某某的话必有道理"的思想方法。

运用名人名言，还应当注意避免断章取义。任何话都是在一定的特殊语境下说的，其真实意义必须结合语境才能把握。我们常常引用的一些名言，如果放回原处，完整地看，会发现大不一样的语意。

例如我们常常引用《论语》中的"言必信，行必果"来赞誉诚信之人，但在原文中，却是这样说的："言必信，行必果，硁硁然小人哉！"这里把"言必信，行必果"看成是普通人的美德，而不是多么高尚的道德。《孟子》中有"大人者，言不必信，行不必果，惟义所在"这样的话，可以与孔子的话相互参照。

又如我们也常常引用《庄子》中"吾生也有涯，而知也无涯"一句，来强调学无止境。但原文是这样说的："吾生也有涯，而知也无涯，以有涯随无涯，殆已。"显然，庄子的原意并非强调学无止境。

还有一个问题，中学生喜欢的积累得最多的名言，多是励志、安慰等性质，往往感情用事，夸大片面，用来讲道理时必须注意有所取舍，辩证分析。例如，既有名言说"是金子总会发光""酒香不怕巷子深"，又有名言说"古来圣贤皆寂寞""何世无奇才，遗之在草泽"，二者都有其道理，也都有其片面处。

长期以来，中学生作文中存在滥用名人名言的现象，危害甚大。从目的来说，常常不是为了证明观点，而是炫弄"学识"的丰富，甚至仅仅是为了凑够字数。从实际效果看，对引用的名人名言缺乏深刻的理解、辩证的分析，往往仅仅凭着一两个词语与观点有关系就盲目搬用，往往似是而非。

例1.

卢梭说："人生而自由，却无往不在枷锁之中。"这话揭示了自由与不自由的关系，同时，也说明了二者是相对而言的，自由与不自由取决于人们对其的态度，正所谓，我的人生我做主。

卢梭的这句话出自他的《社会契约论》。原话后面还有一句："自以为是其他一切的主人的人，反而比其他一切更是奴隶。"这样的表述，如何得出"我的人生我做主"？

例2.

苏轼曾言："鲲鹏水击三千里，组练长驱十万夫。"在与时俱进的浙江文化的滋养下，代代浙江人书写了一个个浙江故事，创造了一个个浙江传奇。作为新时代的浙江学子，我们更应该传承优秀的浙江精神，争做时代弄潮儿。

文天祥曾言："慨然有神州陆沉之叹，发而为中流击楫之歌。"浙江厚重的文化底蕴造就了一段段传奇，培育了一位位浙江英雄。然而能成为英雄的人，必不可缺的是精神的支撑，否则只能发出一声"东风不与周郎便，铜雀春深锁二乔"的喟叹。由此可见，浙江学子们只有积极传承浙江精神，方可书写新的传奇。

苏轼的话出自其诗《催试官考较戏作》，这两句写钱塘潮的壮观，既非写"与时俱进的浙江文化"，又非写人，与下文衔接就不紧密。"慨然"句出自文天祥《贺赵侍郎月山启》，是写赵月山忧国忧民，立志奋发，与下文关联不密。"东风"句是杜牧评价周瑜的话，他认为周瑜的胜利有些侥幸，用在这里如何理解？是说杜牧缺乏精神支撑吗？

例3.

冰心曾说："成功的花，人们只惊慕她现时的明艳！然而当初她的芽儿，浸透了奋斗的泪泉，洒遍了牺牲的血雨。"是啊，没有思考的"奋斗泪泉"，没有执着的"牺牲血雨"，怎能有"成功之花"的明艳？

冰心的话，明摆着不是谈思考、谈执着的，作者却硬给"奋斗的泪泉""牺牲的血雨"挂上"思考""执着"的招牌。

例4.

索尔仁尼琴曾说："宇宙有多少生命，就有多少中心。"可多数人并未意识到，物质急速膨胀，世界空前繁荣，这一派光鲜场景背后却是伤痕累累的自然。

"宇宙有多少生命，就有多少中心"一句出自索尔仁尼琴的《古拉格群岛》，"生命"或译为"生物"。这句话主旨很明显，是强调个性，与接下来说的话有什么关系呢？

例5.

　　　人生没有返程票，开弓没有回头箭。在通向人生的道路上遇到弯道是难免的。面对弯道要有"人生自古谁无死，留取丹心照汗青"的豪气，要有"安能摧眉折腰事权贵，使我不得开心颜"的勇气，要有"仰天大笑出门去，我辈岂是蓬蒿人"的信心。

这里引用了三句非常有名的诗，很有气势，可惜与作者的观点存在较大的距离。"人生自古谁无死"是舍生取义，"安能摧眉折腰事权贵"是不肯谄事权贵，"仰天大笑出门去"则表达了李白的得意。人遇到弯道，应当努力设法通过，而不是慷慨赴死，也不是志趣不合、掉头而去，更不大可能有得意的成分。

四、类比论证的漏洞

类比论证是基于类比推理而进行的，而类比推理是一种或然性推理，也就是说，类比推理的结果并不一定符合实际。

这一点其实不难理解。类比论证是由此一具体个例到彼一具体个例的推想，不像演绎论证中有一个公认的权威理论做支持。由此及彼，只是基于"此与彼同也"的一种简单、粗率的认识，是一种未经实践验证的设想。事实上，不同事物之间固然有一些相似相同之处，但不同之处更是大量存在；就算是"同一事物"（事实上只要是两者，就不可能是同一事物），如同一批次同一型号的货物，由于存贮条件、运输方式、使用场合等因素的差异，也会有诸多"不相同"。

同一个问题，由于类比的对象不同，或者类比对象虽同，但类比的角度不同，得出的结论也不同，不但不同，有时甚至截然相反。

《两小儿辩日》一文写道：

　　　孔子东游，见两小儿辩斗，问其故。

一儿曰："我以日始出时去人近，而日中时远也。"

一儿曰："我以日初出远，而日中时近也。"

一儿曰："日初出大如车盖，及日中则如盘盂，此不为远者小而近者大乎？"

一儿曰："日初出沧沧凉凉，及其日中如探汤，此不为近者热而远者凉乎？"

孔子不能决也。

两小儿的论辩，都运用了类比推理，但是得出的结论完全相反。原因何在？就在于他们所类比的对象不同。甲小儿类比的是形体，依据的"道理"是视觉上远小近大；乙小儿参照的是温度，依据的"道理"是温觉上远凉近热。

从现代科学来看，我们在地球上观察到的太阳的大小，另有原因，既与视觉上的"远小近大"不同，也与温觉上的"远凉近热"有异。受时代局限，连多闻博识的孔子也"不能决也"。

《孟子·告子上》也有类似的争议：

告子曰："性犹湍水也，决诸东方则东流，决诸西方则西流。人性之无分于善不善也，犹水之无分于东西也。"

孟子曰："水信无分于东西，无分于上下乎？人性之善也，犹水之就下也。人无有不善，水无有不下。今夫水，搏而跃之，可使过颡；激而行之，可使在山。是岂水之性哉？其势则然也。人之可使为不善，其性亦犹是也。"

告子与孟子论辩，两人都以水作喻来论证自己观点的正确性。有意思的是，同样以水为喻，得出的却是截然相反的结论：告子借助水可以向东流也可以向西流这一现象，来论证人性可善可恶；孟子则注意到水往下流而不往上流，认为人性向善，正像"水之就下"一样，而作恶则像使水往上行一样，是人为的，不是天生的。

许多笑话，就是讽刺这种简单类比的。

一个财主延请老师来教自己的孩子写数字。第一天写了一道横，说这就是"一";第二天写了两道横,说这就是"二";第三天写了三道横,说这就是"三"。刚学到这里,这个自以为很聪明的小学生就"悟"出了道理,要求父亲把老师辞掉。不久财主要儿子写一个"万"字,这个小学生一道横又一道横地写下去,忙了半天才写到500道。

这个小学生的荒唐,就在于机械地用了类比推理,以为"万"字该写一万道横。

有一位老师在课堂上谈挫折的意义,她在论证时就采用了打比方的办法。她说:有两根相同的木头,一根雕成了佛像,安在庙中莲花座上;一根制成了台阶,砌在庙门前。被制成台阶的木头很不理解,问对方道:"同样的两根木头,为什么大家踩着我来供奉你呢?"佛像回答说:"这有什么难理解的,你被切了六刀,而我经历了千刀万剐。"所以,一个人要想出人头地,就得经受千辛万苦。有一个男生站起来问:"老师,那菜板子是咋回事呢?天天叫人剁,当当当当地,也没见谁供奉它。"

倘若没有这个男生发问,一般人会很信服这位老师的精彩类比。但是,这个男生的发问击中了这个类比的"软肋"。显然,木头成为佛像,绝不仅仅是因为它经历了千刀万剐;否则,就无法解释,比它还要刀伤累累的菜板子,却始终只是一块菜板子。

李载仁是唐宗室的后代,因避乱来到江陵,代理观察推官一职。李载仁性情迂缓,不爱吃猪肉。一日,上司召见他,他正要去,部下却斗殴起来。李载仁很生气,下令派人赶紧去厨房中拿来大饼和猪肉,命令斗殴者当面吃下去。又警告说:"谁要敢再犯,我不但罚你吃猪肉,而且还要在猪肉上抹上大油。"

李载仁不喜欢吃猪肉,由此推想到别人也不喜欢吃猪肉,以致闹出罚吃猪肉的笑话。

《庄子·至乐》中写到了这样一个故事:

从前,有一只海鸟停留在鲁国国都的郊外,鲁王用车把它迎接进太庙,给它敬酒,演奏《九韶》之乐使它高兴,准备牛、羊、猪的肉作为它的食物。海鸟于是目眩心悲，不敢吃一块肉，不敢喝一杯酒，三天后就死了。

鲁王知道对于一个人来说，"御而觞之于庙，奏《九韶》以为乐，具太牢以为膳"是极高的礼节，于是他推断出海鸟也喜欢这种礼节，这显然是荒谬的。

向来被视作糊涂虫的晋惠帝，听说老百姓被饿死，深感诧异地问道："何不食肉糜（肉粥）？"晋惠帝作为皇帝，自然不乏肉糜，饿了后可以此充饥；但是普通百姓，到哪儿去找肉糜呢？

刘征在《"帮"式上纲法》一文中写到有些人的混账逻辑：

> 你长胡须，耗子也长胡须，你就是耗子的本家。你在床上睡觉，臭虫也在床上睡觉，你就是臭虫的同伙。你咳嗽，刺猬也咳嗽，你就是刺猬的应声虫。你为了杀鸡在磨刀，十万八千里外爪哇国的一座古庙里有个强盗也在磨刀，你就是同强盗狼狈为奸，图谋杀人越货，你也是一个江洋大盗。如若不然，何其相似乃尔！

中学生作文中，比较常见的问题是比喻的运用，尤其是以排比的形式来运用，往往重文采而忽视类比的恰当性。

例1.

> 竹笋在春的召唤下努力冲破层层泥土的阻挠，最终成就了生命的绿；溪流在海的呼喊中坚强地绕过千山万水的阻隔，最终成就了大海的魂；细砂在贝的招引下执着地被包裹在蚌分泌的白色黏液中，最终呈现珍珠的韵。

作者要论证的本体是"人坚持做一件事就会成功"，用来类比的三个喻体"竹笋长成生命的绿""溪流成就大海的魂""细砂呈现珍珠的韵"，都不贴切，难以让人感受到它们的执着。

例2.

> 逆境就像是菜肴里的盐，有了它，人生才会有滋有味；逆境好比咖啡里的糖，没有了它，人生就会苦涩无味；大海里的船如果不经历风雨的洗礼，怎能承受得住更大的风浪？天空如果没有经历大雨的冲

洗，也不会出现彩虹……

逆境怎么能与"菜肴里的盐""咖啡里的糖"相类比呢？逆境是一种被动的令人不愉快的际遇，否则就不叫逆境了。而盐、糖是人们喜欢的调味品，怎么可能与逆境相类？此外，说"船不经风雨就不能承受风浪"也无道理，船能不能承受风浪与建造得坚实与否有关，与经不经风雨无关。

例3.

> 明月的阴晴圆缺，大海的潮涨潮落，世间万物徘徊在多与少之间，这无不是为了自己完美的梦。人生，亦如此。

人生的多与少，怎能与明月的阴晴圆缺、大海的潮涨潮落相比？后者都是自然规律，不取决于明月、大海的"主观"意志。而人生的多与少（下文说"多一分简单，少一分复杂""多一分创新，少一分固执"）是自我的选择。

例4.

> 河流在不断奔跑，从不在岸边停滞；蜜蜂在不断奔跑，从不在花丛流连；我也在不断奔跑，爬过高山，涉过大河，穿过狂风暴雨，享受过风和日丽，也从未停下过自己的脚步，更不曾坐在路边为他人鼓掌。因为我是参赛者，必须在路上奔跑。

蜜蜂"从不在花丛流连"？这恐怕不合乎事实。

例5.

> 因为有了魂归大海的信念，小溪虽然历经坎坷曲折，也从未回头；因为有了羽化成蛾的信念，蛹虽然历经漫漫长夜，也矢志不渝；因为有了独笑山岭的信念，梅虽然饱受风刀霜剑，也静待绽放……大自然的一草一木，一虫一兽，似乎都在向人们诠释着一个人生哲理：信念的力量是伟大的。

小溪不回头是因为有魂归大海的信念吗？蛹是否可以说矢志不渝？它有羽化成蛾的信念吗？梅静待绽放是为了独笑山岭吗？这里的喻体本身就太"想当然"，又怎能有力地证明本体呢？

例6.

　　如果说顺境如花，今年花胜去年红，那么，逆境如草，生长在人生之路的两边，草枯荣着，路延伸着，两不相碍。因此，我们需要做的只是坦然地行走在逆境中。

把顺境比喻为花，说"今年花胜去年红"，这意味着今年比去年更顺利，这样说是为了什么呢？把逆境比喻为草，说它在路的两边，与路"两不相碍"，既不相碍，还谈得上是逆境吗？

第三节　忽视议论，华而不实

忽视议论文的议论特征是初学者容易出现的问题。有不少初学者喜欢激情四溢的"礼花式"的文章，只求辞藻华丽、气势磅礴，而不管道理是否讲透、理由是否令人信服。有些文章言辞浮夸，内容不切实际，往往装腔作势、大话欺人，作者动辄抬出自己一知半解的大人物、大道理来撑门面。有些文章大段大段地叙述事例，议论反而成了点缀。

例文：考生作文《生活中的减法》

不要留恋手中的鲜花，因为那可能是你前行路途上的荆棘；不要迷醉眼前的掌声，因为那或许是你没落之路的丧音。所以，当你获得太多羁绊你前行的脚步时，不妨聆听一下生活中的减法法则，学会放弃眼前的虚华奢靡。

生活中的减法，是一种比喻的说法。它指示的是一种豁达的人生放弃哲学，在其智慧的内涵中，人们看到了：放弃，是为了更好地拥有，是一种更高层次的思想状态。

三毛减去了安逸舒适的情调，却拥有了撒哈拉尽头绮丽的梦；沈从文减去了躁动的浮华，却拥有了凤凰山上五彩石的绚烂；梭罗减去了享誉世界的荣耀，却拥有了瓦尔登湖上惬意的寂寞……

减去一些心神的行役，增加一些身心的豁然；减去一分聒噪的浮华，增加一分实质的宁静；减去眼前的蜗角虚名，增加身后的百世流芳……减少一些的同时，总会增加一些更有价值的东西。正如负钱而落水的永之氓，如果能够减去腰缠的铜币，那就给自己增加了无限的生机。

孔子带着仁爱经典而来，减去俗名的困惑，留下"万世师表"而去；老子踏着上善若水而来，减去尘世的纷扰，留下《道德经》乘驴而去；庄子御风而来，减去荣华富贵，化九万里鲲鹏逍遥于天地之间。

　　智者的减法总是将灵魂的思路走长，减去虚华，留下智慧的启迪。

　　……减去红袖添香的风流，减去挥金如土的豪爽，增加的是弘一法师的青灯古卷的身影，天方四溢的月华。

　　仁者的减法是大无畏的放弃与仁爱的播撒，减去世俗，留下慈悲的感念。

　　放弃了"刑天舞干戚"的猛志豪情，陶潜还有"悠然见南山"的隐逸情怀；放弃了"暗香浮动月黄昏"的才情，林逋还有梅妻鹤子的隐风。

　　隐者的减法是对俗世荣华的鄙弃，减去仕途跌宕，留下了自己的南山。

　　减去粗枝末节，人生的大树才能枝繁叶茂；减去累赘章节，人生的才华才能奏响天际；减去肩上重担，人生的旅途才能走得又远又长。

有人称这篇文章"文采斐然""气势如虹""当属佳作"。文章语言比较形象，辞藻也较华美，又大量运用排比句式，乍一读确实有气势。但是，从议论文的要求看，该文缺乏严密的逻辑推理，没有切中肯綮的具体分析，不能令读者信服。

　　首先，作者对"减法"这一概念界定模糊。作者说"它指示的是一种豁达的人生放弃哲学"，这一表述未能清楚地界定"减法"的内涵。行文中对于"减法"的论述也有很大的随意性，如说陶潜"放弃了'刑天舞干戚'的猛志豪情，还有'悠然见南山'的隐逸情怀"，说林逋"放弃了'暗香浮动月黄昏'的才情，还有梅妻鹤子的隐风"。陶渊明既有隐逸的闲情，也有舞干戚的猛志，这是一个人的两个方面，不能简单地说是"减去一个"才留下另一个。林逋的才情与隐逸生活更是属于不同的范畴，而且，我们向来都把这首咏梅的佳作与作者的隐逸生活联系起来欣赏，怎么可能"减去"一个呢？减去了这样的才情，林逋就不是林逋了。何况一个人的才情也不是想"减去"就可以"减去"的。

　　第二，作者大量罗列事例，却缺乏具体分析。作者举出三毛、沈从文、梭罗、孔子、老子、庄子、弘一法师、陶潜、林逋这些大人物，古今中外都有，好像论据充足；可是仔细读一读，又觉得处处虚浮，不能落到实处。例如说"沈从文减去了躁动的浮华，却拥有了凤凰山上五彩石的绚烂"，说"梭罗减去了享誉世界的荣耀，却拥有了瓦尔登湖上惬意的寂寞"，这些话具体指的是什么？凭什么这样说？作者一概不加解释说明，只是含混地说。

第三，论证逻辑不够严谨。以第一段为例，作者先用整齐的句式说不要留恋鲜花和掌声，然后把这两句当成"因"，接下来说"果"——"所以，当你获得太多羁绊你前行的脚步时，不妨聆听一下生活中的减法法则，学会放弃眼前的虚华奢靡"。这里的因果难以成立，鲜花、掌声是来自别人的肯定、赞扬，而结论中的"放弃眼前的虚华奢靡"是自己的生活方式。鲜花、掌声等同于虚华奢靡吗？当然不。

第四，有一些说法不合常识。例如文中谈智者时，举的代表人物是孔子。事实上孔子在一般人的心中更是仁者形象。再如说仁者"减去世俗，留下慈悲的感念"，用以说出家为僧的人或许可以，但更多的仁者是孔子、孟子这样积极入世的人，他们怎么可能"减去世俗"呢？此外，有些语句如"将灵魂的思路走长""天方四溢的月华"似通非通，不适合作为议论文的语言。

如果没有实事求是的态度，没有刨根问底的求真精神，那么，严肃的议论文写作就成了文字游戏。一些套话反复运用，每次只需换换关键词就可敷衍交差。例如文中下面这一段：

> 孔子带着仁爱经典而来，减去俗名的困惑，留下"万世师表"而去；老子踏着上善若水而来，减去尘世的纷扰，留下《道德经》乘驴而去；庄子御风而来，减去荣华富贵，化九万里鲲鹏逍遥于天地之间。

倘若下一次写"人生的加法"，考生可能就会这样写：

> 孔子带着仁爱经典而来，加上对俗世的关爱，留下"万世师表"的美名；老子踏着上善若水而来，加上对尘世的期盼，留下《道德经》乘驴而去；庄子御风而来，加上哲人的思考，化九万里鲲鹏逍遥于天地之间。

　　这样的写法，形存而神亡。作为一种提升语言表达水平的训练方式，语段的仿写是非常有必要的，但是一定要注意形式与内容应相契合，不可以生搬硬套。

第七章

语言的魅力

议论文的价值，固然主要来自它的观点以及对观点的论证，但是绝不可因此低估了语言的魅力。孔子说："言之无文，行而不远。"语言暗淡无色、味同嚼蜡，不但"行而不远"，连近处的眼光也吸引不来。

第一节　如何让你的语言赏心悦目

　　语言是文章最基本的因素，离开了语言哪里还谈得上文章？清初的小说集《人中画》中有这样的记载："长篇短章不为不多，然半属套语，半属陈言，求一首清新俊逸、赏心悦目者，迥不可得。"这虽是"小说家言"，如果借用来说时下的应试作文，倒也很恰当。

　　语言面目可憎，就很难让人"一见钟情"。对于应试作文来说，这是可怕的事，因为阅卷者受到时间限制，大都不会细细品味一篇作文答卷，一见而不钟情，是容易打入冷宫（低分区）的。因此，一个优秀的作者，必然会用心经营自己的语言，让自己的语言赏心悦目。

　　那么，什么样的语言才能赏心悦目？

　　鲁迅在《汉文学史纲要·自文字至文章》中说，中国文字具有"三美"："意美以感心，一也；音美以感耳，二也；形美以感目，三也。"

　　鲁迅的"三美"主要是就汉字来说的，但同样可以用来作为语言美的标准。"意美"要求内容充实而有意味，这是非常重要的一点，因为语言无法从文章中单独提取出来，它总是与观点、情感、论证、论据等交融为一体。"音美"要求读起来爽口，听起来悦耳，这就要求表达符合语言规范，注意调整句式，整散结合，长短结合，使语句错落有致。"形美"要求看起来舒服、新鲜、有冲击力，尽量淘汰那些陈腐的字眼，段落大小适宜，避免开头一段、中间一段、结尾一段的"三段论"式，更不可一段到底。

　　考虑到议论文的特点，还应当特别注意语言的严谨、明快。严谨才可信，明快才好懂。在此基础上再力求生动、清新。

　　该如何提高自己语言表达的水平呢？

第一，有意识地关注语言。必须处处在意，时时用心，才能在较短的时间内掌握其奥妙。在自然生活中，可以"无心插柳柳成荫"，但在写作天地中，却做不到"不关注语言而语言自然精彩"。因为"无心插柳柳成荫"是别人代插或者柳自己生成，而语言，你能找别人代写或者指望它自己变好吗？

第二，多观摩，提高鉴别力。留心语言，就要设法"博闻"，见多识广，在此基础上一定要多揣摩多比较，慢慢体味什么样的语言是美的，是有生命力的，是读者喜欢的，什么样的语言是拙劣的，是无趣的，是读者望而生厌、望而生畏的。有了较高的语言欣赏水平，能区分语言的优劣，才会在浩如烟海的文字中知所取舍；否则，就会"有眼不识荆山玉"，就会闹买椟还珠的笑话。遇到异彩纷呈的语言而毫无感触，遇到陈腐寡淡的语言而如获至宝，就算"读书破万卷"，仍然是"言之无文"。

本书各章节中作为例证的名家名篇，可资借鉴的不仅仅是其论点、论证，其语言也大都规范、精美，是我们学习的榜样。

第三，多积累，丰富自己的语言库。当你的鉴赏力提高后，你就要多多阅读那些精金美玉般的文章，并大量积累好的语言，建立并不断丰富自己的语言库。

许多人只知道积累素材作论据用，其实语言也要积累素材。用作论据的素材，也都是依靠着语句来呈现的，将来运用到自己的文章中，更要考虑如何表述。即使是为了积累论据素材，也要尽可能选择那些语言精美的。例如毛泽东在《改造我们的学习》中引用了一副对子——"墙上芦苇，头重脚轻根底浅；山间竹笋，嘴尖皮厚腹中空"，不但很好地指出了徒有虚名而无实学的人的特征，而且极其形象、生动、精彩，为这篇文章添了光辉。

第四，勤更新，多应用，促进语言表达的"新陈代谢"。"半亩方塘一鉴开，天光云影共徘徊。问渠那得清如许？为有源头活水来。"朱熹借池塘喻读书，其实也可以借来喻写作。写作者应当多方借鉴，经常反观自己的文字，淘汰掉那些陈腐的东西，更换为更精美更新鲜的语言。这个过程是持续的，只有坚持下去，自己的语言才能走出陈词滥调的俗套，给人耳目一新的感觉。

积累的语言素材如果不加运用，就是"僵尸素材"，费时费力地收集起来了，却起不到任何作用。一个比较有效的做法是，加大写作训练密度，有意识地设计场景，把最近积累的语言素材（好词好句之类）用到里面，而且，不是一次两次地使用，而是三次四次反复多次使用。每次写作训练，都能用新鲜有味的语言替换掉陈旧无味的语言，久而久之，你的语言水平就提高了。

以课文素材为例，当我们学习了《记念刘和珍君》一文后，可把第六、七小节那些精彩而沉痛的议论语句收入自己的语言库，然后在接下来的训练中灵活运用。譬如以"可为与有为"为题目，就可以尝试着这样写：

> 貌似不可为，未必不可为。鲁迅得知刘和珍等人被段祺瑞执政府的卫兵枪杀后，沉痛地说："有限的几个生命，在中国是不算什么的，至多，不过供无恶意的闲人以饭后的谈资，或者给有恶意的闲人作'流言'的种子。至于此外的深的意义，我总觉得很寥寥……"似乎这是一个不可为的时代，然而，年轻人就此躺平得过且过吗？非也。即使是鲁迅，虽然并不赞同刘和珍她们去赴死，然而也认识到"既然有了血痕了，当然不觉要扩大"，"苟活者在淡红的血色中，会依稀看见微茫的希望；真的猛士，将更奋然而前行"。这难道不说明，即使在希望渺茫的艰难中努力去为，也可能会"有为"吗？

运用积累的语言时，如果语境十分契合，不妨照搬（直接引用）。当然，照搬也往往有所取舍，例如上面运用《记念刘和珍君》中的语句，就不是整段整段地全抄进去。如果与语境存在出入，则可以摘珠拣玉，或者加以化用。还是以课文素材为例，举一个化用的例子。例如我们学习了陶渊明的《归园田居》，就可以尝试着在以"理想"为话题的文章中这样写：

> 有些人的理想并不远大，例如陶渊明，心憎尘网，志在丘山，开荒南野，守拙田园，爱看依依墟烟、暧暧远村，乐听深巷狗吠、桑巅鸡鸣。然而相对于那些心狠手辣、嘴尖皮厚的贪官污吏，相对于那些

随流扬波、舗糟啜醨的庸人俗士，不也算得上是举世混浊而我独清、众人皆醉而我独醒的高洁者吗？他的理想不也单纯而美好吗？

这段话中，前面数句都是从《归园田居》（少无适俗韵，性本爱丘山。误落尘网中，一去三十年……开荒南野际，守拙归园田……暧暧远人村，依依墟里烟。狗吠深巷中，鸡鸣桑树颠……）中提炼出来的，而后面"随流扬波、舗糟啜醨、举世混浊而我独清、众人皆醉而我独醒"等词句，又是化自《屈原列传》中的语句（屈原曰："举世混浊而我独清，众人皆醉而我独醒，是以见放。"渔父曰："……举世混浊，何不随其流而扬其波？众人皆醉，何不舗其糟而啜其醨？"）。

当我们自己原先存储的语言不够精彩时，更换为这些语句，是不是有了明显的起色呢？这样坚持做下去，精彩的语言就会越积越多，越用越顺，假以时日，就能"出口成章""口吐莲花"了。

需要特别强调一下的是，语言水平的提高不是一件一蹴而就的事，必须下足够的功夫。叶圣陶先生在《怎样写作》一文中说："最要紧的还在锻炼语言习惯。"谈到怎么锻炼语言习惯，叶先生说：

> 锻炼语言习惯要有恒心，随时随地当一件事做，正像矫正坐立的姿势一样，要随时随地坐得正立得正才可以养成坐得正立得正的习惯。我们要要求自己，无论何时不说一句不完整的话，说一句话一定要表达出一个意思，使人家听了都能够明白；无论何时不把一个不很了解的词硬用在语言里，也不把一个不很适当的词强凑在语言里。我们还要要求自己，无论何时不乱用一个连词，不多用或者少用一个助词。说一句话，一定要在应当"然而"的地方才"然而"，应当"那么"的地方才"那么"，需要"吗"的地方不缺少"吗"，不需要"了"的地方不无谓地"了"。这样锻炼好像很浅近、很可笑，实在是基本的，不可少的。

叶先生的话很质朴，指出的路却是提升语言水平的必由之路。尤其是对于议论文写作，特别有价值。因为议论文的语言，特别看重是否能把一个道理讲明白，特别要求严谨、到位。

第二节　惟陈言之务去

韩愈在《答李翊书》一文中谈到自己的写作，说："当其取于心而注于手也，惟陈言之务去，戛戛乎其难哉！"务去陈言应当成为议论文写作者的座右铭。陈词滥调是文章的大忌，也是中学生作文的通病。

陈词滥调主要表现为人云亦云，滥用套话，观点毫无新意，语言及论据毫无新鲜感。现今中学生作文中陈词滥调的问题非常严重。从观点来说，很多考生是顺着命题者的提示，说些空洞雷同、毫无独立见解的大道理。从论据来说，很多考生选用已经被人用了无数遍的烂熟事例。读这样的文章，没有一点陌生感，当然也就没有一点兴奋感。

著者以手头的一本优秀议论文选为例，粗略统计文章中运用论据的情况，其中用李白的6篇，用居里夫人的7篇，用司马迁的9篇，此外，像陶渊明、苏东坡、爱迪生等名字也是频频出现。"盖文王拘而演《周易》；仲尼厄而作《春秋》；屈原放逐，乃赋《离骚》；左丘失明，厥有《国语》；孙子膑脚，《兵法》修列；不韦迁蜀，世传《吕览》；韩非囚秦，《说难》《孤愤》；《诗》三百篇，大底圣贤发愤之所为作也。"出自司马迁《报任安书》的这段话，本来很有力量，可是一到说挫折、论毅力、谈成功就搬出来，也就令人审美疲劳了。这样的事例、这样的语言，像一盘经过反复蒸馏、已经失去色香味的菜，怎么能吸引读者呢？

更有甚者，无论观点还是语言都呈现低幼化，语言单调且往往词不达意，观点浅薄幼稚毫无思想含量。有一篇论述"倾听"的文章，题目叫《母鸡之死》，作者编了个动物故事来讲理，写一户人家即将搬迁，他们家的公鸡听到主人要把家里的猫和狗卖掉，意识到自己下场不会好，有了警惕之心，逃脱了主人的追杀，而母鸡因为不注意倾听，结果被抓住杀掉。文章前面都是讲故事，只在最后一段讲道理说："生活中需要倾听，一旦你离开了倾听，烦恼的事情将随之而来。当你不愿意倾听时，请想一想'母鸡之死'这个故事吧！"这篇作文，故事的情节简单幼稚，蕴含的道理浅薄牵强，讲述的语气像一个小学生。

写作议论文，应当努力摆脱陈词滥调。论点力求新奇、不同凡响，论据力求独特、稀见，语言修辞力求新颖、别致。这对于中学生来说有一定的难度，需要学生有真知灼见和渊博的学识，作文语言成熟老练，否则，为新而新，故弄玄虚，便可能误入左道旁门。

例1. 钱钟书《杂言——关于著作的》

作品遭人毁骂，我们常能置之不理，说人家误解了我们或根本不了解我们；作品有人赞美，我们无不欣然引为知音。但是赞美很可能跟毁骂一样的盲目，而且往往对作家心理上的影响更坏。因为赞美是无形中的贿赂，没有白受的道理；我们要保持这种不该受的赞美，要常博得这些人的虽不中肯而颇中听的赞美，便不知不觉中迁就迎合，逐渐损失了思想和创作的自主权。有自尊心的人应当对不虞之誉跟求全之毁同样的不屑理会——不过人的虚荣心（vanity）总胜于他的骄傲（pride）。

…………

任何大作家的作品，决不能每一部都好，总有些优劣不齐。这当然是句老生常谈，但好像一切老生常谈无人把它挂在心上。我们为某一种作品写得好因而爱好它的作者，这是人之常情。不过，爱上了作者以后，我们每每对他起了偏袒，推爱及于他的全部作品，一股脑儿都认为圣经宝典，催眠得自己丧失了辨别力，甚至不许旁人有选择权。对莎士比亚的 bardolatry 就是个例。这可以算"专家"的职业病（occupational disease），仿佛画师的肚子痛 (painter's colic) 和女佣的膝盖肿胀（housemaid's knee）；专门研究某一家作品或某一时期作品的人，常有这种不分皂白的溺爱。专家有从一而终的贞节，死心塌地的忠实，更如俾士麦所谓，崇拜和倾倒的肌肉特别发达，但是他们说不上文艺鉴赏，正像沙龙的女主人爱好的是艺术家，不是艺术，或影剧迷看中了明星，并非对剧艺真有兴趣。

"文如其人"，这话靠不住。许多人作起文来——尤其是政论或硬性的学术文字——一定要装点些文艺辞藻，扭捏出文艺姿态，说不尽的搔首弄姿。他们以为这样才算是"文"。"文如其女人"，似乎更切些；只希望女人千万别像这种文章。

这篇短文就作家作品发表议论，每一则论述中都有令人惊奇的地方，例如说"赞美是无形中的贿赂"，说"人的虚荣心总胜于他的骄傲"，说人为了博得"虽不中肯而颇中听的赞美""逐渐损失了思想和创作的自主权"，说专家"有从一而终的贞节，死心塌地的忠实，更如俾士麦所谓，崇拜和倾倒的肌肉特别发达"，说有些人扭捏作文"文如其女人"等，不但观点新奇，语言也新奇之至。

例2. 朱国良《有作为是一种政治品质》

堂堂正正当官，清清白白做人，廉洁奉公，不索不占，"捧着一颗心来，不带半根草去"，这无疑是为官用权的好品德、社会倡导的好风气。事实上，我们不少干部无意功名利禄，不肯屈节随俗，不仅挡住了形形色色的诱惑，还表达了一种无欲则刚的人生态度，足显一颗宠辱不惊的平常之心。从这个意义上说，没有思想上的清白，也就不可能有金钱上的廉洁；丧失了金钱上的廉洁，也就导致了道德上的堕落。因此，我们赞美为官需要无所求，从政需要一身廉。

然而，"官无所求"毕竟是一种风范，而决非是一种政绩。如今，保持清白廉洁，不被别人打垮，本分做人，清白做官，这是最起码的要求，是必要的，也是应该的。但作为党的干部，不能局限于"两袖清风"，却是"一事无成"。有作为这是一种政治品质，是为官者为民处事的根本追求。有位哲人说过，世界上最清清白白，最立得直的，是石头雕成的人，但它永远不会做事情。

无所作为，庸庸碌碌，不思进取，只求无过，这样的官即使不贪不占，也是十足的昏官、庸官、太平官和糊涂官，人民群众也看不上眼。"仕途一时荣，伟业千古事。"我们说的有作为，是建筑在扫除了平庸之上的。这既是一种外在的行为表现，又是一种内在的精神品格。其主要特征是，不安于现状，不甘于平庸，不囿于陈规，不屑于碌碌无为，而是以敢吃螃蟹的精神，勇于改革，敢于超越，与时俱进，锐意创新。大凡平庸的人，往往只图虚名而不务实效，只习惯于喊口号，说空话套话，做表面文章；有的不深入基层，整天沉湎于文山会海和应酬接待；有的忙于应付上级，糊弄群众，只重"唱功"，不求"做功"，哗众取宠，不求实效；形式上热热闹闹，实则劳民伤财；有的报喜不报忧，掩盖矛盾和问题，以酿成恶果。

而勇于作为者，往往胸怀大志，具有胆识、勇气和大气。他们越是艰险越向前，总是敢吃"螃蟹"，敢为天下先。他们善于从群众中汲取营养，从实践中获取力量，他们在前进的征途上，"明知山有虎，偏向虎山行"，用锐气、士气和豪迈之气写下最绚丽的篇章。而有所作为的领导干部，往往在人生追求上，有正确的"官念"；在权力运用上，有高尚的品格；在行为规范上，有高洁的人格，为群众排忧解难，有"闻鸡起舞"的使命感，为事业增砖添瓦，有"周公吐哺"的精神，不仅把为人民服务的口号叫响，更把为人民服务的实事做好。

这篇文章不但立论有独到之处（当太多人关注官员清廉时，他关注的是官员的作为），而且语言也非常精彩。一是多用简短的句式，如"本分做人，清白做官""无所作为，庸庸碌碌，不思进取，只求无过"等，读来明快清爽。二是以散句为主，却又常常穿插对偶、排比句式，如"堂堂正正当官，清清白白做人""不安于现状，不甘于平庸，不囿于陈规，不屑于碌碌无为"之类，灵动中有整齐，闲散中有凝练。三是多引用名言，如"捧着一颗心来，不带半根草去"（陶行知语）、"明知山有虎，偏向虎山行"（谚语）等，既表达清楚了思想，又增添了文采。四是精当地运用典故，如"闻鸡起舞""周公吐哺"，言简意赅，又富有形象感。即使是那些貌似顺手一写的句子，也往往简洁有味，如谈到有的人应付上级，糊弄群众时，说他们"只重'唱功'，不求'做功'"。这样的文章新鲜有味，充满魅力，无形中也增加了说服力。

第三节　避免佶屈聱牙

为了对抗陈词滥调，有些作者有意识地追求"陌生感"。这种追求值得肯定，但把握不好度，又会导致文章佶屈聱牙。

韩愈在《进学解》一文中说："周诰殷盘，佶屈聱牙。"意思是说商、周之时的文献语言艰深难懂。这恐怕主要是时代太久远、古今语言变化导致的。现在的写作者，如果遣词造句也"佶屈聱牙"，别别扭扭，令人费解，要么是存心不让人读懂，要么是表达能力太差。

有些笑话就是讽刺时下一些"弯弯绕"的表达方式的。例如有位丈夫跟妻子请假说："今晚我要出去测试蛋白质、维生素、矿物质等在大麦芽及水发酵的作用下对人体产生的作用。"妻子呵斥道："说人话！"丈夫于是答道："今晚出去喝酒。"

适当增加语言的陌生感有益，但弄到"佶屈聱牙"的地步，就弊大于利了。

有两种做法值得警惕：一是崇洋，一是仿古。崇洋是指故意大量引用外国名人名言或采用冗长的欧化句式，仿古是指大量借用在现代汉语中很少再使用的古代汉语词汇、句式，甚至整篇以文言文形式写成。

世界文明是由世界各国人民共同创造的，高尚的品德、卓越的智慧不独中国人拥有。尤其是近现代以来，西方发达国家的科技、经济处于领先地位，以开放的心态研究、学习、借鉴外国文化，是理所当然、势所必至。写文章引用外国名人名言、借鉴欧化句式也很正常。但是，引用这些名人名言、借鉴欧化句式，应当建立在理解的基础上，应当是为了更好地论证自己的观点。如果仅仅出于"唬人"的目的搬引一串外国人名、外国话，用一些冗长、别扭的句子，则是一种欠妥当的做法。

适当地借用、化用文言词汇和文言句式，可以让语言变得更简洁、典雅。例如下面一段话（出自鲁迅《知难行难》），如果把其中的文言词汇和文言句式更换成白话，"味道"就差了不少：

中国向来的老例，做皇帝做牢靠和做倒霉的时候，总要和文人学士扳一下子相好。做牢靠的时候是"偃武修文"，粉饰粉饰；做倒霉的时候是又以为他们真有"治国平天下"的大道，再问问看，要说得直白一点，就是见于《红楼梦》上的所谓"病笃乱投医"了。

这段话中，"偃武修文""治国平天下""病笃乱投医"这些词就借自文言，如果换成"停止战备，振兴文化教育""治理好所在的地区，最后使全国安宁""病生得重了就胡乱找医生"，就不但啰唆，而且破坏了引文的原汁原味。

鲁迅是新文化运动大将、白话文写作的旗手，尚且从文言文中汲取营养，我们自然也应该如此。但是，可以从文言文中汲取营养，却不宜用文言取代白话。这其中的原因，首先是大势所趋，时代需要。五四前后，针对文言、白话利弊，中国的学者们曾激烈论争过，好不容易迎来了白话文时代，如今通常所谓写作，如不加特别说明，一般就是指白话文写作。其次，绝大多数人已经不能娴熟地运用文言写作，盲目模仿，错谬百出，不伦不类，实在没有多大美感。

但是，近些年来，常常有考生用文言体来写作，其中有些文章得到热捧，这是值得商榷的。其中，影响较大的一篇是《赤兔之死》，其文如下：

建安二十六年，公元 221 年，关羽走麦城，兵败遭擒，拒降，为孙权所害。其坐骑赤兔马为孙权赐予马忠。

一日，马忠上表：赤兔马绝食数日，不久将亡。孙权大惊，急访江东名士伯喜。此人乃伯乐之后，人言其精通马语。

马忠引伯喜回府，至槽间，但见赤兔马伏于地，哀嘶不止。众人不解，惟伯喜知之。伯喜遣散诸人，抚其背叹道："昔日曹操做《龟虽寿》，'老骥伏枥，志在千里。烈士暮年，壮心不已'，吾深知君念关将军之恩义，欲从之于地下。然当日吕奉先白门楼殒命，亦未见君如此相依，为何今日这等轻生，岂不负君千里之志哉？”

赤兔马哀嘶一声，叹道："予尝闻，'鸟之将死，其鸣也哀；人之将死，其言也善'。今幸遇先生，吾可将肺腑之言相告。吾生于西凉，后为董卓所获，此人飞扬跋扈，杀少帝，卧龙床，实为汉贼，吾深恨之。"

伯喜点头，曰："后闻李儒献计，将君赠予吕布，吕布乃天下第一勇将，众皆言，'人中吕布，马中赤兔'。想来不负君之志也。"

赤兔马叹曰："公言差矣。吕布此人最是无信，为荣华而杀丁原，为美色而刺董卓，投刘备而夺其徐州，结袁术而斩其婚使。'人无信不立'，与此等无诚信之人齐名，实为吾平生之大耻！后吾归于曹操，其手下虽猛将如云，却无人可称英雄。吾恐今生祇辱于奴隶人之手，骈死于槽枥之间。后曹操将吾赠予关将军；吾曾于虎牢关前见其武勇，白门楼上见其恩义，仰慕已久。关将军见吾亦大喜，拜谢曹操。操问何故如此，关将军答曰：'吾知此马日行千里，今幸得之，他日若知兄长下落，可一日而得见矣。'其人诚信如此。常言道：'鸟随鸾凤飞腾远，人伴贤良品质高。'吾敢不以死相报乎？"

伯喜闻之，叹曰："人皆言关将军乃诚信之士，今日所闻，果真如此。"

赤兔马泣曰："吾尝慕不食周粟之伯夷、叔齐之高义。玉可碎而不可损其白，竹可破而不可毁其节。士为知己而死，人因诚信而存，吾安肯食吴粟而苟活于世间？"言罢，伏地而亡。

伯喜放声痛哭，曰："物犹如此，人何以堪？"后奏于孙权。权闻之亦泣："吾不知云长诚信如此，今此忠义之士为吾所害，吾有何面目见天下苍生？"

后孙权传旨，将关羽父子并赤兔马厚葬。

这篇文章据说得了满分，曾经轰动一时，后来的一些考生采用文言形式，也许是受到这篇文章的影响。

其实这篇文章得满分的原因很复杂，并非仅仅因为采用文言形式作文。

首先，这与当年（2001年）的作文命题有关。这一年的作文题给出一个寓言，说一个年轻人在不得不从"健康""美貌""诚信""机敏""才学""金钱""荣誉"七样中放弃一个时，决定放弃"诚信"。要求据此写一篇文章，而且明确说"可以编写故事、寓言"。这样的命题，道德倾向十分明显，而"诚信"又是学生特别熟悉的话题，按正常的文章形式来写这个话题，万人一面，处处雷同，阅卷老师产生审美疲劳是可想而知的。而《赤兔之死》一文用浅显易懂的文言形式（古白话）编赤兔马的故事，所述人事依凭中国百姓喜闻乐见的三国故事，从而既跳出俗套，给人耳目一新的感觉，又有广泛的"群众基础"，可亲可近。

其次，作者确实有较高的文言素养，对三国故事熟悉，又善于借用、化用前人的语言。例如其中"祗辱于奴隶人之手，骈死于槽枥之间""鸟随鸾凤飞腾远，人伴贤良品质（自）高""玉可碎而不可损其白，竹可破而不可毁其节""物犹如此，人何以堪"等句，都是早就有的佳句，作者信手拈来。这样的语言，相对于绝大多数平庸、粗糙甚至低幼可笑的"文笔"，自然鹤立鸡群，阅卷老师打出高分，其心情可以理解。

然而，如果就文论文，称赞它"立意高远""语言老到、纯熟"则值得商榷。论立意，本文借一匹马敬慕主人，不肯苟活于世，来倡导人应该有诚信品质。有论者指出这样的故事更适合表现忠义，用来谈诚信则有些牵强。确实，无论是赤兔马殉主，还是关羽追随刘备，关键处都在忠义，用来表现诚信则不够典型。论语言，有些语句还不够流畅、纯熟，如"其坐骑赤兔马为孙权赐予马忠"（不如说"其坐骑赤兔马赐马忠"简洁）、"吕奉先白门楼殒命，亦未见君如此相依"（不如说"吕奉先殒命白门楼，君何尝恋恋不舍"准确）、"吾尝慕不食周粟之伯夷、叔齐之高义"（不如说"吾尝闻伯夷、叔齐不食周粟，慕其高义"明白）等。今天的中学生用"文不甚深，言不甚俗"（明代蒋大器评《三国演义》）的古白话来写作，尚且不够流畅、纯熟，更遑论采用纯文言形式了。

例1.考生作文《生活在树上》

现代社会以海德格尔的一句"一切实践传统都已经瓦解完了"为

嚆矢。滥觞于家庭与社会传统的期望正失去它们的借鉴意义。但面对看似无垠的未来天空，我想循卡尔维诺"树上的男爵"的生活好过过早地振翮。

我们怀揣热忱的灵魂天然被赋予对超越性的追求，不屑于古旧坐标的约束，钟情于在别处的芬芳。但当这种期望流于对过去观念不假思索的批判，乃至走向虚无与达达主义时，便值得警惕了。与秩序的落差、错位向来不能为越矩的行为张本。而纵然我们已有翔实的蓝图，仍不能自持已在浪潮之巅立下了自己的沉锚。

"我的生活故事始终内嵌在那些我由之获得自身身份共同体的故事之中。"麦金太尔之言可谓切中了肯綮。人的社会性是不可被除的，而我们欲上青云也无时无刻不在因风借力。社会与家庭暂且被我们把握为一个薄脊的符号客体，一定程度上是因为我们尚缺乏体验与阅历去支撑自己的认知。而这种偏见的傲慢更远在知性的傲慢之上。

在孜孜矻矻以求生活意义的道路上，对自己的期望本就是在与家庭与社会对接中塑型的动态过程。而我们的底料便是对不同生活方式、不同角色的觉感与体认。生活在树上的柯希莫为强盗送书，兴修水利，又维系自己的爱情。他的生活观念是厚实的，也是实践的。倘若我们在对过往借韦伯之言"祛魅"后，又对不断膨胀的自我进行"赋魅"，那么在丢失外界预期的同时，未尝也不是丢了自我。

毫无疑问，从家庭与社会角度一觇的自我有偏狭过时的成分。但我们所应摒弃的不是对此的批判，而是其批判的廉价，其对批判投诚中的反智倾向。在尼采的观念中，如果在成为狮子与孩子之前，略去了像骆驼一样背负前人遗产的过程，那其"永远重复"洵不能成立。何况当矿工诗人陈年喜顺从编辑的意愿，选择写迎合读者的都市小说，将他十六年的地底生涯降格为桥段素材时，我们没资格斥之以媚俗。

蓝图上的落差终归只是理念上的区分，在实践场域的分野也未必明晰。譬如当我们追寻心之所向时，在途中涉足权力的玉墀，这究竟是伴随着期望的泯灭还是期望的达成？在我们塑造生活的同时，生活也在浇铸我们。既不可否认原生的家庭性与社会性，又承认自己的图景有轻狂的失真，不妨让体验走在言语之前。用不被禁锢的头脑去体味切斯瓦夫·米沃什的大海与风帆，并效维特根斯坦之言，对无法言说之事保持沉默。

用在树上的生活方式体现个体的超越性，保持婞直却又不拘泥于所谓"遗世独立"的单向度形象。这便是卡尔维诺为我们提供的理想期望范式。生活在树上——始终热爱大地——升上天空。

这是 2020 年浙江高考中出现的一篇争议很大的作文。这篇作文有着极强的"陌生感"，然而这种陌生感令很多人不快、不安。从论据来说，其征引的海德格尔、卡尔维诺、麦金太尔、韦伯、尼采、切斯瓦夫·米沃什、维特根斯坦等人，对一般人来说大都是不熟悉的"洋名字"。从语言来说，诸如"嚆矢""滥觞""振翮""达达主义""沉锚""祓除""薄脊""符号客体""矻矻矻矻""祓魅""赋魅""一觇""权力的玉墀""婞直""洵不能""单向度"等中学生通常很少用到的词语大量涌现。有些语句如"而纵然我们已有翔实的蓝图，仍不能自持已在浪潮之巅立下了自己的沉锚"，"我的生活故事始终内嵌在那些我由之获得自身身份共同体的故事之中"等，更是似通不通。这些都增加了文章的陌生感，也增加了文章的神秘性。这样的结果，有可能给读者带来巨大撞击，震惊中给出高分。但作者也很可能为自己这种刻意营造的"陌生感"付出代价。因为这种"陌生感"是不正常、不自然的，是为了陌生而陌生，有悖表达的准确、简明、连贯原则。许多语句，如果换一种说法，会更有利于表情达意。例如开头"现代社会以海德格尔的一句'一切实践传统都已经瓦解完了'为嚆矢"这一句，如果换成"当海德格尔说'一切实践传统都已经瓦解完了'时，现代社会开始了"，意思是不是要清楚些？

古代有一类大量用典的诗，有些诗句句用典甚至一句中用两三个典故，读者如果不是饱读诗书且记忆力强悍，读这类诗就非常困难。议论文是讲理的，要讲清复杂而琐细的问题，唯恐对方听不懂，哪能故意选择生僻晦涩的语言呢！

例2.考生作文《挫折·痛苦·人生》

尝闻一说：鹰鹫之属，本为同族，其名曰隼。岁逢大旱，草木尽枯，獐兔皆死，群隼枵腹。或搏苍穹，徒鸿蒙，求索于重峦之巅，或敛翅羽，扑尘埃，偏安于腐尸胔肉。则前者傲而化鹰，后者鄙而称鹫也。余闻此而有言曰：大旱之岁，乃隼族直面挫折与痛苦之际也，志不同则前途殊也。归属若何，唯志所谋。

然天地万物，苦痛挫折非仅此一案，广袤乾坤，何处不有？君曾见清泉流于大石者乎？此泉之挫折也。择退者，蔽于石阴，遁于林洼，而久之腐，不名于世也；而进者不畏险阻，旋而复击百万遭，竟成深谷疾流而过舟舸。君亦见清风之阻于绝壁者乎？此风之挫折也。择趋避者，散于群峦之外，须臾而无形，倾刻而泯灭；择挺进者，继往削磨千亿载，乃得赤漠飞沙之掩白日。物之形貌，择于何，择于挫折也。

而青史之上，举大业者亦莫不有择于苦痛挫折也。百里奚之举，孙叔敖之仕，皆自其不辍于逆境之苦也。而史迁之心，笃大志而不易，遭酷刑而不馁，于大辱重挫之下毅然择生，终有绝唱之史，无韵之骚，令后世文客抚卷喟叹；亦有武侯之志，承先帝之德，尽报国之忠，剑指中原，不胜不休，虽失大计于街亭，义不择退，连连出师，终塑英豪之名而得千古美名。

人生之不如意者居多，直面挫折，化解而微言苦痛，惟怀大志而不言败者，可转而为人杰；逢小挫抑夸言痛苦而逡巡者，茫茫千载间未可计数，而留其名者未之有也。乃知骅骝驰，必有跌扑尘泥者，其偃志者死，其奋起者得利足；猿猱攀于绝壁，必有失手折臂者，其灰心者亡，其拼搏者得神技；人必有踬踣于疾风骤雨者，其苟安者寻一穴而居，闭塞而昧昧一生，其傲立者跋涉而行，待霁虹如画，而后登坦途，沐清风。不为斗米折腰，陶潜择归隐，弃荣华，于是《归去来兮》传诵千古；临危厄而不屈，文天祥择死国，弃官爵，乃有灼目丹心永耀汗青！

余由是有感而叹曰：快乐苦痛坦途挫折，于人生路上相伴相生而未可避免，既临此境地，择何方而往，人各有愿而未可强加，然播义于四海，流芳于后世，则非不畏挫折，临痛苦而笃志不易者可至也！

这是 2004 年全国 III 卷的一份作文答卷，题目要求针对"有的人能直面挫折，化解痛苦；有的人却常常夸大挫折，放大痛苦"这一话题写文章。作者采用了议论文体，文章被评为一类卷，但是其表达的流畅度较《赤兔之死》就差了许多。读这篇文章，明显感觉到捉襟见肘。试举几例：

① 或搏苍穹，徒鸿蒙，求索于重峦之巅，或敛翅羽，扑尘埃，偏安于腐尸殍肉。

何为"徒鸿蒙"？"徒"也许是"徙"之误，"徙鸿蒙"也不通。既"敛翅羽"了，怎么"扑尘埃"？"偏安于腐尸殍肉"也不妥，"偏安"指离开中心居于一隅，"腐尸殍肉"所在皆是，并非"一隅"，这里应去掉"偏"字。

② 君曾见清泉流于大石者乎？此泉之挫折也。

"清泉流于大石"语义不明，流于石上、石侧还是石前，情况大不一样，此处当说"清泉阻于大石"。

③ 择趋避者，散于群峦之外，须臾而无形，倾刻而泯灭；择挺进者，继往削磨千亿载，乃得赤漠飞沙之掩白日。

此处不顾事理，硬把"阻于绝壁"的"清风"分为两种，一种"择趋避"，一种"择挺进"。"继往削磨"不通。"赤漠飞沙之掩白日"是一种令人不愉快的现象，用来代指风的成就欠妥当。

④ 举大业者亦莫不有择于苦痛挫折也。

何为"有择于"？是指在挫折面前有所选择，还是指选择挫折？与此相似，前面说"物之形貌，择于何，择于挫折也"，也是似通非通的话。

⑤ 而青史之上……百里奚之举，孙叔敖之仕，皆自其不辍于逆境之苦也。

"青史之上"读来别扭，完全可以删去。"百里奚之举"是何义？"百里奚被举荐"还是"百里奚的行为"？什么叫"自其不辍于逆境之苦"？语义不够明晰。

⑥终塑英豪之名而得千古美名。

啰唆。说"终得千古美名"岂不简洁？

⑦人生之不如意者居多，直面挫折，化解而微言苦痛，惟怀大志而不言败者，可转而为人杰。

前后语气不畅。既已经说"直面挫折，化解而微言苦痛"（"微言"亦不当），就不宜又说"惟怀大志而不言败者……"。"可转而为人杰"中的"转而"也应当删掉，否则，"怀大志而不言败者"原来是什么呢？

⑧然播义于四海，流芳于后世，则非不畏挫折，临痛苦而笃志不易者可至也！

"则非……可至也"一句把意思说反了，应当这样说：则非不畏挫折，临痛苦而笃志不易者不可至也！

由于高考阅卷的保密性质，有多少以文言形式写成的作文"折戟沉沙"，被打入冷宫，媒体不公布，我们不清楚；媒体盛为宣扬的，只是凤毛麟角的幸运儿。如果仅仅依据这几篇高分作文，就以为写文言文可以胜出，未免一厢情愿。

第四节 病态的语言

有些文章违背语言规则，呈现一种病态，有碍表情达意，读来别别扭扭。有人以为这是小事，不加重视；也有人认为这属于"修改病句"的范畴，不屑于将其跟写作联系起来。其实，修改病句的意义就在于让语言表达更通顺、准确、简明，这恰恰是议论文应追求的语言标准。

一、别扭的标题

标题是文章的脸面，精彩的标题令人爽心悦目。由于标题位于最醒目处，又比较简短，所以标题里如出现问题，就特别"扎眼"，会大大影响读者对该文的评价。

下面列举的标题，都来自正式出版的《优秀作文选》之类的书。"范文"的标题尚且如此，可见这类问题有多么严重。

例1.《谎言有时更可爱》

这个标题，"有时""更"两个副词用得别扭。说"更"，是基于与"实话可爱"的比较，这时应该说："有时谎言更可爱。"如果只是表达"谎言并不总是可恶"这个意思，应该说："谎言有时也可爱。"

例2.《人生并非绝境，何来尘埃飞舞》

这个标题有气势，但是"尘埃飞舞"的含义很不明确。文章在第一段中说："人生何必只选择一条路？生命的得失又何必局限于纷繁的尘埃中？"这是唯一一处呼应"何来尘埃飞舞"的语句。"纷繁的尘埃"当比喻琐碎的杂务，这与"绝境"有何关系？人生的绝境是"尘埃飞舞"吗？人生只有到了"绝境"，才"尘埃飞舞"吗？

例3.《正法清流》

这个标题大概是仿"正本清源"这个说法。可是将"正法"与"清流"两词放在一起，却很不妥当。"正法"通常作动词，意思是执行死刑。"清流"通常作名词，意思是清澈的水流，也指有名望的高洁之士。从文章看，作者是主张从严执法的，用这个标题，当是误把这两个词理解成"严正地执法"了。

例4.《鲲鹏水击三千里，浙子勇担弄潮儿》

前面引自苏轼《催试官考较戏作》中的"鲲鹏水击三千里，组练长驱十万夫"，有气势，也较典雅。但是后面以生造词"浙子"称浙江人（或指浙江年轻人）显然不合适，"勇担弄潮儿"更是搭配不当，宜改作"勇当弄潮儿"。

例5.《抓住弯道，勇于超越》

"抓住弯道"搭配不当，"弯道"怎么可以"抓住"呢？同样的意思，另一位考生用《把弯道变成超越的机遇》作为题目，就规范、稳妥得多。

例6.《注重偶然，创造必然》

"注重偶然"还好理解，"创造必然"就叫人难以理解了。什么是"必然"？作为名词的"必然"，是指不以人们的意志为转移的客观发展规律，而规律岂能"创造"？

例7.《追求个性诚可贵，学会听取价亦高》

这个标题生硬地模仿"生命诚可贵，爱情价更高"一句。原句中"生命""爱情"都是双音节名词，读来自然贴切，"学会听取价亦高"读来就很拗口了。

例8.《咀嚼"信念"的橄榄》

这篇文章谈信念的价值，不是照直说，而以橄榄来喻信念。"如嚼橄榄"是一种常见说法，比喻"余味无穷"。说人生余味无穷可以理解，说信念余味无穷，就未免牵强。

例9.《引你走出冬天的文化》

这个标题存在歧义，既可理解为"引你走出／冬天的文化"，也可理解为"引你走出冬天的／文化"。读文章至最后，从"中华文化就是引导中华民族走出冬天的文化"一句，才可判断其意是第二种。

例10.《自律轻轻对你说》

这个标题有两个问题：第一，"自律"是动词，不适合用作"说"的主语，何况读正文会发现，作者使用的第一人称，就是指代作者自己，而不是"自律"；第二，用"轻轻"有何作用？为什么要"轻轻对你说"？从正文中也找不到任何依据。

例11.《语言是风，沟通是帆》

这个标题用了两个比喻，都不够恰当，语言与风、沟通与帆都毫无相似处，生硬地将两者拉在一起，不合情理。

例12.《手机向北，沟通向南》

单看这个标题大体上可以猜出作者是想说手机导致人与人之间不沟通了。手机是一种工具，沟通是一种活动，二者性质完全不同，说二者一个向北、一个向南显然不合适。

例13.《争渡，争渡，执着人生何处》

这个标题是仿用李清照的"争渡，争渡，惊起一滩鸥鹭"。李清照原句语言生动而语义清晰，仿造的这个句子却是生硬拼接而成。"争渡"是状急迫之态，"执着"是说坚持不懈，两者被硬搭在一起了。

例14.《方兴的影视，胡编乱造何时了》

这个标题失之于臃肿，去掉"方兴的影视"，只以"胡编乱造何时了"为题，简洁而有力。

例15.《唯愿你独具慧眼，阴云之外艳阳晴天》

这个标题一是啰唆，"艳阳晴天"改作"艳阳天"即可；二是"阴云之外艳阳晴天"不合习惯，宜说"阴云过后艳阳天"；三是不合常理，阴云过后是晴天，这是常识，用不着"独具慧眼"。

例16.《提醒，而后有公德》

这个标题似乎告诉我们，作者认为公德来自提醒，但看正文，会发现恰恰相反，作者认为公德不需要提醒，不应该提醒后方有公德。

例17.《蝶失》

什么叫"蝶失"？看正文才知道是指"蝴蝶逃亡了"。文章谈论的核心也不是蝶，蝶只是个引子。这样的字眼用作记叙文题目是可以的，用作议论文题目则欠妥。

例18.《执子与通子》

这篇文章据说是"阅卷组公认的满分卷"，可是这个标题并不理想。"执子""通子"都是生造的名词，分别以此来指代"棱角鲜明、光芒四溢的人"和"沉稳平滑、线条柔和的人"，不符合语言规范。"子"在这里怎么理解呢？是像"老子""庄子""孔子"一样读三声吗？还是像"帽子""桌子""珠子"一样读轻声？

例19.《无愧铸就人生之乐》

这个标题中，"铸就"一词使用不当。铸就即铸造成，多用比喻义，其对象应当是需要经过努力拼搏才得以实现的东西，如"业绩""辉煌"等。"快乐"不宜说"铸就"，何况说的是"心中无愧就会快乐"这个意思，更没有一丝"铸"的成分。

例20.《预测，不一定成真》

这个题目明白晓畅，其问题在于，"预测不一定成真"是人人都知道的大实话，大家不会对此提出任何异议，也不需要谁来论证这一点。因此，这样的题目很难给读者带来阅读期待。

二、病句连篇

写文章应该避免出现病句，但这一点很难完全做到。如果思虑不周，名家也会犯这样的错误。例如我们熟悉的吴晗的《谈骨气》一文，有一段原来是这样写的：

> 什么叫骨气？指的是抱有正确、坚定的主张，始终如一地勇敢地为当时的进步事业服务，遭遇任何困难，都压不扁、折不弯，碰上狂风巨浪，能够顶得住，吓不倒，坚持斗争的人。

这一段界定"什么叫骨气",对应的解释却是"指的是……的人",这在逻辑上是不成立的。因为"骨气"是指一种品质,而非指具有这种品质的人。

在应试作文中,时间紧张,考生来不及仔细推敲,更容易出现语病。但是绝不可因此认为这是无足轻重的小事,如果一篇文章中接二连三地出现别别扭扭、似通不通的语句,说明作者基本的表达能力不过关。

当这种现象频频出现在"范文"中时,缺乏辨别力的初学者就会产生错误认识,以为这就是规范的表达方式,进而盲目模仿,结果是更加不通。

例1.

> 人生如花,经教育的洗礼,生命之花才得以绽放。人生如柳,经教育的吹拂,生命之姿才得以丰富。人生如浪花,经教育之海的推涌,生命才得以激扬。教育是一门丰富、耐人寻味的艺术。

首先,前三句都犯了偷换主语的毛病;其次,把人生比作花、柳、浪花,相应地也需要把教育比作某物才能完成这组类比,其中只有第三句把教育比作了海,而这一比喻又很不恰当。第一句,人生如花,教育如什么?没有说,只说了"洗礼",那么,花需要洗礼吗?花怎么洗礼呢?于理不通。第二句,人生如柳,教育如什么也不说,从"吹拂"来看好像是"风",那么就应该说:人生如柳,经教育之风的吹拂,才得以丰富。第四句用"丰富"来作"艺术"的定语,构成"一门丰富的艺术"这样的话,也不通。

试做修改:

> 人生如花,教育如雨露,滋润过教育的雨露,人生之花才得以绽放;人生如柳,教育如春风,沐浴着教育的春风,人生之柳才得以婀娜多姿;人生如虹,教育如阳光,映照着教育的阳光,人生之虹才得以绚丽。教育是一门耐人寻味的艺术。

例2.

> 人生的境界是自己的意识组成的,浮华的世界仿佛越来越模糊了

这点。太多的外人期望，众目已待，太多的众望所归充实进我们的生命，造成了自己理想世界的空白。这样的空白太宽太大，如栖鸟飞过汪洋，使人行动之时陷入了犹豫，在夜阑时分清醒地想象，什么是你孩提时的憧憬和梦想，如今它们又在你生命的哪个角落？

同样存在于人的空间里，我们不免发现古人的自我认识相当清醒。太多的文人骚客，仿佛除了写作与习画，其他的事很少顾及。李贺说："我当二十不得意，一心愁谢如枯兰。"才二十岁的人，心旌已经褴褛，像他这样的年龄，正是旁人急于升官进仕，正是他人期望宦达的年代，而他却不再顾暇这些。当后人抽丝剥茧地打开他固守的精神世界的产物时发现，唯独凄美与惊艳——这令人惊讶的精神果实，没有蒙翳。

先看第一段：

"人生的境界是自己的意识组成的"一语含义模糊，"境界"怎么是"意识组成"的呢？"众目已待"是生造的词，含义不清，也许是想写"拭目以待"。"太多的众望所归"，"众望"已经包含了"太多的（人）"这个意思，不宜再用"太多的"来修饰；且与前文"太多的外人期望"语义重复。用"如栖鸟飞过汪洋"这样的动态来比喻静态的"空白"不当，且"栖鸟"是"栖宿于树上的鸟"，怎么"飞过汪洋"？"想象……孩提时的憧憬和梦想"中，词语搭配不当，成年人想到孩提时的东西，不是"想象"而是"回忆"。

再看第二段：

"同样存在于人的空间里"一语，读来感觉十分别扭。"不免"一词用得毫无道理。"文人骚客，仿佛除了写作与习画，其他的事很少顾及"，这样的判断难以服人，且"习画"是学习绘画，这里被当作"画画"来用。"顾暇"一词为生造词，分析文章意思可知，这里当作"顾虑"。"抽丝剥茧地打开他固守的精神世界的产物"一语十分拗口，且"打开产物"搭配不当。"凄美与惊艳"是"精神果实"？于理不通。"果实没有蒙翳"搭配不当，语义不通。"蒙翳"是遮盖之意，一般以"主语+蒙翳"（如"竹树蒙翳"）的形式出现。

例3.

　　许多成功都是苦难的雨露浇灌的。有人曾说：贝多芬倘若不是双耳失聪、失恋和贫病交加，我们也许听不到雄浑有力的《命运交响曲》；海伦·凯勒倘若不是聋盲人，没有经受黑暗的折磨，她的作品也就不会充满爱心且有感染力，也就不会被马克·吐温赞美为19世纪了不起的人物之一。苦难是阶梯，人从这阶梯中一步步地踏过去，便走向了成熟与成功。古人有言："艰难困苦，玉汝于成。"困难不仅使人的精神、意志、品格得到升华，还会使人增长才干，增长能力。

首句"许多……都是……"自相矛盾；"苦难的雨露"修饰不当，"雨露"喻恩惠、恩泽，不宜指苦难。第二句中，"贝多芬倘若不是……我们也许……"语序不当，宜作"倘若不是贝多芬……我们也许……"；"海伦·凯勒倘若不是……她的作品也就不会充满爱心……"不合事理，正常人的作品难道没有爱心？"赞美为19世纪了不起的人物之一"应删掉"之一"。第三句中，"人从这阶梯中一步步地踏过去"搭配不当，既是阶梯，应是"踏上去"。第五句"困难不仅使人的精神、意志、品格得到升华，还会使人增长才干，增长能力"递进不当，应作"困难不仅使人增长才干，增长能力，还使人的精神、意志、品格得到升华"。

例4.

　　面对同样一颗石头，许多雕塑家说它是一个不属于艺术的顽石，可是罗丹以他特有的眼光识慧于这颗石头，并把它雕成著名的大卫像。正像其他雕塑家所言：这颗石头上的纹路与艺术相悖离，可是为何罗丹却不这么认为呢？因为他走了一条有违常规的路。他用自己的技艺，避开石头固有的纹路，创造了雕塑界的一大"奇观"。

先看第一个句子。"一颗石头""一个……顽石""这颗石头"三处量词使用不当，"颗"宜改为"块"。"识慧"也像是作者生造的词，推测作者的意思，大概接近于"慧眼识珠"，可是"慧眼识珠"又不能接宾语，且与"眼光"重复。

再看第二个句子。后一分句"可是""却"语义重复，应当删去一个。"正像"一词使用也有问题，一用"正像"，就似乎强调"这颗石头上的纹路与艺术相悖离"是客观事实，然而这里的重心显然在"罗丹却不这么认为"上，也就是说，所谓"相悖离"只是其他雕塑家的主观看法，这样前后就有了矛盾。"其他雕塑家所言"后用了冒号，但"可是为何罗丹却不这么认为"并不是其他雕塑家所言，冒号未能一管到底，应当将冒号改为逗号。

第三个句子中，加在"奇观"一词上的引号，也应该删去。此外，本段所述事实不知所据，应当指出的是，闻名世界的大卫像的作者是米开朗基罗而不是罗丹。

我们试将这段话修改如下：

> 同样一块石头，许多雕塑家说它是一块不属于艺术的顽石，可是艺术家罗丹（姑且沿用作者的说法）以他特有的眼光发现了别样的美，把它雕成著名的大卫像。当其他雕塑家纷纷说"这块石头上的纹路与艺术相悖离"时，罗丹却避开常规思维，避开石头固有的纹路，创造了雕塑界的一大奇观。

第
八
章

我的下水作文

叶圣陶先生提倡语文教师"下水",他说:"经常动动笔是大有好处的,'教师下水'确然是个切要的要求。"(《叶圣陶语文教育论集》)教师对学生的作文情况最熟悉,写出的"下水作文"针对性很强,指导意义较大。本章是著者所写的部分下水作文,内容既涉及"人生意义""传统文化""社会公德"等大话题,也涉及"网红""网络水军""起名字"等具体问题,有些是"一题两作",其用意在于引导青少年关注社会,关注时代,在议论文中注入真情感,表达真见解。

作文题：

惠樗同学的名字取自《庄子·逍遥游》："惠子谓庄子曰：'吾有大树，人谓之樗。其大本拥肿而不中绳墨，其小枝卷曲而不中规矩，立之途，匠者不顾……'庄子曰：'……今子有大树，患其无用，何不树之于无何有之乡，广莫之野，彷徨乎无为其侧，逍遥乎寝卧其下。不夭斤斧，物无害者，无所可用，安所困苦哉！'"

古代文人有名有字（也叫表字），现在惠樗同学要给自己起一个"字"，打算从"无用""凌云""逍遥""大用"四个名字中选一个。请以"小王"的名义给惠樗同学写一封信，谈一下你对此有何建议。

惠樗，字大用

大用同学：

您好。请原谅我未经恩准就以"大用"称呼您。事实上这明确地传达了我的建议：就用"大用"当作您的字。古代文人有名有字，友朋之间称字更显礼貌，既然我已经为您选定了"大用"这个"字"，当然也就应当这样称呼您。

您一定会追问：为什么选"大用"呢？请听我说。

古人名、字往往存在密切关联：或语义相反相对，如朱熹字元晦；或语义相同相近，如辛弃疾字幼安；或语义相补相联，如王维字摩诘。如今您预备的四个选项中，大体上都符合这一要求，似乎选哪个都可。但是一仔细斟酌，又不尽然。

尊名"惠樗"既起自《庄子·逍遥游》，字面义当是"惠子的大樗树"。在惠子口中，他的大樗树"不中绳墨""不中规矩""立之途，匠者不顾"，是大而无用之物。从这个意义上来说，"无用"是符合惠施本义的，但，"无用"未免太消极，您还是个学生，年轻人应该有一种积极进取的精神，所以，不建议取"无用"。

"逍遥"是《庄子·逍遥游》一章的关键词，体现了庄子顺应自然不妄为的思想，似乎是最应该选的。然而我以为庄子的逍遥观有着明显的避世倾向，你看他说的"彷徨乎无为""逍遥乎寝卧"，简直要提倡"躺平"了。这样的生活态度，离我们这个时代对青年人的期冀差得太远，所以，也不建议取"逍遥"。

那么，"凌云"如何？"壮志凌云"，何等气势！何等进取！仅从这一点来说，确实是不错的选择。然而，"凌云"这个词与惠子的大樗树有点"不搭"。"其大本拥肿""其小枝卷曲"，哪里有凌云的气象呢？不能为了"进取"而随意篡改典籍啊！

现在只剩"大用"了——请放心，我建议取"大用"绝不是因为它"剩下"了，而是因为：

第一，它非常符合庄子的用意。惠子说大树无用，但庄子并不这么认为，他说我们可以借大树来逍遥呀！正因为没有世俗的所谓用，才可以避开刀斧呀！前文还讨论了大葫芦的用处，惠子说自己有特别大的葫芦，可是没有什么用处，庄子批评他说"夫子固拙于用大矣"，倘若把它系在腰上，浮游于江湖之上，多好！可见，在庄子心中，这样的大樗有别样的"大用"。

第二，它体现了青年人的进取精神。在当今这样日新月异、"万类霜天竞自由"的时代，年青一代最应生机勃勃，立志为这个社会、这个时代作出自己的贡献，让自己的"用"尽可能"大"些，庶几不负青春。

希望多少年以后，为中国发展作出贡献的英雄榜中，有这样的介绍：惠樗，字大用……

　　祝

学习进步

小王

2021 年 10 月 19 日

2

作文题：

网络上有一些"网红"为赚流量而追逐热点事件，给当事人及其家庭带来困扰和痛苦。例如全红婵奥运夺冠后，许多人围堵在她家拍照、发消息；河南洪灾，有人为了拍照赚人眼球，偷走了救灾的冲锋舟……对于这些人的行为，你有什么看法？

从"网红"到"网黑"

近些年来，"网红"成为一个热词。所谓"网红"，是指活跃在网络上的红人。网红千人千面，当然不可一概而论。有不少网红用自己的才华给网友带来快乐，用自己的努力给网友带来信心，这样的网红当然该一直"红"下去。本文要谈论的，则是那些致力于借热门事件和热门人物来显示自己的存在，借以赚取流量、惹人关注的网红。

既是致力于做网红，当然会关注流量，狠蹭热点：当"大衣哥"火的时候，他们去蹭"大衣哥"；当"拉面哥"火的时候，他们去蹭"拉面哥"；当"蝴蝶结奶奶"火的时候，他们去蹭"蝴蝶结奶奶"……这都是可以理解的做法，无可厚非，但是其所作所为，必须遵守法律法规，合乎道德礼义，不违背良风良俗。古人云："君子爱财，取之有道。"网红追逐流量，也应守住法律和公德之"道"。

一个令人不可忽视的事实是：有些网红抛弃了"道"，做出了伤风败俗甚至违法乱纪的事。遇到热门事件，捕风捉影，信口开河；出现热点人物，前堵后围，纠缠不休。这样的网红，不但严重干扰了当事人及其家庭的正常生活，而且容易混淆视听，给老百姓带来认知上的混乱。

有的网红甚至进一步突破了做人的底线，在灾难面前，不是全力以赴帮着救灾，而是借机蹭热度、赚流量。为了达到这一目的，不惜给救灾添堵添乱。在一场让全国人民揪心的严重水灾中，竟然出现了偷用救灾急需的救生艇来做直播的网红。这样的网红，令多少人寒心哪！

也许有人会说，关注热门事件，关注热点人物，不正说明了这些网红有一副热心肠吗？

如果留意一下他们的表现，就会发现事情并不这么简单。网红们追逐热门事件，往往并非仅仅出于对事件本身的关注；他们追逐热点人物，也往往不是为当事人着想。网红如此热衷于追逐这些事这些人，"醉翁之意不在酒"，他们真正关注的是自己。发文贴图，喋喋不休，忙得像花丛中的一只只蜜蜂，目的不过是推销他们自己，并借以谋取不菲的利益。有消息说，有的网红"打卡"全红婵家后涨了三四万粉，而成本只是两趟动车的票钱。

遵纪守法、品德高尚，把真、善、美带给社会，把快乐、幸福、信心带给网友，对于这样的网红，我们衷心祝愿他们长红不衰；但是如果一个网红不择手段，任性而为，越过道德的底线，冲出法律的篱笆，那么，他的"红"也就变成了"黑"，当这种"黑"积累到一定程度，必然落得一个被广大的网友"黑"掉的下场。

作文题：

网络水军是受雇于网络公关公司，为他人发帖回帖造势的网络人员，以注水发帖来获取报酬。结合你了解的情况，以"网络水军"为话题作文。

网上有水军，人间无义战

网络水军是指受雇于网络公关公司，为他人发帖回帖造势从而获取报酬的人。如果网上水军肆虐，那么人间还有什么义战可谈？

回顾近年来网络水军的"战绩"，我有一种脊背发凉的感觉。不顾是非，不问利害，仅仅为了赚钱而甘当枪手、甘抬轿子，这样的网络水军，与帮闲小人有何区别？与医院门口的那些医托有何区别？尤其是那些信口雌黄、肆意攻击他人的水军，往往形成可怕的网络暴力，这与上海滩的打手有何区别？

事实上水军的危害，远远大于帮闲小人、医托和打手。一方面，帮闲小人、医托、打手数量毕竟有限，而网上的水军则"漫山遍野"，极易造成"一呼百应"之势；另一方面，帮闲小人、打手都容易识别，即使是乔装打扮的医托，稍有经验的人也能有所察觉，而网上的水军则披着"民意"的外衣，极富迷惑性，让你无从判断哪些意见是网民的真实想法，哪些意见是水军的信口胡扯。某部烂片上映，满网却是叫好之声，是不是动摇了你的判断？这样的危害尚小。倘若某个大人物作恶多端，居然也是满网颂扬之声，这个社会健康的价值观岂不大受冲击？善恶不分，是非颠倒，危害可就大了。

那么，是什么原因让网络水军变得这样可怕？我想，原因就在于，他们的血液中掺进过多的水，血性被大大稀释，丧失了灵魂。没有了灵魂的网络水军，就成了冰冷的机器，成了唯利是图、任人利用的工具。这样的人，是可怕的，是可悲的，是可怜的。因为他们背离了人之为人的原则。

一个成熟的人应有明辨是非的能力，懂得哪些事能做，哪些事不能做；应该有自己的坚守，该做的事困难再多也要做，不该做的事利益再诱人也不去做。我们常说人是高贵的。人的高贵不在于他能役使万物，而在于他有一个充满爱的灵魂，在于他珍惜自己的人格，不唯利是图，不会为了满足私欲不择手段。

仰望人类历史的苍穹，那些闪耀着光华的星，往往都是具有这样高贵灵魂的人。不甘处于混浊之朝的屈原，不向权贵低头的岳飞，创作了《战争与和平》《安娜·卡列尼娜》《复活》的列夫·托尔斯泰，全心全意为病人服务的护士南丁格尔……这些人，会为了几块钱做水军吗？

孔子说："富与贵，是人之所欲也，不以其道得之，不处也。"孟子说："万钟则不辩礼义而受之，万钟于我何加焉？"一个有良心、负责任的人，一言一行必须守"道"，必须"以其道"，必须"辩礼义"。这不仅有利于社会，也有助于他自己人格的完善。所以我劝这些"水军"们：不要再做没有灵魂的乌合之众了，拾起自己的尊严，让心中充满爱和正义！

4

作文题：

请以"绽放"为话题作文。

让生命绽放

　　花儿不会永远绽放，可是如果它们没有一次绽放的经历，那就丧失了一朵花的价值。一个人，又何尝不是如此。

　　一个人的绽放，远比一朵花丰富多彩。有时候，她以才华的形式呈现：《兰亭集序》挥就，那是王羲之的绽放；《赤壁赋》写出，那是苏东坡的绽放；《清明上河图》绘成，那是张择端的绽放。有时候，她以速度、力量、技巧的形式呈现：以 2021 年东京奥运会上两个"00 后"小将为例，在平衡木上翩翩起舞，那是管晨辰的绽放；从 10 米跳台跳出最佳成绩，那是全红婵的绽放。有时候，她又以美德的形式呈现：不畏权臣威胁，据实写下"崔杼弑其君"，那是齐太史的绽放；坚守廉洁操守，拒绝故人暮夜献金，那是"关西孔子"杨震的绽放；用自己的 4 张熟牛皮和 12 头牛犒秦师，救了一国的人，那是郑国商人弦高的绽放。

　　绽放的时刻，是一朵花最美丽的时刻，也是一个人最能体现自己价值的时刻。绽放的人生，让我们感受到生命的宝贵、崇高、伟大，世界文化的原野因此绚丽多彩，人类文明的星空因此璀璨夺目。北京冬奥会异彩纷呈，看到谷爱凌、苏翊鸣从大跳台凌空而起的矫健身影，看到徐梦桃在空中做出极高难度的动作，看到韩聪和隋文静配合默契、轻灵优美的舞姿……有谁不热血沸腾？

　　如果以为绽放专属于卓尔不群的"超人""伟人"，那是一种误解。不论愚智、贫富、穷达，每个人都有绽放的权利，都有绽放的价值。"苔花如米小，也学牡丹开。"牡丹的绽放固然惊艳，苔花们的绽放又何尝不令人倾倒呢！俯下身躯，弓起脊背，用自己的生命之躯给孩子们撑起一角希望的谭千秋，只是一个普通的中学老师；用蹬三轮车挣来的辛苦钱资助300多个孩子上大学的白方礼，只是一个普通的老人。其实，当一个学生深思熟虑后解出一道数学题，当一个农夫辛苦耕作后种出一垄庄稼，当一个医生屏息凝神做完一台手术，当一个行人迅速向跌倒者伸出援手，那又何尝不是他们的绽放！

　　"成功的花，人们只惊慕她现时的明艳！然而当初她的芽儿，浸透了奋斗的泪泉，洒遍了牺牲的血雨。"一个人绽放的程度，往往取决于绽放前艰苦奋斗所积累的"能量"，积累的"能量"足够大，你的绽放才足够精彩。多次夺得奥运会金牌的中国女排、多次获得亚洲杯冠军的中国女足，无一不是经历了咬紧牙关、起早贪黑的艰苦训练。

　　我们正值青春，正是渴望绽放的好年龄，深扎沃土，苦练本领，然后绚绚烂烂地绽放吧！

5

作文题：

有人认为，人生的意义在于奋斗。有人则认为，人生不过是一场游戏一场梦而已。还有人说生命本身没有意义，意义是人们赋予的。

你对人生的意义有何看法？

红尘纵使看破，生活仍将前行
——也谈人生的意义

人生究竟存在不存在意义？这是一个争论了很久的问题。

对人生意义产生怀疑的人，据我所知，主要有两类：一是理想破灭，找不到自己的价值所在；二是意识到人生不过百年，终究化为虚无。

第一类人的怀疑是沉痛的，但并不坚定。随着境遇的好转，收获几次"心想事成"的欢乐，就会走出怀疑。

第二类人的怀疑是平静的，但又是绝望的。因为支持他们观点的论据没人能驳得倒——可不是嘛，上下五千年，秦皇汉武、唐宗宋祖，谁的生命得以长存？苏东坡夜游赤壁，想到曹操，"方其破荆州，下江陵，顺流而东也，舳舻千里，旌旗蔽空，酾酒临江，横槊赋诗，固一世之雄也"，可是"而今安在哉"？由曹操又想到自己，"寄蜉蝣于天地，渺沧海之一粟"，于是乎"哀吾生之须臾，羡长江之无穷"。

"纵有千年铁门槛，终须一个土馒头。"许多人一想到最后的结局，便心灰意冷，看破红尘，从此或遁入空门，或恣意妄为，甚或自我了断。这些似乎大彻大悟的人，其实不过是偏执于人生的一端。只知其一，不知其二。

不错，人生都有结局。然而，人生又都有过程。结局或许都归于"一个土馒头"，但过程却可以千变万化异彩纷呈。当我们无法左右"结局"时，不更应该转而去经营自己的过程吗？所谓意义，其实不在结局，而在过程。

史铁生在其小说《命若琴弦》中写到了一个"小瞎子"，他从师学艺，支持他孜孜不倦学下去的信念是当他弹断 1000 根琴弦后就可以用师父珍藏的药方医治好眼睛。他努力地弹，琴弦一根一根地断，年龄一岁一岁地长。最后，他知道了真相，所谓药方，不过是他的老师许诺给他的一个善良的谎言。我们的人生终点，正像这位"小瞎子"手中的药方，不过是一张白纸。但是，因此而放弃了弹琴，也就听不到动人的乐音了。

前人评价孔子周游列国，游说诸侯，赞扬他具有"知其不可而为之"的悲壮情怀。其实，可与不可，得从什么角度来看。从当时的诸侯置之不理这一点看，是"不可"；从对后世的影响来看，是"可"。以此来看史铁生的"小瞎子"，也是如此。从医治眼疾来看，是"不可"；从"医治"人生的平庸来看，又是"可"。

所谓"看破红尘"而放弃人生意义的追求，有时是愚，是聪明过了头的愚；有时是怯，是失掉了探索意志的怯。我想，纵使"看破红尘"，我们也应当坚定地前行。

作文题：

有人认为，人生的意义在于奋斗。有人则认为，人生不过是一场游戏一场梦而已。还有人说生命本身没有意义，意义是人们赋予的。

你对人生的意义有何看法？

做一个意义生成者

有人说人生不过是一场游戏一场梦，哪里有什么意义？这样喟叹，往往是基于"转瞬即空"这样的事实来生发的。

然而"转瞬即空"并不等于"一直空"，只要曾经真实地存在过，哪怕是"白驹过隙"一般短暂，也必然有其存在的意义。过程产生美，值得欣赏的美景往往在过程中。如果过于关注结局，以结局来评判生命，那么，花和草有什么区别？杨柳和松柏有什么区别？蝼蚁和虎豹有什么区别？草履虫和大猩猩有什么区别？虾蟹和鲸豚有什么区别？

当我们把目光移向人生的过程，关注到一个个似乎微不足道的细节，才会感受到美，感受到爱，感受到幸福，感受到震颤。婴儿降生时嘹亮的啼哭、母子重逢时紧紧的拥抱、登上峰巅后激动的高呼、思索问题时皱紧的眉头……人生的意义就在这里。

人类社会从无到有，人生意义也是从无到有。鲁迅说："其实地上本没有路，走的人多了，也便成了路。"不妨仿着这句话说："世上本没有意义，关注的人多了，也就有了意义。"

当人类还处在茹毛饮血的时代，人生的意义也许只停留在"果腹"的层面；但是随着人类的发展，意义一层一层地生成，而生成的意义又反过来促进了人类文明的进步。从"唯利是图"到追求道义，从彼此仇恨到人人都献出一份爱，从仅关注一己之私到"老吾老，以及人之老；幼吾幼，以及人之幼"，从主奴之分到人人生而平等，从弱肉强食到合作共赢……人类文明几千年来发生了天翻地覆的变化，这些变化、进步，正是建立在对意义的追求之上。

人生的意义对于世人来说，是目标也是动力。几千年来，飞鸟、走兽、游鱼，可曾为了提升自己的生活水平而思考和创造？人类，却建起了摩天大楼，造出了奇妙的工具，远可至南极，深可入海底，高可登明月。如果人生意义消解，且不说这样辉煌的成就无法取得，就连和平的秩序都难以保障。

苏东坡面对着大江东去，遥想周公瑾当年英发的雄姿，感叹自己老而无成，于是长叹"人生如梦"。其实人生与梦有很大不同：梦是无意识的被动的，而人生，却需要投注我们的热情和力量。尽管还有太多因素无法左右甚至难以预料，但是，这不能成为我们放弃主动、放弃努力的借口。事实上苏东坡感叹过"人生如梦"之后，该读书还是读书，该写作仍然写作，该重出江湖为民发声还是重出江湖为民发声。他若真的就此醉生梦死，世上也就没有了这么鲜活有趣的苏东坡。

就算退一步，把人生看作一场游戏，那么，也必须赋予游戏一定的意义——规则、目标、奖惩，否则这游戏还怎么玩？作为参与者，明知是游戏，也必须全神贯注地投入其中，否则还玩个什么劲呢？

有人说："人是悬挂在自己编织的意义之网上的动物。"人生的意义是人们生存、发展的重要支撑，那么，何不做一个意义生成者呢？

（7）

作文题：

中国台湾作家林清玄在一篇文章里曾讲过一个故事：有一个老太太，一生从来没有穿过合脚的鞋子，总是穿着一双大鞋走来走去。有人问她为什么不买小号的鞋穿，老太太回答说："我这种鞋，大号小号一个价，我为什么要弃大就小呢？"

请以"适合自己"为话题作文。

也谈"适合自己"

只是为了赚那么一点点小便宜，竟一辈子穿不合脚的鞋子，这样的老太太我们的确都觉得可笑又可悲。那么，可笑可悲在哪里呢？

答曰：可笑可悲在她把人生的目的和手段搞反了。人生贵在适意，追求来追求去，无非是寻找一种适合自己的生活罢了。鞋子的大与小、棉与单，都是为了适合脚的，哪能牺牲了脚的舒服来贪求一双大鞋呢？

现实中真为了贪图一双大鞋而宁肯委屈脚的人并不多，因为这样明显的道理很容易明白；然而，如果这双鞋换成了别的东西，如官帽、财富之类，恐怕就有很多人会和这位老太太一样贪大。

例如那些贪官，一穿起"财富"这双"鞋子"，就渴望着"大尺寸"，不顾是否适合自己，结果丧失了人的本性，夜夜提心吊胆，连一宿安稳觉都睡不好，终至锒铛入狱，让"脚"大受委屈。

例如那些不惜一切代价出名的人，一穿起"名气"这双"鞋子"，就渴望着"再肥大些"，不顾是否适合自己，结果连最起码的廉耻也丢弃到一边，虚名之下，危机伏焉，到头来心力交瘁，多半不得善终。

还有那些一听商场打折就蜂拥而上的顾客，只为了"便宜"，甚至只为了"别人都买"，就头脑发热，不顾是否适合自己，把大包小包派不上用场的东西买回家。

人生路途漫漫，诱惑无处不在，如何才能不被各种"大鞋子"动摇了根本，坚守住"适合自己"这一阵地呢？我在此提出"三不"原则——不贪，不攀，不随。

所谓不贪，就是戒除贪心，不求非分之利；所谓不攀，就是量力而为，不盲目攀比他人；所谓不随，就是甭管别人往东往西，只认定最适合自己的路走下去。只有做到"三不"，才能保持一颗清醒的心，明白人生的意义所在，不畏浮云遮望眼。

必须指出的是，所谓"适合自己"，并不等于只图个人安逸，放弃社会责任，完全任性而为。当我们的民族遭遇风雨时，当我们的国家被人欺压时，我们是不能以"适合自己"为借口来遁入桃花源，过着"不知有汉，无论魏晋"的生活的。

如今已进入网络化时代，各种信息各种观念乱哄哄堆到我们眼前，这样的时代，尤其需要我们坚守"三不"原则，明白自己的人生意义，选择适合自己的东西。

8

作文题：

"躺平"是一个形象的网络流行语，主要指在激烈的竞争、巨大的压力下，选择放弃奋斗、无所作为、与世无争的生活方式。有些年轻人选择"躺平"，不买房、不结婚、不加班，甚至不工作，放弃对理想的追求，靠着最低的生活保障维持生存。

对于这种生活方式，你怎么看？

站直啰，别躺平！

据说有些年轻人放弃了理想和奋斗，想以一种"躺平"的姿势度过青春。这怎么可行呢？得朝他们大声喊一句：站直啰，别躺平！

"躺平"是对生命的浪费，"站直"才是青春的姿态。

第一，这是个人成长的需要。

一棵树向着蓝天生长，就算不能"高耸云天"，也挺拔可敬，生机焕发；倘若匍匐于地，任凭猪啃狗咬、鸭踩鸡踏，便失掉了一棵树的尊严。俗话说"人活一口气"，就是说人要有"精神头"。不论是贫是富是贵是贱是逆是顺，一个人有活力，就有魅力，就有希望。而活力体现在"站直"，体现在"奔跑""跳跃"，而不体现在"躺平"。

第二，这是家庭幸福的需要。

家庭是社会最小的单位，也是社会最重要的单位。年轻人可以走出校园，却不能抛弃家庭。当你走出校园的那一刻，意味着父母把养家糊口的接力棒交到了你的手上。辛苦了大半辈子的父母或许仍然愿意为家庭操劳，但毕竟力不从心。作为子女，天然地就应接过这个责任。当你自己的小家建立后，又要养儿育女，开始新一轮人生。无论在父母面前，还是在爱人儿女面前，你都是最重要的角色，经营好大家小家，是你义不容辞的责任，不管千难万险。

第三，这是国家发展的需要。

一百年前，面对积贫积弱的祖国，梁启超先生站出来，冲着中国的青少年喊道："故今日之责任，不在他人，而全在我少年。少年智则国智，少年富则国富，少年强则国强，少年独立则国独立，少年自由则国自由，少年进步则国进步，少年胜于欧洲则国胜于欧洲，少年雄于地球则国雄于地球。"年轻人是国家的"精气神"，是国家建设的生力军。年轻人站得直，这个国家就有生机；年轻人"躺平"，这个国家就没了希望。

一个人偶尔"躺平"，或者适度地"躺平"，未尝不可，甚至可以说是必要的。一张一弛，文武之道；劳逸结合，养生之策。但是，把"躺平"当成主要的人生姿势甚至一味"躺平"，就不是健康的人生选择了。

父母没有"躺平"，我们才得以完成教育，长大成人；一代代中国人没有"躺平"，中国才得以发展得以强大；世界人民没有"躺平"，地球上才有了璀璨的人类文明。轮到我们这一代年轻人奋斗了，我们有什么资格"躺平"呢？

来吧，让我们一起大声喊一句："我们不躺平，我们站直啰！"

⬡ **9**

作文题：

有网友发帖提出，人民文学出版社的新年礼盒《五福迎春·人文年礼2021》把"福"和"祸"弄混了。当天，人民文学出版社火速回应，发布了一封致歉信，并全线下架错版《五福迎春·人文年礼2021》。

请你就此事写一篇作文。

请多一点敬畏之心

——评人文社《五福迎春》礼盒事件

新年将至，万象更新，人民文学出版社热情地给读者朋友献上了《五福迎春》礼盒，不料疏忽大意，竟将"福"字印成"祸"字，大煞风景，闹出一场风波。

说起来人文社似乎也有不少的委屈，字是从一本名为《启功书法字汇》的书中挑的，谁想到这本书有错呢。委屈归委屈，责任却不能一推了之。如果工作人员对于文字有足够的敬畏之心，对引用的内容严加核实，这样的笑话是可以避免的。

在中国传统文化中，文字是神圣的。《淮南子》载："昔者苍颉作书，而天雨粟，鬼夜哭。"前人对这句话的解释尚不能达成一致，但有一点是无疑的，那就是文字的出现是人类历史上的一件大事，理当特别郑重地对待。

对于写错字、读错字的人，古人向来是嘲讽有加的。冯梦龙辑《古今谭概》中写到一个乡下塾师，把《论语》中孔子说的"郁郁乎文哉"五字错念为"都都平丈我"，时人遂以"都都平丈我，学生满堂坐；郁郁乎文哉，学生都不来"来讽刺不辨真伪之人。

乡下塾师少见寡闻，认错了字尚且遭人笑话；"文化人"念错、写错就实在不应该了。然而很遗憾，出这类错误的大有人在。十多年前故宫送给北京市公安局的锦旗把"捍祖国强盛"错写成"撼祖国强盛"，庶几乎接近人文社的"级别"，生生将努力保护的"捍卫"变成了居心不良的"撼动"。细心的网友注意到，号称"文房四宝之城"的宣城市，在公交车上喷绘的大幅宣传词中，竟将"宣城"误写成"寡城"，将"胡适故里"误写成"胡适故裏"。有人专门搜罗了某书协主席的错别字，"拼搏"写成"拼博"，"万马齐喑"写成"万马齐暗"，"碧霄"写成"碧宵"……堪称触目惊心。重要场合如此，一般场合更不必论了；名家如此，普通人更不必论了。

虽说汉字太多太难，出错在所难免。但是，许多时候，错不在汉字，而在当事人对文字缺乏足够的敬畏之心。缺乏足够的敬畏之心，便容易草率行事，便不去严究真伪，许多本该避免、本可避免的错误便堂而皇之地出现了。

其实更可怕的是，这种缺乏敬畏的轻慢态度，极容易蔓延开来。届时出现的错误，就不是一个令人捧腹的笑话了。我们常说弘扬传统文化，如果连最基础的汉字都轻率处之，又怎么会对文化有敬畏之心呢？

顺便提一句，人文社对待批评的态度还是值得肯定的，亡羊补牢，错而能改。相信他们在今后的工作中，对文字、对文化、对他人，都会多一些敬畏。

作文题：

　　近年来，素有"语林啄木鸟"之称的《咬文嚼字》开设专栏，为当代著名作家的作品挑错，发现其中确有一些语言文字和文史知识差错。对此，这些作家纷纷表示感谢，并积极回应。中国作协主席铁凝诚恳地感谢读者对她的作品"咬文嚼字"；莫言在被"咬"之后，也表达了自己的谢意，他表示，请别人挑错，可能是消除谬误的好办法。

　　请你就此事写一篇作文。

请为我挑错

　　《咬文嚼字》杂志给当代著名作家挑错，包括作协主席铁凝和诺贝尔文学奖获得者莫言在内的作家们都积极回应，充分肯定了《咬文嚼字》的功劳。对于作家们诚恳的态度，我深表敬佩。人非圣贤，孰能无过？过而能改，善莫大焉！子贡曰："君子之过也，如日月之食焉。过也，人皆见之；更也，人皆仰之。"

　　改过的前提是知过，而知过，却不是件容易事。

　　知过的途径，无非是自己发觉与他人指出两种。能单靠自己的能力发觉自己的过错，当然是好事，但是，人都有自己的局限，许多过错单靠自己是发觉不了的。许多时候，当局者迷，旁观者清，要想知过，还必须仰仗他人。然而说到这里，问题就来了。有的人自以为是，根本不去想自己还会有过错，这样的人连知过的意愿都没有，不用说任人挑错，就叫他自己挑自己的错，他也没有这耐心。还有一种人，明白"人皆可能有过"的道理，也试图知过，但是或者面子薄，或者架子大，自己给自己找过错不成问题，却容不得别人"指手画脚"。

不能容忍他人指过，知过的阳关大道就堵塞成了羊肠小道，甚至隔绝成了一条死路。这样一来，过错越积越多，危险越来越大，终会酿成不可挽回的大错。如蔡桓公，名医扁鹊一而再再而三地指出他的病，可是他不肯听取人家的意见，结果，他的病由"在腠理"发展到"在肌肤"，再由"在肌肤"发展到"在肠胃"，最终发展成"在骨髓"，无法可医，呜呼哀哉！

事实上，容人指过自古以来就不是容易的事情，良药往往苦口。扁鹊的"指过"，明明是为了蔡桓公的健康考虑，蔡桓公尚且不能听得进去；倘若损及当事人的利益，那就更难了。

正因如此，那些乐于听从别人意见的故事才为人津津乐道。《唐摭言》一书中记载了一个名叫李相的官员，他注意到每当自己读到《春秋》一书中"叔孙婼"这个名字时，身边的一个小吏就皱眉头，于是问其原因，小吏解释说你读的跟我以前听到的不同。李相连忙向他请教，小吏于是告诉他正确读音。李相"大惭愧，命小吏受北面之礼，号为'一字师'"。从地位来说，李相是"官老爷"，小吏是"下人"；从学问来说，李相恐怕也比这个小吏大。如果李相高高在上，自以为是，那么就不可能虚心请教，他很可能一直错下去。翻阅我国典籍，类似的"一字师"还有不少。从这些故事中，我们应该能悟出对待批评意见的正确态度。

勇敢地承认自己存在不足，谦虚而虔诚地向别人请教，心怀感激地接受别人的批评，有了这样端正的态度，作家们不但可以减少自己文章中的错别字，而且可以积极改正更大的错误，从而不断提升自己的写作水平。作家如此，其他人又何尝不如此呢？

11

作文题：

在某大学读大一的小李同学最近很苦恼。他们同宿舍 6 个人，一到晚上，就凑在一块打扑克，可是小李更喜欢读书，不喜欢打扑克，于是后来小李就拒绝跟他们一起玩，这引起了舍友的不满，说他"不合群"。如果小李请你帮他出主意，你会怎么跟他说呢？请以"一个高三学生"的名义，用书信的形式跟小李说说你的想法。

听从内心感受，保持独立精神

尊敬的李同学：

您好。

知道了您目前的处境，我明白您的苦恼，您面临着一个两难选择：如果一个人坐下来读书，就会被舍友指责"不合群"；如果继续跟他们一块儿打扑克，就不得不放弃心爱的书。我若处在您的位置，该怎么做呢？静静地想了一段时间后，我的答案是：听从内心感受，保持独立精神。

功课之余，闲来无事，跟舍友一起打打扑克，培养一下友情，这本来没什么错。但是，凡事讲究个"正道"，讲究个"度"。培养友情的办法很多，打扑克只是其一。偶一为之未尝不可，天天如此，就会浪费大量时间。显然，这不是培养友情、体现"合群"的正道。对于一个积极上进的大学生来说，这是不可以迁就的。

人都有从众心理，所谓"合群"是也。不合群，往往被视为自私、另类。其实这里面有很大的误解，这种认识忽略了人的独立性。

独立精神，是一个人之所以成为人的重要标志。秉承独立精神，才能对自己所处的世界有批判意识，才能区分是非，择善而为。屈原行吟泽畔，不肯随波逐流，于是高歌"众人皆醉而我独醒"；陶渊明不为五斗米向督邮折腰，宁肯回到田园，采菊东篱，种豆南山；王安石顶住重重压力，实行富国强民的变法；谭嗣同放弃逃亡日本的机会，选择以自己的鲜血唤醒沉睡的民众……这些人，都不是与世俯仰、随波逐流的庸人。

"合群"，首先要看是什么群，值不值得合。这世界庸人很多，浑浑噩噩混日子的人很多，这些人组成的群，往往会滋生一种颓废的气息。这样的群不值得合。古人感叹小人得志、君子遭殃时，常说"黄钟毁弃，瓦釜雷鸣"。倘若您是黄钟，就应高贵而悠扬地响彻蓝天，怎能甘心放弃这美质佳音，去迎合瓦釜的嗡嗡之声呢？

所以，我建议您果断地退出这个令您不快乐的"扑克群"，好好读您的书，听从内心的召唤，保持独立精神。小而言之，这样可以使自己的心灵得到安宁；大而言之，可以使自己学有所成，为我们的社会做出一份贡献。

法国社会心理学家古斯塔夫·勒庞在他的名著《乌合之众》中说，人一到群体中，"他不再是他自己，他变成了一个不再受自己意志支配的玩偶"。此言振聋发聩，我们不可不引以为戒。

或许您能进一步把这个道理告诉您的舍友，让他们也明白时光易逝，青春可贵，各自去发展真正的有价值的爱好。就算是群体活动，也要选择那些有益于身心健康、有益于长远发展的形式。我们不应迎合一个颓废的群，而要创造一个朝气蓬勃的群。

祝您

学习进步

一个高三学生

2021 年 12 月 12 日

12

作文题：

你小时候，父母是否说过"不能输在起跑线上"这样的话？你在高三时，教室里有没有张贴"提高一分，干掉千人""物竞天择，强者胜出"这样的励志标语？有人认为，人一出生就进入了竞争的轨道，理当加强竞争意识；有人则认为，人更应该学会合作、共享。对此话题，你有什么想法？

世界需要合作，文明呼唤共享

一个不容置疑的事实是，几乎每一个青少年都经历过竞争，也正在经历竞争，而且不必怀疑，他们还将经历更多竞争。但是，是否因此就该大力宣扬竞争意识，漠视合作与共享？

答案是否定的。

为什么要大力宣扬竞争意识？有人说，没有了竞争意识，青少年就变得懒懒散散、无所事事，就会垮掉。

我不这么认为。诚然，竞争有利于人类进步，但竞争必须有一个度，越过了这个度，就会产生消极作用。青少年无所事事，是因为竞争意识不够吗？未必。有时恰恰相反，这些年流行的"佛系青年""躺平一族"，探究其心路历程，就会发现，正是残酷的竞争把他们逼成了"佛系"，压倒成了"躺平"。物极必反，往往如是。倘若处在一个平和、欢欣、共享、合作的社会中，他们的身心正常成长，也就不会赌气入"佛系"、喊"躺平"。所以，让青少年朝气蓬勃的最佳办法，并不是残酷的竞争。

又有人说，生存是残酷的，合作是暂时的，竞争才是终极目的。

我也不这么认为。合作也好，竞争也好，从其本质上来说，只是一种手段，凭借它们要达到的目的是生活得更好。我们努力的方向显然是让生活更美好，而不是把对方逼走逼死。

不错，在自然条件极其恶劣的时代，在生存资源极其稀缺的时代，弱肉强食的残酷竞争一再上演。这是时代的局限，是人类文明尚未达到理想高度的遗憾，而不是我们现在仍坚持这样竞争的理由。和平与发展，已经成为人类共识，是世界人民向往的境界。这种境界的达成，必然要求我们学会合作、共享，必然要求我们克制竞争、自利。

一味强调竞争意识，必然会使人们的心灵越来越狭隘、自私，就算是学富五车之士，也可能堕落成恶魔。前些年一些名牌大学中发生的给同学投毒的案件，就是例子。

少一些竞争意识，多一些合作、共享意识，有利于青少年的健康发展。在这方面，芬兰教育给我们提供了极好的范例。从幼儿园开始，芬兰的教育工作者就避免让孩子们陷入竞争的刀光剑影之中，教会他们合作、共享。不是用一把尺子来给所有孩子区分优劣，而是让他们扬长避短，自由发展，耐心启发、协助每个孩子找到自己的生命价值，建立起可以受用终身的积极学习心态。

有人爱拿达尔文的"物竞天择"来强调竞争的正义性。其实，就算是我们认为生性凶残的虎狼蛇豹，也绝不会天天想着提高自己的竞争力，它们的争夺，也仅仅限于满足自己有限的生理需求。人号称"万物之灵"，理当寻找更文明、更温情的解决争端的办法，怎么可以反而比野兽更原始、更简单到凡事都要"一决高低"呢？

13

作文题：

夏天到了，中学校园里有许多同学手持古色古香的折扇，模仿古代的书生，优雅地摇着。有的折扇上赫然写着"单身可撩""加个微信"之类的话，有人说别扭，有人说好玩，有人担忧这样有损传统文化，有人斥责低俗无聊，有人一笑了之。你是什么态度呢？请写一篇文章，表达一下自己的看法。

不可一笑了之

看到折扇上写的"单身可撩""加个微信"，大惊小怪、忧心忡忡固然不必，直呼"好玩"、一笑了之也不妥当。

仅仅依据这件事，就给现在的中学生扣上浮浅无聊、是非不分的大帽子，未免太草率。如果说一个中学生摇了一把"单身可撩"的扇子，就说他在"为自己打广告"，招呼异性来"撩"他，我可不敢苟同，这二者之间绝不可以画等号。古今中外，"以小人之心度君子之腹"的事还少吗？我们不能再犯这样低级的错误。

回到"扇子事件"，他们挑选这样的扇子，更可能是觉得好玩。对于这个年龄的孩子来说，好奇是天性，看到这种新奇、另类的折扇，拿来"显摆显摆"也是人之常情，不必大惊小怪。

既然如此，如果因为几把折扇就大光其火，必然会对中学生的精神状况产生误判。依据这种误判实施的教育，也不会有多大的说服力，轻则浪费时间，重则伤害学生自尊心。

那么，是不是可以一笑了之、放任不管呢？当然不是。

既然这件事已经引起议论，我们理当做出合乎实际的评价，给学生一种正确的引导。我反对以恶意来推测学生的居心，但并不因此主张将"单身可撩"这一类话堂而皇之地印到古色古香的折扇上。

首先，爱情是一件美好而严肃的事，是人类特别甜蜜的感情。两个人情投意合，心心相印，互相尊重，互相爱慕，就像诗人舒婷那首著名的诗《致橡树》中说的那样——"根，紧握在地下；叶，相触在云里"，"我们分担寒潮、风雷、霹雳，我们共享雾霭、流岚、虹霓。仿佛永远分离，却又终身相依"。这才是爱情应有的样子，爱情是"爱"出来的，不是"撩"出来的。

其次，青少年应当培养正确的审美观。古色古香的折扇，是中国传统文化中一个很有"风韵"的元素。旧时折扇上或有诗或有画，和谐地映衬着持扇者儒雅的气质，给人一种美感。孔尚任《桃花扇》一剧中，李香君坚守节操，拒绝嫁给田仰，她不畏权势逼迫，鲜血溅在了侯方域赠给她的诗扇上，被人点染成了折枝桃花，于是这柄折扇就有了一种悲壮之美。和谐产生美，"单身可撩"与古色古香的折扇格格不入，便显得滑稽可笑。

青少年正经历着审美观、人生观形成的关键时期，一柄折扇看似小物，却关系着他们对爱情、对美、对人生的理解，因此不可以小瞧，更不应一笑了之。

14

作文题：

　　成都街头曾经出现过这样一幕：一名幼童背着书包骑在牛背上，穿着长衫的父亲则在前面牵着牛。这位父亲说，自己这样做是在践行国学。这位父亲的做法引起了争议，有人认为爱传统文化就应亲自践行，有人则认为这样做未免拘泥于形式，还有人认为这是炒作……你对此有何看法？

是弘扬还是伤害？

　　穿着长衫的父亲，骑在牛背上的幼童，这样的一对父子从成都街头穿过，是对国学的践行，还是一场别有用心的炒作？是对传统文化的大力弘扬，还是化庄为谐的伤害？

　　所谓国学，一般是指我国固有的文化、学术，在某种意义上，大约等同于传统文化。传统文化在很大程度上体现了一个民族或国家的特质，弘扬传统文化当然是我们义不容辞的责任。问题是，究竟该怎样弘扬传统文化？

　　窃以为，有两个原则应当遵循：

　　第一，弘扬传统文化，应充分把握传统文化的精神实质，而不是盲目继承其形式。

　　古代诗歌中有很多描写牧童骑牛的情境，如"牧童归去横牛背，短笛无腔信口吹"，如"牧童牛背绿杨烟，断续歌声独往返"，如"牧童骑黄牛，歌声振林樾"……真正打动人的，是这些诗歌背后那种舒缓、悠扬、清新、淳朴的乡土气息。爱这些诗，尝试着让自己放慢脚步，离热辣辣的名利远一些，离简单悠闲的生活近一些，这才是正确的选择。如果忽略了这些实质，就算是天天骑牛，又有什么意思呢？

第二，弘扬传统文化，应与时俱进，扬弃并举，而不是照单全收。

任何事物都处在发展变化中，传统文化也不例外。当其出现时，必有它出现的理由；当其兴盛时，也必有它兴盛的必要；同样道理，当其衰落时，也必有它衰落的原因。弘扬传统文化，其实是建立在不断地扬弃之上的：弘扬那些仍然有活力有价值的，抛弃那些成为历史绊脚石的。例如"牧童骑牛"，作为一种精神象征，它显然仍有其价值，但是，如果把它变成一种具体行为，就与时代格格不入了。如今的街头，车水马龙，哪里还容得下一头牛呢？非要效仿古人，把一个幼童安到牛背上，然后把这头牛赶到现代化的大街上，这不是添乱吗？且不说影响交通，这个幼童的人身安全也难以保障啊！

弘扬传统文化，吸取前辈们一代代积淀的精华，无疑有助于我们走好以后的路。但是，近年来，有些人盲目复古，恨不能回到"鸡犬之声相闻，老死不相往来"的古老时代，这显然是逆历史潮流而动者；有些人则把弘扬传统文化当成一种行为艺术，衣则汉服唐装，行则黄牛黑驴，言则之乎者也，这或许是别有用心了。

回到开头的那对父子，孩子年幼，不必多言，父亲是否别有用心，我们一时也无从验证，我相信他是非常喜欢国学的；然而有一点是显而易见的——这样的行为，把美好的传统意境变成了滑稽的街头戏，不但不能促进传统文化的弘扬，而且极可能损害传统文化的美好形象。

最后想说一句：倘若只是一个人关在自家屋子里，无关他人，自得其乐，那么愿跨驴就跨驴，愿骑牛就骑牛；但是来到大街上，那就得仔细考虑一下啦。

⬡15⬡

作文题：

在某卫视播出的喜剧小品《木兰从军》中，花木兰嘴啃烧鸡，不肯替父从军，见了战友的胴体心动，活生生一个傻大妞形象，引起舆论热议。你对此事有何看法？

请不要拿英雄搞笑

观看小品《木兰从军》，我也觉得"好玩"，但同时又有一些不安、担忧：为了搞笑，把花木兰这样一个人人景仰的英雄，塑造成一个贪吃、平庸、憨态可掬的傻大妞，合适吗？

小品往往离不开搞笑，搞笑让人从紧张、严肃的压抑气氛中获得一种轻松，哈哈一笑，有何不可？但是，搞笑的对象可以是普通人，可以是有一定名气的大人物，可以是那些道貌岸然的伪君子，但不应该是深入人心、融入民族文化的英雄。

我们都清楚花木兰是一个英雄形象，她从"乐府双璧"之一的《木兰辞》中走来，身上洋溢着人性光辉——替父从军，为国效命，身经百战，功成不居……一提起花木兰，我们的耳畔还会响起豫剧唱词："刘大哥讲话理太偏，谁说女子享清闲……这女子们哪一点不如儿男？"在一个男权主义严重的时代，花木兰是一个如此耀眼的女性形象。

这样一位流光溢彩、众口相传的女英雄，为了搞笑，创作者居然把她"打扮"成一个极其平庸、好笑的胖妞形象，彻底消解了她的伟大、光辉。也许这样"改造"过的花木兰更"可爱"、更"平易近人"，可是，世人尊崇英雄，尊崇的是"可爱""平易近人"吗？我们尊崇的是英雄超脱平庸的卓绝！

近年来多次出现恶搞英雄的事件。如果这些英雄是假英雄，是用欺骗手段包装成的伪英雄，那么，揭穿其欺世盗名的行径，当然未尝不可。但是，有人恶搞英雄上了瘾，仅仅是为了逞口舌之快、博众人一笑，就对英雄"下手"，瞎编乱造，设计"笑点"，这是令人痛心的。

每一个国家，每一个民族，都有其珍视的文化传统，都有其珍视的英雄形象。正是这些值得世人珍视的文化传统和英雄形象，影响和塑造着一代代的国民，并形成向心力、凝聚力，从而保障了这个国家和民族的健康发展。

搞笑者在哗众取宠的嬉笑中，摧毁了那些本该敬仰的英雄形象，消解了那些本该珍惜的文化传统。这些久经历史长河涤荡而保存下来的英雄精神，倘若被我们低俗的搞笑淡化甚至否定，那么，我们的民族精神还能剩下什么？

不错，作为一个小品演员，想尽办法来让观众开心，这的确无可厚非。但是，小品演员同时也是这个社会的一分子，而且，从当下社会来说，还是特别有影响力的一分子，在娱乐观众的同时，也不能淡忘了另一个重要责任，那就是弘扬真善美。娱乐，绝不可以以牺牲真善美为代价！

改革开放取得了巨大成就，其正确性已经被事实证明；但是也应注意，当物质条件得到极大改善后，过于追求娱乐，放弃对严肃问题的思考，漠视英雄精神，则会陷入"娱乐至死"的危险中。

作文题：

《后汉书·郭泰传》中记载了这样一件事：孟敏在太原客居时，有一次背着甑出门，一不小心，甑掉落在地上摔破了，孟敏连回头看一眼都没有，径自往前走去。郭泰就问他："为什么不回头看看呢？"孟敏说："甑已经破了，再看有什么用呢？"

某校师生就这件事展开辩论，对此你有什么看法？

往后看，更要往前行

当肩头的甑倏然坠地，东汉孟敏选择了"不顾而去"。在我看来，孟敏的"不顾"，其实是一种"放得下"的心态、"走得出"的果决，而非缺乏反思精神的麻木大意。对于孟敏来说，"堕甑"的原因并不复杂，无须回头，已经了然于心，他最应做的，是继续前行，不耽误前程。

每个人的经历中，都难免"堕甑"的失意。

"往后看"，分析总结遭受挫折的原因，以避免重蹈覆辙，当然有必要，不懂得反思，跟头就白跌了。许多时候，我们遭遇的失败远比摔碎一个甑严重得多。如果说失败的经历是人生极佳的导师，那么，"授课费"有时太高昂，不从中学到点什么怎么可以呢！

必须清醒地认识到，"往后看"是为"往前行"做准备的，"往后看"不是目的，而是手段，人生真正的精彩和意义，更在于"往前行"。

我们遗憾地看到，遭遇挫折后，有人怨天尤人，有人悔恨交加，有人胆战心惊，有人被痛苦溺得窒息。这些人，被刺耳的堕甑之声吓坏了，他们颓然地瘫倒在半路上，两眼直勾勾地看着一地碎片，不但失掉了甑，而且耽误了行程。

泰戈尔说："如果你因为错过太阳而哭泣，那么你也将错过星星了。"错过太阳固然令人伤心，但是一味伤心的结果是连星星也看不到。将眼光放得长远一些，不断调整心态，莫让伤心的泪水遮蔽双眼，你就有机会看到满天的星光。事实上，你不但可以看到星星，还有望看到明天的太阳，而且你应当在心里默默地说：明天的太阳会更光辉灿烂的！

明朝的学者谈迁花费数十年完成的巨著《国榷》，不料竟被盗走。无数心血筑就的成果一夜间变得空空如也，这样的悲痛该有多么巨大！谈迁没有被悲痛击倒，他咬咬牙继续赶路，"霜毫冰研，忘饥废寝"，经过多年的艰辛工作，一部新的《国榷》终于写成。

与谈迁经历相似的，是19世纪英国作家托马斯·卡莱尔，他以《法国大革命》一书闻名世界；然而很少有人知道，《法国大革命》第一卷完成后，被人误当成废纸扔进炉里，珍贵的书稿顿时化成了灰烬。面对这无法挽回的损失，卡莱尔难过至极，但他毅然重新撰写了这部书。

遭遇挫折固然痛苦，生活却必须继续。我们在现实中难免遭遇失败，但是必须常葆一颗乐观奋斗的心。心若败了，人就如同朽木沤于死水，那才是彻底失败呢！

17

作文题：

近年来，我国多地发生了成年人到幼儿园或学校伤害无辜儿童的事件。对这类事件，人们义愤填膺。有人说，凶手是受到太多委屈才这样做的；有人说，即使有再大的委屈，也不能滥杀无辜；有人呼吁社会少些戾气，多些理性……你有什么想法呢？

让理性之光照亮心田

面对天真烂漫的无辜儿童，居然挥舞起血淋淋的屠刀，这是怎样丧尽天良的恶行！

然而，当人们将目光聚焦于凶手时，却有些疑惑地发现：这些凶手，往往并非一贯穷凶极恶。他们的杀戮，很多情况下是受到委屈之后丧失理性的冲动之举。

失去理性约束的冲动是造孽的魔鬼。人生斯世，谁能不受到委屈？如果没有理性把守关隘，那么人性深处的邪恶就会腾空而起，破门而出。

理性的一个重要特征，就是做事时讲究分寸，综合考量得与失、利与弊、个人与社会等因素，适可而止，不为已甚。儒家重中庸，佛教倡慈悲，列宁也说："只要再多走一小步，仿佛是向同一方向迈的一小步，真理便会变成错误。"

当一个人遭受不公平时，尤其需要理性之光的照耀，这时需警惕自己被仇恨左右。有人津津乐道"快意恩仇"，只图报复得"过瘾"，不去考虑是否超过了限度，滑进了犯罪的深渊。"四大名著"之一的《水浒传》

一书，就有一些这样的"英雄"，他们在追求正义的时候，恰恰破坏了正义。李逵劫法场救宋江、戴宗，本来有其正义性，可是杀起人来"不问军官百姓，杀得尸横遍野，血流成渠，推倒撷翻的，不计其数"，此时他已变成恶魔。如果说李逵是莽撞，那么武松呢？那位似乎很沉稳、很厚道的武松，当其冲动时，不也是这样滥杀无辜？张都监贪图贿赂，设计陷害武松，武松找张都监报仇，本来也有其正义性，可他是怎样报仇的呢？他进了张都监家，不但杀张都监，而且杀马夫、杀亲随、杀张夫人、杀唱曲的玉兰，一气杀死15人，这样惨无人道的杀戮早已丧失了为人的资格，哪里还配得上"好汉"二字！

倘若把复仇的剑专门对准妇孺，那就更卑鄙可恨。鲁迅先生说："勇者愤怒，抽刃向更强者；怯者愤怒，却抽刃向更弱者。"先生悲痛地指出："不可救药的民族中，一定有许多英雄，专向孩子们瞪眼。这些孱头们！"

理性当然不是一味地"逆来顺受"，也不是麻木不仁，更不是简单地"有人打你右脸，连左脸也转过去让他打"，但理性决不会为了一己之委屈而践踏人性。理性是从长远考虑，是从大局出发，是站在人类立场上的大爱。

让理性回归，才可以尽最大可能避免这样的悲剧。因为有了理性，我们才能深入地思考，坚定地行动，才能在行至歧路时选对方向，才能建立并改进一系列制度。有了理性，我们才能遏制住"玉石俱焚"的破坏冲动，才能避免陷入"冤冤相报何时了"的可怕轮回，才能维护规则、法制，才能保住社会的和谐。

社会发展得太快了，许多人忙得没有工夫来养护自己的心灵，被滚滚向前的人流裹挟着奔跑，在气喘吁吁地奔跑中，把心搞得很糟很狭小，动辄"勃然大怒"，一言不合，拔刀相向。多关注一下自己的心灵，以爱去滋润，以理性去维护，试着让她容得下天空、海洋，努力让理性之光照亮你的心田吧！

18

作文题：

某中学有一所自助式图书馆。这里无门、无管理员，借书、还书、借多久、什么时候还，都是靠师生自律。年终盘点，原来十万册图书变成了十万六千多册。当然，虽然增加了六千多册，但原有图书仍有丢失的。此事由微博传出后，记者进行了实地采访，以"'无门图书馆'的诚信之门"为题进行了报道，一时间引发热议。

请据此写一篇议论文。

也谈"诚信之门"

某中学开办了一座不设门的自助式图书馆，一应事务全靠借书者自理自律，有人欢呼"无门图书馆"筑起了一扇"诚信之门"。听后为之一振，然而，静下来想一想，又有许多担心：这样的"诚信之门"果真靠得住吗？

诚信是一个文明人必备的营养元素，当今社会，这种营养元素流失严重，种种不讲诚信的恶劣行径时有上演。更有甚者，往救助自己的恩人身上栽赃，以致出现了"见老人倒地扶不扶"这样的问题。

人们呼唤诚信的心情可以理解，但是，诚信的形成是个复杂的问题，绝不是撤掉图书馆的门这么简单。很难相信，仅仅凭着一个美好的想法，仅仅凭一句号召，就能让人"放下屠刀，立地成佛"——原来爱乱放的，立即放得整整齐齐；原来爱乱画的，立即保持得干干净净；原来爱拖着不还的，立即变得勤借勤还；原来有顺手牵羊之习的，立即变得不拿群众一针一线。

窃以为，"诚信之门"必须要筑，但是必须讲究方法，结合现实人情，运用法律武器，切不可盲目乐观，以为把挡风挡雨挡小偷的门一卸，"诚信之门"就自然牢牢地安上了。

这绝非杞人忧天。

人天性中就有自私自利的倾向，人类社会能从茹毛饮血发展到今天这样高度发达，从来都不是仅靠不加任何约束的自律实现的。俗话说，国有国法，家有家规，凡事都需要讲规则讲制度。有一个好的规章制度，才能保证社会的正常运转。仅仅依靠人的自律、诚信，往往是危险的。把事情的成功寄托在当事人的自律、诚信上，在局部地区、短暂时段、某些事情上是可以办到的，但是就普遍性、长期性而言，却是一种不切实际的想法。

以运动会为例，运动员在会前有一个宣誓环节，郑重承诺尊重和遵守各项规则。这是否意味着可以取消对运动员的监督呢？当然不是。我们很遗憾地发现，运动员犯规的事时有发生，为此而发生的激烈争议也并不罕见。有的运动员甚至心存侥幸地服用禁药，妄图通过作弊来获得好成绩。因此，我们不但为运动会制定了各种规则，而且安排裁判主持公道，对违反规则者予以严惩。如果离开了这些制度，谁敢保证运动会能顺利、公正地召开？

清代小说《镜花缘》中有一个君子国，那里的人"好让不争"，诚实守信。倘若君子国也有自助式图书馆，自然不必担心丢失图书。然而，君子国是虚构的存在，现实却复杂得多。历史已经表明，要筑"诚信之门"，不能只靠自律，不能只靠诚信，还必须靠制度。小到一座图书馆，大到国家管理，莫不如此。

19

作文题：

据报道，大年初三，一群鸽子成了地坛庙会的"热门景点"。这群在美食广场旁边草坪上的鸽子，引来不少游客照相留念。但也有一些人专为偷鸽子而来，一名男子抓到一只鸽子，立刻招呼同伴来看，几人检查了下鸽子的身体后，边讨论着大概能卖的价钱，边将鸽子攥在手中离去。

请据此写一篇议论文。

请补上"公德"这一课

一群给游客带来快乐的鸽子，无端栽在几个偷鸽子的人手里，这样令人气愤的事暴露了有些人缺乏公德的问题。公德即公共道德，是一个人在公共场合应当具备的道德。人生是一部卷帙浩繁的大书，"公德"是其中非常重要的一课。

缺乏公德的行为近年来频频出现。

某家饭店里，一个男子脱掉鞋子，把臭烘烘的脚翘到座椅上；一架客机上，两个人因为极小的一件事，由唾沫四溅的文骂，升级到血肉横飞的武斗，导致飞机不得不返回出发点；某著名景点，一个男孩子极其老练地掏出刻刀，在珍贵的文物上刻下"某某某到此一游"的文字；重庆某地，一个小伙子骑到一尊烈士雕像上，悠然自得地玩起自拍……这些行为一再刺痛我们的心。

缺乏公德的危害是显而易见的。

公德是在公共场合形成的道德要求，是为了保障公共活动的顺利开展而提出的合理诉求。如果缺乏公德意识，任性而为，只图自己方便，只图有利于自己，必然会破坏长期形成的良好秩序，轻则影响公共活动的品质，重则阻碍公共活动的正常进行，危害甚大。

如果不遵守公德，路边的鲜花就难以恣意盛开，树上的小鸟就难以自由歌唱，河里的流水就难以保持清澈，公共绿地里的小草就难以生机一片，公园的座椅就难以保持完好无损，路边的"小黄车"就难以发挥作用……毫无疑问，一个不讲公德的社会，必是一个没有温暖、很不友好的社会。置身于这样的社会，哪里还有快乐可言？

有人说：遵守公德的人是傻子，遵守公德必然损害自己的利益。此言差矣！个人与社会是密不可分的。从一时一地看，不讲公德，也许能为自己谋得更多的利益，可是从长远看呢？牺牲了公共利益，也就牺牲了我们自己的利益。如果把社会比作海洋，那么我们每个人就是其中的水滴，哪里有海洋遭到污染而其中的水滴能独自完好的道理？古人云："覆巢之下，复有完卵乎？"又云："皮之不存，毛将焉附？"社会的利益被损坏了，我们个人的利益又怎能得到保障呢？不遵守公德，鼠目寸光，见利忘义，才是真的蠢。

遵守公德如此重要，可是仍然有那么多不守公德的行为，这不能不让国人警醒、反思：我们的教育中，是否忽视了"公德"这一课？举止文明、待人礼貌、爱护公物、保护环境……这些看似简单的课程，其实并不容易学好，有必要常常补一补啊！

⟨20⟩

作文题：

　　周末，我从学校回家帮着挑秧苗，在溜滑的田埂上走了没几步，就左摇右晃，忙停下来。妈妈在田里插秧，看到我的窘态，大声地喊："孩子，外衣脱了，鞋子脱了，再试试！"我照妈妈说的去做，一下子就觉得脚底下稳当了，担子轻了。妈妈说："你不是没能力挑这个担子，你是担心摔倒，弄脏衣服，注意力不集中。脱掉外衣和鞋袜，就甩掉了多余的顾虑。"

　　这件事给你什么启发？

放下顾虑，走出精彩人生

　　脱掉了外衣和鞋袜，"我"一下子觉得脚底下稳当了。原因何在？"脱掉外衣和鞋袜，就甩掉了多余的顾虑。"身为农妇的妈妈像个哲学家，说穿了一个常常被世人忽略的道理：放下顾虑，才能做好一件事。

　　一棵树苗，倘若被杂蔓缠绕住，就难以长成参天的大树；一个人，倘若被重重顾虑束缚住，就难以做出惊世的大事。做事，就需专心致志，就需要抛却杂念。

　　人的精力有限，什么都想做好，什么都想得到，往往弄得什么都做不好，什么也得不到。荀子在《劝学》一文中说："是故无冥冥之志者，无昭昭之明；无惛惛之事者，无赫赫之功。行衢道者不至，事两君者不容。目不能两视而明，耳不能两听而聪。螣蛇无足而飞，鼫鼠五技而穷。"讲的就是这个道理。

　　这样的道理很难懂吗？当然不是。那么为什么还有许多人放不下顾虑呢？究其原因，复杂多样，概括言之，主要有两个：

第一，缺乏明辨是非的大智慧。

做一件事，往往有其利亦有其弊，关键是要正确地权衡利弊，不因顾虑小弊而废大利。如果缺乏足够的智慧，不明白凡事有利必有弊的道理，分不清主次，抓不住事物的关键点，就会对可能产生的不良后果过分担忧。《吕氏春秋·荡兵》中说："夫有以噎死者，欲禁天下之食，悖。"因为吃饭存在被噎死的危险就心存焦虑，想让天下人以后不再吃饭，这样本末倒置的人怎么可能不顾虑重重？

第二，缺乏大无畏的勇气。

许多时候，明知放下顾虑可成大事，然而终因缺乏勇气而作罢。张季鸾，这个担任过孙中山先生秘书的文人，后来任《大公报》总编辑，他提出了著名的"不党、不卖、不私、不盲"的"四不主义"办报方针，界定了《大公报》的堂堂"报格"，并以大无畏的勇气，抛却种种顾虑，保障了《大公报》的公正、客观。张季鸾曾写过三篇被人们称为"三骂"的社评——先后骂吴佩孚，骂汪精卫，骂蒋介石。试问这三个人，哪一个是"吃素的"？没有"舍得一身剐，敢把皇帝拉下马"的勇气，是断断不敢有此作为的。

所以说放下顾虑是一种大智大勇。

应当指出，放下顾虑，是不胡思、不乱想、不贪心，而不是不动脑子率性而为。如果以"放下顾虑"为借口而一味蛮干，甚至肆意妄为，那就走入邪路了。例如受到人们讽刺的"三拍干部"，他们决策时缺乏基本的危机意识，既不认真调查，又不周密思考，一拍脑袋就发号施令，往往给国家和人民带来巨大损失。

权衡利弊，果断抉择，放下顾虑，走出精彩的人生！

㉑

作文题：

　　某书店开启 24 小时经营模式。两年来，每到深夜，当大部分顾客离去时，有一些人却走进书店。他们中有喜欢夜读的市民，有自习的大学生，有外来务工人员，也有流浪者和拾荒者。书店从来不驱赶任何人，工作人员说："有些人经常看着看着就睡着了，但他们只要来看书，哪怕只看一页、只看一行，都是我们的读者；甚至有的人只是进来休息，我们也觉得自己的工作是有意义的。"

　　请依据材料作文。

胸怀大义，境界自高

　　一个书店，心中装着夜读的市民，装着上自习的学生，装着流浪者和拾荒者，考虑的不是一家的得失，而是万千大众的利益，这是怎样的胸怀？这是怎样的境界？

　　也许有人说，在商言商，追求利润最大化，是商家的本能，一个书店，夜间顾客很少，获得的利润极薄，坚持 24 小时的营业模式，不符合商家的利益，是一种犯傻的做法。

　　诚然，单从追逐经济利益的目标来看，这确实不是一个好办法。然而，从服务社会、造福大众的角度来看，这难道不是一种极好的做法吗？

　　胸怀服务社会、造福大众的大义，人生境界自然就高了。

　　人类社会之所以不同于动物社会，在很大程度上是因为人类有了为他人着想的道德观念。能得到世人尊重的仁人志士，哪个不是胸怀大义之人？回顾中国传统道德，孔子说仁，孟子曰义，墨子主张兼爱非攻，尽管各有各的强调点，但是，他们都以唯利是图为耻，心中都装着他人。

孔子派子路去跟桀溺问路，桀溺曰："滔滔者天下皆是也，而谁以易之？且而与其从辟人之士也，岂若从辟世之士哉？"子路把这几句话转述给孔子，孔子怃然曰："鸟兽不可与同群，吾非斯人之徒与而谁与？天下有道，丘不与易也。"

桀溺避世自保的选择也许无可厚非，然而，孔子为天下苍生谋幸福的胸怀更为动人。这样的胸怀，并非只有孔子这样的圣人所独有。在寻常百姓中，也可看得到这样的人物。

清朝末年，山东出了一个武训，从小家境贫苦，以乞讨和帮佣为生，上不起学，读不起书，吃尽文盲苦头，决心筹资兴学。他把辛辛苦苦积攒的钱用来兴办义学，让那些穷孩子读上了书。

新中国的成立和发展，更是离不开这些胸怀大义的人。毅然回归祖国的科学家邓稼先，中国现代妇产科学的主要开拓者林巧稚，舍己救人的最美女教师张丽莉，风雪行医、情系汉藏数十载的上海人王万青……他们都是这种精神的传承者和弘扬者。

人们常说，现在是经济社会，然而，无论什么社会，最终还是人的社会，关注别人的感受，给人以幸福，任何时候都是一种美德。当夜色渐浓，书店里明亮的灯光，一室的书香，温馨的氛围，会给那些来此读书或者小憩的人，带来多少温暖啊！事实上，她温暖的，又何止这几个人？她温暖的，是整个社会啊！

如果说意义，还有比这更大的意义吗？

22

作文题：

二战期间，为了加强对战机的防护，英美军方调查了作战后幸存飞机上弹痕的分布，决定哪里弹痕多就加强哪里。然而统计学家沃德力排众议，指出更应该注意弹痕少的部位，因为这些部位受到重创的战机，很难有机会返航，而这部分数据被忽略了。事实证明，沃德是正确的。

请依据材料作文。

不该忽略的数据

考察飞机上弹痕的分布情况，哪里弹痕多就加强哪里，这样的推论听起来似乎没什么问题，然而这样做忽略了很重要的一部分数据——那些被击落的飞机，它们身上的弹痕情况究竟怎样呢？缺乏这部分数据，所谓"哪里弹痕多就加强哪里"的推论就变得不可靠了。

这种因片面关注幸存者的情况而产生的错误结论，被后人称为"幸存者偏差"。"幸存者偏差"产生的实质，是以偏概全。兼听则明，偏信则暗，以偏概全，鲜有不犯错误的。

有意思的是，一提"以偏概全"，都知道不对；可是一遇到"飞机"，很多人还是会出现"幸存者偏差"。原因在哪里呢？

推究起来，这里面既有客观原因也有主观原因。从主观方面来说，最主要的原因是思虑不周，没有意识到"阵亡者"。当然，"阵亡"更多的还是借代用法，用以代指那些没有进入决策者视野的因素。

例如：有些富贵人家的孩子只看城里富人的生活状态，而没看到偏远山区穷苦人家的生活状态，从而误以为天下人都已经富得流油；有些急功近利的人只看到眼前的利益，而没有看到隐含的危害，从而做出杀鸡取卵的蠢事。

再如子女的教育问题，有些家长只看到"别人家的孩子"在父母的严格要求下大获成功，没有看到还有许多孩子因为父母的过分严苛而受到伤害，也没有看到还有很多"别人家的孩子"是在温情脉脉、春风化雨般的家庭教育中成为优秀人才的，因而忽视家庭教育的复杂性，盲目地相信"棒棍底下出人才"，不管孩子的感受，一味"毫不留情"地"严加管教"，结果往往并不理想。

还有一个原因也不可忽视，那就是被感情冲昏了头脑。决策者以个人的好恶来选择性地听取建议：听到顺耳的甜言蜜语就兴高采烈，以为是真话实话；听到逆耳的谠言正论就疾首蹙额，以为是瞎说胡扯。久而久之，其身边只剩下一种声音，这一种声音成了决策的唯一依据，犯错也就在所难免了。在安徒生的著名童话《皇帝的新装》中，那位小丑似的皇帝，如果是一个乐于听取不同意见的人，何至于身边都是些讨好他的骗子呢？如果他早一点听到"他什么衣服也没穿"的实话，何至于闹出那么丢人现眼的裸游事件呢？

网络时代消息灵通，客观上为消除"幸存者偏差"创造了优越的条件。但是，有些人却因为心胸狭隘、思想偏执，而人为地忽视那些不该被忽略的数据，因而酿成大祸，这是需要特别警惕的。

作文题：

1917年4月，毛泽东在《新青年》发表《体育之研究》一文，其中论及"体育之效"时指出：人的身体会天天变化。目不明可以明，耳不聪可以聪。生而强者如果滥用其强，即使是至强者，最终也许会转为至弱；而弱者如果勤自锻炼，增益其所不能，久之也会变而为强。因此，"生而强者不必自喜也，生而弱者不必自悲也。吾生而弱乎，或者天之诱我以至于强，未可知也"。

以上论述具有启示意义。请结合材料写一篇文章，体现你的感悟与思考。

说"强"道"弱"

"生而强者不必自喜也，生而弱者不必自悲也。吾生而弱乎，或者天之诱我以至于强，未可知也。"毛泽东关于"体育之效"的这段话，虽然是针对体育而发，然而其意义远不止于体育，它揭示了一个浅显而又重要的道理。

强者与弱者，可以是物，可以是人，可以是家庭，也可以是国家。小大不同，道理却是一样的。世上有强者就有弱者，或者说，正因为有强者，所以才有弱者；当然也可以说正因为有弱者，所以才有强者。

在"物竞天择""弱肉强食"的时代，强者占据主动权，掌握发言权，对弱者形成打压、役使、剥削之势。松柏之于草芥，虎豹之于鹿兔，鲸鲨之于鱼虾，权贵之于草根……莫不如此。国家之间，往往也如此。自晚清以来，中国积贫积弱，饱经内忧外患，深深体味到了弱的惨痛。毛泽东撰写此文时，中国正处于贫弱之时。

强与弱是相对而言的，是可以相互转化的。

喜欢看《动物世界》一类节目的应该知道，猴群、狼群、狮群也都有自己的首领，担任首领的都是在激烈的竞争中胜出的。然而这些强悍的首领，并非一生下来就是强者，而是一步步由弱变强，最后成为首领；可是随着时间的推移，这些首领又渐渐由强变弱，最后被新的挑战者打败，成为最可怜的一员。

由弱到强是多少人的理想，但是强与弱的转化并非坐等来的，而是有着这样那样的具体原因。用毛泽东的话说，"此盖非天命而全乎人力也"。动物界的强弱转化，原因还算简单，主要是拼体能、拼战斗力；一个人的身体由弱变强，原因也不算复杂，主要是依靠体育锻炼；一个国家的强弱转化就复杂得多，远非"四肢发达"可以胜任。国民素质要大大提高，科学文化要大大发展，经济基础要足够丰厚，国防力量要足够强大，政治制度要足够先进……哪一个方面出现短板，都有可能拖了后腿。

有责任心的爱国者，心中充满了振兴祖国的使命感和急迫感，这是国家由弱变强的重要动力。但是也应看到，由弱变强是一个较长的过程，需要足够的时间。一个人不可能昨天还"手无缚鸡之力"，今天就"力能扛鼎""力拔山兮气盖世"。靠打激素催生的肌肉，缺乏战斗的力量。

一个人的身体尚且如此，何况一个国家！我们曾有过"放卫星""大炼钢铁"的惨痛教训，尤其需要清醒的头脑、坚韧不拔的毅力、持之以恒的奋斗。

24

作文题：

互联网时代，信息更新速度快，人们急于抓住每一段碎片时间，快速获取更多信息。不知从何时起，人们不再喜欢读长文章，"字数太多""文章太长"往往成为被指摘的缺点，他们喜欢在碎片化的阅读中直接得到现成的结论。

对这样的现象你怎么看？

还是应该让阅读变得厚重些

碎片化阅读成为时下许多人的阅读状态，这种貌似方便、高效的阅读方式，其实有许多不足。如果满足于这种阅读方式，人们的阅读收获会大大缩水。阅读，其实很有必要变得厚重些，需要我们沉潜进去，细细研读。

从人类知识的保存和传承来说，许多重要的内容不是碎片化的，而是系统化的，有相当的长度和厚度，有沉甸甸的分量。

社会科学领域，哲学、史学、法学、教育学，都有其系统的理论。以史学为例，外国史且不说，单说中国史，一部《资治通鉴》，就多达294卷、300多万字。中华书局出版的一套简体横排的《二十四史》多达63册，能装四大箱。

自然科学呢？无论物理学、化学、天文学还是医学、生物学，都是专门的学科，博大精深，相关的著作不但厚重，而且艰深，绝非轻薄的口袋书可比。

从阅读的收获来说，碎片化阅读的收获远远不能跟沉潜式的阅读相比。

碎片化阅读的方式，由于时间不能连续，精力难以集中，心态比较浮躁，很难学到系统的知识，很难得到完整的印象，更难以有深入的思考。当一个人的阅读仅仅停步于所谓的"短平快"时，他得到的知识是散乱零碎的，这些知识之间缺乏内在的关联，缺乏血肉，形不成体系。以这样的知识储备，能做出什么样的学问呢？

沉潜式的阅读则弥补了这些不足，可以针对某一学科、某一问题，进行全方位、多角度的探究，建立较完善的学科体系，打下扎实的知识基础，这也为创新提供了可能。

要想成为一个出色的中国史专家，如果不读大部头的《资治通鉴》，不读成系列的《二十四史》，下起结论就会心虚。要想成为一个有成就的物理学家，就更需要集中精力，深入钻研了。许多科学家在自己研究的学科里，孜孜不倦，付出了一生的精力。对于今天的研究者来说，仅凭碎片式阅读，是不可能成为一个杰出的科学家的。

阅读的目的多种多样。如果只是为了消遣，打发时间，图个乐子，采用这种碎片化阅读方式，读读笑话，看看八卦新闻，当然可以。如果是为了学习知识，增长见识，那么，就不能止步于碎片化阅读。《汉书·董仲舒传》记载董仲舒专心读书，"三年不窥园"。闻一多在西南联大时，讲课之余就窝在二楼的斗室中读书治学，几乎不下楼，以至于朋友们劝他"何妨一下楼"。这两个人一古一今，用自己的行动告诉我们读书需要持之以恒，需要投入非常多的时间、精力。

互联网时代，信息更新速度快得惊人，提高阅读效率是大势所趋，但是，这不可以当成碎片化阅读的借口。人的心灵需要高质量的营养，这个社会需要严谨、持久、深入的治学精神，所以阅读还是变得厚重些好！

㉕

作文题：

　　校园霸凌是指一个或多个学生长期、多次欺负或骚扰另一个学生。校园霸凌是非常恶劣的行径，常常给受到霸凌的学生的身心带来严重伤害。发现这类事件，是当作闲事置之不理，还是积极采取相应对策加以制止？请就此问题写一篇议论文。

莫把霸凌当闲事

　　人们常把那些与自己无关的事看作闲事，"管闲事"往往被视作"无事生非"，是"狗拿耗子"的不明智行为。然而究竟怎样才算是"闲事"并没有一定标准，窃以为事关正义的事，不论与自己有关无关，都不得视作闲事。校园霸凌正是一件事关正义的事，岂可把它当作闲事呢？

　　首先，校园霸凌会给少年儿童带来巨大的伤害，不仅仅会在身体上留下伤疤，还会使心灵受到伤害。不仅仅会给受霸凌者带来伤害，还会令暂未受到霸凌的孩子感到不安。少年儿童正是长身体、形成人生观的关键时期，校园霸凌的存在，无异于明明白白地向他们宣告：这世界是恶人的！人与人之间的关系就是弱肉强食！许多孩子因此生活在校园霸凌的阴影之中，提心吊胆，怀疑人生的意义，甚至形成扭曲的价值观。

　　其次，校园霸凌的对象是未成年人，当遭受霸凌时，他们缺乏自我保护的能力。他们唯一的出路，就是得到援助。此时此刻，他们多么希望有人挺身而出保护自己啊！如果你凑巧从霸凌现场经过，你在瑟瑟发抖的小小少年眼中，就是侠客，就是救星，就是希望！如此情境之下，怎能把这视作是与自己无关的"闲事"呢?

孔子说:"见义不为,无勇也。"在中国人的价值观中,"见义勇为"无疑是值得推重的高尚行为。向校园霸凌说"不",就是"义",就当"勇为"!

何况,我们谁又能"关上门朝天过"呢?美国气象学家爱德华·洛伦兹说:"一只南美洲亚马孙河流域热带雨林中的蝴蝶,偶尔扇动几下翅膀,可以在两周以后引起美国得克萨斯州的一场龙卷风。"鲁迅说:"无穷的远方,无数的人们,都和我有关。"约翰·多恩有一首诗也表达了同样的意思:"没有谁是一座孤岛,在大海里独踞;每个人都像一块小小的泥土,连接成整个陆地……无论谁死了,都是我的一部分在死去,因为我包含在人类这个概念里。因此,不要问丧钟为谁而鸣,丧钟为你而鸣。"

美国波士顿犹太人屠杀纪念碑上刻着德国牧师马丁·尼莫拉的一段话:"纳粹杀共产党时,我没有出声——因为我不是共产党员;接着他们迫害犹太人,我没有出声——因为我不是犹太人;然后他们杀工会成员,我没有出声——因为我不是工会成员;后来他们迫害天主教徒,我没有出声——因为我是新教徒;最后当他们开始对付我的时候,已经没有人能站出来为我发声了。"

马丁·尼莫拉在用自己的惨痛教训来告诉世人:面对暴行,每个人应该挺身而出与之斗争,因为这不仅是帮助别人,这也是在拯救自己。

应当注意的是:制止校园霸凌避免采用简单的"以暴制暴"或"拿鸡蛋碰石头"的方法,要合理、合法、合情,既能阻止霸凌,又不伤害自己;既能把受霸凌者解救出来,又力争让那些施暴的少年真正悔悟,学会尊重他人、爱护他人。

26

作文题：

对于奥林匹克格言"更快、更高、更强——更团结"，你有什么感想？请就此写一篇议论文。

没有"更"的意识，就没有人类的进步

奥林匹克格言"更快、更高、更强——更团结"已经深入人心，格言中的四个"更"字，体现出了不断进取的拼搏精神。没有这种精神，体育就会失去活力；没有这种精神，社会就会失去生机；没有这种精神，人类就不会进步。

看过奥运会比赛的人都有过这样的体验，一项世界纪录的诞生会给我们带来莫大的惊喜和欢欣鼓舞，创造纪录的运动员会成为进取精神的化身。有统计说自 1968 年开始，在 41 年中，百米赛的世界纪录被打破 13 次。牙买加"飞人"博尔特尤其令人印象深刻，2008 年 5 月 31 日，他以 9.72 秒的成绩打破 100 米世界纪录；仅仅过了两个多月，在北京奥运会上，他又以 9.69 秒的成绩打破了自己保持的世界纪录；一年后，在柏林世锦赛上，他又创造了 9.58 秒的新纪录。曾有专家提出人类百米极限是 9.7 秒，而博尔特突破了这一极限。体育，就是在这种不断向极限冲刺、挑战的过程中，给我们以震撼和鼓舞。

不仅体育如此，人类社会的进程也是这样。

我们很难想象，没有"更"的意识，人类社会将成为什么样。不妨以交通为例，今天我们乘坐国际列车从北京前往莫斯科，历经 128 小时就可

抵达，倘若乘飞机，只用 9 小时；乘坐高铁从上海到北京，最快只需 4 个多小时，乘飞机的话连 3 个小时也用不了。如果我们的祖辈满足于安步当车，没有"更快"的意识，不去发明汽车、火车、飞机，那么，今天我们只能步行。按每小时 5 公里的速度，每天走 12 小时，风雨无阻，且一路通畅，那么，从北京到上海（沿高速公路约 1200 公里）也得走 20 天，从北京前往莫斯科（沿火车线路约 7692 公里），更是得走 129 天。倘若考虑江河的阻隔因素，那就更惨了。因为没有舟船，涉江已经艰难，渡海更是空想。我们将被高山大海困住脚步，只好在一片狭小的空间中终其一生。

一个可怕的结论是，如果丧失了"更"的意识，不做"更"的努力，我们甚至难以维持数千年前的古朴生活。因为有那么多灾难降临在这颗蓝色星球上，人类若不进步，便意味着被灾难击垮甚至消灭。从来没有"世外桃源"，面对着大自然的种种威胁，面对着各种残酷竞争，一个落后、衰退的种族，不但难以过上安定祥和的生活，连能否生存下去都是一个严峻的问题。

"天行健，君子以自强不息。"这句老话，永不过时。

(27)

作文题：

2021 年 7 月 20 日，国际奥委会第 138 次全会在日本表决通过，同意在奥林匹克格言"更快、更高、更强"之后再加入"更团结"，四个词在一起的呈现形式是"更快、更高、更强——更团结"。

国际奥委会主席巴赫解释说："当前，我们更加需要团结一致，这不仅是为了应对新冠疫情，更是为了应对我们面临的巨大挑战。当今世界彼此依靠，单靠个体已经无法解决这些挑战。因此，我发起提议，为了实现更快、更高、更强，我们需要在一起共同应对，我们需要更团结。"

奥林匹克格言对你有何启迪？请就此写一篇议论文。

更团结，更和谐

国际奥委会表决通过，在奥林匹克格言"更快、更高、更强"之后再加入"更团结"，这不仅仅是完善一个口号的问题，更重要的是它反映了人民对团结、和谐的世界的向往。

"更快、更高、更强"这一口号已经存在了 100 多年，为什么要加上"更团结"呢？透过国际奥委会主席巴赫的解释，可以明白其良苦用心。第一，当今世界面临着巨大的挑战，单靠个体无法解决，我们需要更团结。第二，各国人民已经形成你中有我我中有你的紧密联系，很难截然分开，团结则互利共赢，不团结则两败俱伤。第三，要想更好地实现"更快、更高、更强"的愿望，也需要大家团结起来。

团结意味着合作。有人只看到体育比赛中"更快、更高、更强"的竞争，而没有看到这一目标的实现其实有赖于大家的团结。在这一点上，巴赫先生确实比一般人高明。离开了团结合作，人类克服困难、战胜灾难的能力必将大大下降。身体健康都难以保障，哪里还谈得上"更快、更高、更强"？

如果追溯一下奥运会的历史，你会发现，对"团结"的重视并非一时兴起。被誉为"现代奥林匹克之父"的顾拜旦先生，在推崇"更快、更高、更强"的进取精神的同时，又主张把"团结、和平、进步"作为奥林匹克运动的根本目标。

20世纪上半叶，两次世界大战给世界人民带来了深重的灾难，人类元气大伤。此后虽然总体趋向和平，但各种地区冲突、局部战乱层出不穷。经历过这些动荡、战乱的人，对于团结、和平的向往更是真切。

事实早已表明，当我们团结互助、携手前进时，这个世界就变得比较和平、美好。奥运会的召开就是典型例子。当世界比较和平、团结时，不同国度、不同肤色的人走到一起，遵循共同的规则，在和平、友好的气氛中良性竞争，在生机勃勃的竞争、拼搏中更加了解对方、尊重对方、团结彼此，呈现出令人欣喜的盛世景象。而当战火弥漫时，奥运会往往开得不那么圆满，甚至都无法召开，例如原定1940年、1944年召开的奥运会，就成为泡影。

众所周知，当今世界出现了许多严峻的问题，无疑更需要各国人民团结合作。无论是应对气候变化、防治大气污染，还是迎战类似新冠肺炎这样的疫情，尤其是防范可怕的战争的发生，都需要各国人民齐心协力。那种以为可以凭单打独斗无往而不胜的想法只能是妄想，那种以邻为壑的做法只能是自取灭亡。忽视了团结合作，带来的是冰冷的对抗，是血腥的战争，是无数的财产和生命的损失。

刚刚结束的北京冬奥会闭幕式上，特意播放了一组拥抱的镜头。这些拥抱突破了国家、民族、语言、肤色的隔膜，温暖了拥抱者的心，也温暖了亿万观众。这些拥抱，就是对"更团结"的一种注解。竞争必须是良性的，竞争必须是以团结为前提和归宿，借用我们孔夫子的弟子有若的话说就是"和为贵"。

28

作文题：

　　人们常说"细节决定成败"，你对此有何看法？请就这一问题写一篇议论文。

"细节决定论"的另一面

　　强调扎扎实实做好做细本职工作，避免"坐而论道"、夸夸其谈，这个想法没错。但是因此大呼"细节决定成败"，遇事不权衡主次利弊，不区分轻重缓急，一味抓细节，则是患了"细节强迫症"。此症一患，轻则疲于奔命而收获寥寥，重则南辕北辙一败涂地。

　　认为细节决定成败，大概是基于这样的经验：一件事，往往因为某一细节存在问题而导致失败。所谓"千里之堤，溃于蚁穴"，所谓"压倒骆驼的是最后一根稻草"，从这个意义上看，说"细节决定失败"也许更合适。

　　成功却不这么简单。

　　所谓"决定"，是指关键、要害，是指主要矛盾、核心问题，而这一矛盾、问题是否会成为"决定"因素，必须经过反复权衡才能确定。成为"决定"因素的，其实应该称为"大节"。当然，你也可以说"大节"也由"细节"构成——这就像我们说心脏是决定人生死的重要器官时，你非要说心脏也离不开一小块一小块的肌肉，因而某一小块肌肉决定生死一样，遇到这样抬杠的人，就没法谈下去了。

　　即使是构成"大节"的细节，我们对其"好"的要求标准也不一样。有些精准度要求极高，如手表上的小齿轮，差一点也不行。有些精准度则大可放宽，例如抗洪时的沙袋，只要装得下沙土，不至于裂开即可。倘若指挥官有"细节强迫症"，非要求不得出现色差，尺寸出入不得超过一毫米，甚或必须绣上治水的龙王，那可真是灾难——等沙袋完全合乎他的要求，精美到可以上万国博览会夺冠时，人早已被洪水吞没！

普通人要干好一件事，不能仅靠打磨细节；一个单位的领导要带好一个团队，更得具备大局意识。大局意识是胸怀、视野、见识、方向感等因素的综合体。倘若把一个团队比喻为一艘客轮，船长虚怀若谷，就可以集思广益，创造安全、和谐、轻松的环境，避免一些不愉快的事发生；船长高瞻远瞩，就容易给这艘船选择一条最佳的航线，少走许多弯路，预知危险并早做准备，防患于未然；船长方向感强，就可以确保这艘客轮不偏离正道。至于其他细事，则审时度势，确实需要狠抓的就狠抓，不必过于关注的就放一放，这样做才是正道。

倘若一位船长整天关注的不是方向、航线、安全这样的大问题，而是纠缠于船员做操——假如船员也做操的话——做得是否整齐美观，是否"合于《桑林》之舞，乃中《经首》之会"，那他一定不是个称职的船长。倘若哪位船员、乘客不幸遇到的船长是这样一位"细节强迫症"患者，在苍茫的大海上，一想到随时可能遇到的滔天巨浪和致命暗礁，"若无罪而就死地"，怎能不浑身觳觫！

29

作文题：

读了《红楼梦》，哪些人物给你留下了深刻的印象？请以"我看某某"为副标题，自拟题目，写一篇人物评论。

聪明还是糊涂

——我看王熙凤

见识过王熙凤做事、说话的人，大概没有人会否认她的聪明。王熙凤的聪明，准确地说，应当叫作"精明"，所谓"机关算尽太聪明"，就是说她的聪明体现在善于运用"机关"上——机关者，计谋也。

王熙凤出场伊始，不过是一个20岁左右的年轻媳妇，却已经被"借调"到贾政这边主持家事。她第一次露脸是在林黛玉初进贾府时，一见黛玉就夸"天下真有这样标致的人物，我今儿才算见了"，又说"这通身的气派，竟不像老祖宗的外孙女儿，竟是个嫡亲的孙女，怨不得老祖宗天天口头心头一时不忘"。这还只是逞口舌之能。不久秦可卿死，王熙凤协理宁国府，一人兼荣、宁二府大权，对烦琐至极、复杂至极的突发事件，处理得利利索索、井井有条，甚至在送别秦可卿的路上，她居然还有闲暇"弄权铁槛寺"，摆平了李衙内与原长安守备公子争娶金哥的纠纷，神不知鬼不觉地净赚了3000两银子。

王熙凤的聪明当然远不止体现在这几处，一部《红楼梦》简直是王熙凤展现聪明才智的舞台。对于贾府的人物，王熙凤一双慧眼区分得清清楚楚，哪些该使劲地捧着，哪些该小心地让着，哪些可以放心地收拾，见人说人话，见鬼说鬼话，她实在是太聪明了！

"机关算尽太聪明"，孰料"反算了卿卿性命"。

王熙凤的结局并不好，其实仅从结局好坏来逆推其为人优劣并不合适——"千红一窟（哭）"，"万艳同杯（悲）"，这些女孩子结局都不好，能说她们的人品都有问题吗？当然不能。但是，如果审视王熙凤的种种聪明表现，应该有一种担心：她这是在自掘坟墓啊！

为何这样说？

第一，唯利是图，胆大妄为。

王熙凤利用自己手中的权力，或通过给人调解纠纷（如金哥之事），或通过给人安排工作（如贾芸之事），或通过放高利贷（如来旺媳妇送利钱事）来谋利，虽方法不一而足，谋利的目的却是一样的。王熙凤做这些事，驾轻就熟，从容不迫，几乎不考虑有朝一日被人戳穿带来的后果。

第二，见风使舵，看人下菜。

王熙凤协理宁国府时，说过这样的话："如今可要依着我行，错我半点儿，管不得谁是有脸的，谁是没脸的，一例现清白处治。"这话是对下人说的，至于对有权有势的人，她就不再顾事理而是看"人情"，尤其是对贾母。众所周知，在贾母面前，王熙凤的话说得最动听、最巧妙、最有味，最讨老太君欢心。

第三，过于自信，不通下情。

照理说王熙凤绝非蛮干莽为的冒失鬼，她之所以为非作歹，其实是过于自信、不通下情的表现。她大概以为自己做的一切"神不知鬼不觉"，不会出什么问题。可是，"若要人不知，除非己莫为"，贾府内外洞悉其奸猾的大有人在。贾琏的小厮兴儿说得最到位，什么"心里歹毒，口里尖快"，什么"嘴甜心苦，两面三刀"，什么"上头一脸笑，脚下使绊子"，什么"明是一盆火，暗是一把刀"……真是"入木三分"啊！

世上的强人往往如此，自以为可以哄上瞒下，手眼遮天，其实"司马昭之心，路人皆知"矣。

利令智昏，因小利失大德，王熙凤哪算得上智者呢？

30

作文题：

读了《红楼梦》，哪些人物给你留下了深刻的印象？请以"我看某某"为副标题，自拟题目，写一篇人物评论。

世外仙姝寂寞林

——我看林黛玉

"明明可以靠颜值吃饭，偏偏又恁多才华！"这句时髦的话若移用来说林黛玉，绝对不会有人反对。

论颜值："两弯似蹙非蹙罥烟眉，一双似喜非喜含情目。态生两靥之愁，娇袭一身之病。泪光点点，娇喘微微。闲静时如姣花照水，行动处似弱柳扶风。"正如凤姐所叹："天下真有这样标致的人物，我今儿才算见了！"论才华，大观园里几次赛诗，林黛玉都是明星。《咏白海棠》一诗，风流别致推第一；写菊三首《咏菊》《问菊》《菊梦》，首首精彩，技压群芳。

但是林黛玉触动我们的，并不只是颜值和才华，而是冰清玉洁的心灵。

小说第十六回，林黛玉从扬州葬父回来，宝玉把自己很珍惜的北静王所赠的珍贵礼物鹡鸰香串送给黛玉，黛玉说："什么臭男人拿过的！我不要它。"遂掷而不取。在中国这样仰视权贵的社会，许多人喜欢拉大旗作虎皮，林黛玉却毫不稀罕，她只遵从自己的真心。

与薛宝钗、花袭人相比，林黛玉似乎爱耍小性子。第七回，周瑞家帮薛姨妈分送宫花，最后到了林黛玉这儿，林黛玉问明别人都已经有了后，脱口而出："我就知道，别人不挑剩下的也不给我。"这些想法，换作别人也可能有，但不会这么不假思索地说出来。

第十八回，林黛玉误以为宝玉把自己给他精心缝制的荷包送给了别人，大为生气，赌气剪破了宝玉请她做的香袋儿。这件事，孤立地看，林黛玉未免过于小家子气。但是换个角度来看，她不过是爱之深，责之切。这恰恰体现了黛玉对宝玉的爱的纯洁，也体现了黛玉精神世界的排他性。

由林黛玉的"小性子"也可以推知，林黛玉是一个重情义而轻礼法的人。礼法是协调人与人之间关系的，着重点在"外"，在适应他人，适应社会。薛宝钗、花袭人，都是懂礼法的模范，关注别人的感受，小心翼翼地塑造着自己的"完美"形象，对于宝玉，则劝他走读书、科考、入仕的"大路"。林黛玉则与其形成鲜明对比，她初入贾府之际，也曾"步步留心，时时在意，不肯轻易多说一句话，多行一步路，唯恐被人耻笑了他去"，然而，礼法终究敌不过她的天性。她并非不关心别人，但显然不愿虚与委蛇、敷衍应酬，往往不顾别人评价率性而为。她不像一般世人那样关注宝玉的出身、仕途，而是全身心投入到他们的爱情之中。

第三十二回，史湘云劝宝玉去见贾雨村："如今大了，你就不愿读书去考举人进士的，也该常会会这些为官做宰的人们，谈谈讲讲，学些仕途经济的学问，也好将来应酬世务……"宝玉生气，袭人不平，说林姑娘你得赔多少不是呢。宝玉回道："林姑娘从来说过这些混账话不曾？若她也说过这些混账话，我早和她生分了。"

由此可见，宝玉爱黛玉，其实是因为黛玉的价值观与自己一致，黛玉尊重他的天性。剪不剪荷包之类的事与之相比，太微不足道了。许多人对宝玉偏爱黛玉不解，其实道理正在这里。

林黛玉简直不像是活在人世间。小说第五回，贾宝玉梦游太虚幻境，听《终身误》一曲唱道"终不忘，世外仙姝寂寞林"，这一句，正点明了林黛玉"世外仙姝"的本质。大凡世外高人，在熙熙攘攘、红尘滚滚的人世间，总是寂寞的，林黛玉也不例外。

后　记

　　法国思想家蒙田说："人确实是一个不可思议的虚幻、飘忽多端的动物，想在他身上树立一个永恒与划一的意见实在不容易。"正因为人的意见多元、多变，才更需要彼此交流，议论文的写作是以显得非常必要。

　　我从事语文教学近 30 年，长期观察和思考中学生的议论文写作情况。深感悲哀的是，有相当多的学生作文，从内容上说，没有灵魂，不必说远见卓识，连真情实感都少得可怜；从形式上说，要么杂乱无章，要么简陋单调，生搬硬套；从态度上说，缺乏热情，不是与读者交心，而是敷衍了事；从语言上说，幼稚粗率，华而不实。

　　我也关注网络上的言论，激情倒是有了，又往往缺乏理性，不是心平气和地讲道理，而是宣泄情绪。一言不合，就"撕"，就"喷"，就"怼"，甚至歇斯底里如同泼妇骂街。问题没有解决，隔阂反而更深，矛盾反而更尖锐。

　　每当面对学生作文或网络上这些言论，我就会闷闷不乐地想：好好说话不行吗？

　　言论体现了思维品质，思维品质又深深地影响社会的文明程度。议论文作为集中表达思想见解的文体，事实上潜移默化地影响了我们的思维品质和表达方式。

　　好好说话的前提是好好思考，沉静而不是浮躁，清晰而不是模糊，深入而不是浅薄，全面而不是片面，充分认识到事物的复杂性，学会具体问题具体分析。

前人常以自然事物作喻，如东坡说文章当如"行云流水"，林语堂说文章当如"潭壑溪涧"。许多人因此认为写作是不可教的，是没有法的。

水云涧壑之类作喻，听上去很令人神往；但写作是人工的，毕竟不同于自然。水云涧壑，谁也不会指责它们应是什么样；但是人工之为，却必得遵循一定规矩。譬之筑楼，地基怎样打才牢固，木材怎样解才能取直，砖石怎么垒才立得住，檩椽怎么铺排才妥当……每一步都有法在，哪能随心所欲、任意而为呢？

其实说行云流水也好，说潭壑溪涧也罢，都是强调文章的真率自然、多姿多态，反对文章的矫揉造作、单调死板，而不是说文章不讲法。行云流水的境界，恰恰是多年揣摩章法、熟而生巧的成果。

还是金代文学家王若虚《文辨》中说得更合乎写作实际："或问：'文章有体乎？'曰：'无。'又问：'无体乎？'曰：'有。''然则果何如？'曰：'定体则无，大体则有。'"当代著名作家严歌苓则认为，一个作家成功，50%靠天赋，20%靠职业训练。

这本书，正是探讨议论文的"大体"的。

从小学始，我就对文字有一种特别的亲近感。读大学期间，开始在《齐鲁晚报》《山东师大报》《当代散文》等报刊发表文章。工作以后，教学事务繁杂，写作只能忙里偷闲。我并没有刻意为之，也许是习惯成自然，也许是我的内心有这种需求，当心灵疲倦时，喜欢借助文字进入一种比较自主或自由的境界。

正是因为对文字充满兴趣或者说感情，所以我在平时教学中特别关注作文。多年来，我一直想把自己对于议论文写作的一些思考和体会写出来，既方便我的教学，又可与同道切磋。如今承蒙山东教育出版社厚谊，这一愿望得以实现。

约略言之，本书有以下几点"特色"：

第一，系统解析议论文写作的每个环节，对审题立论、论证方法、开头结尾、思路延展、语言表达等，都做了针对性的探讨。

第二，主张"取法乎上"，大量列举名家例文，坚决摒弃"空口无凭"

的泛泛之谈，让初学者学有所依，在真实的议论中体会写作奥妙。选例不仅着眼章法，而且有意引导读者与名家交流思想。

第三，本书收录了笔者写的30篇"下水作文"。这些文章的格式、字数、写法等都力求贴近中学生写作实际，希望能够为初学者提供一点参考。

我当然不敢奢望这本小书能"扭转乾坤"，可是，倘能激发青少年的写作兴趣，使其能在一定程度上摆脱"假大空"的习气，能本着好好说话的心态去表达观点，于愿足矣。

此书初稿写成后，我的恩师宋遂良先生欣然赐序以壮行色。宋老师毕业于复旦大学，曾长期在中学任教，是著名的语文特级教师，后来调入山东师范大学，从事现当代文学教学和文学评论，是深得弟子们爱戴的名教授。老师多年来一直关怀着我这个蜗居小县城的弟子，如今年近九十矣，不顾事繁体劳，一再问询我的写作状况，给我以鼓励，令我感动不已，又惭愧不安，深恐对不起老师的教导和关怀。有师如此，爱我知我，无以为报，我唯有更认真地生活，更努力地工作，更真诚地对待自己的学生。

北京一零一中学程翔先生是语文名家，在百忙中亦审阅初稿，给我以鼓励，又提出宝贵意见，在此深表谢忱！

山东教育出版社的周红心兄，一直信任我，关注我，支持我，为拙著的出版投入大量精力，在此亦深表感谢！

我十分珍惜这次写作，初稿完成后，反复删易，深恐贻误后学。然而限于水平和精力，错谬之处在所难免，恳请大家批评指正。

必须说明的是，本书广泛借鉴前贤与时贤的研究成果，诸如《叶圣陶语文教育论集》（叶圣陶著，教育科学出版社）、《七十二堂写作课》（夏丏尊、叶圣陶著，开明出版社）、《讲理》（王鼎钧著，生活·读书·新知三联书店）、《议论文研究与鉴赏》（孙元魁、孟庆忠编著，山东教育出版社）、《议论文体新论》（方武著，安徽大学出版社）、《孙绍振论高考语文与作文之道》（孙绍振著，福建人民出版社）、《说理与思辨：高考议论文写作指津》（余党绪著，上海教育出版社）、《议论文写作与理性思维》（俞发亮著，福建教育出版社）、《反思论证过程》（范飚主编，上海教育出版

社）、《中学生作文学》（高志华主编，程红兵、李镇西副主编，陕西师范
大学出版社）、《写作课》（叶开著，广西师范大学出版社）、《议论文写
作新战略》（余党绪著，上海锦绣文章出版社）等，都给我以启迪。我还
阅读并参考了《形式逻辑》（华东师范大学哲学系逻辑学教研室编，华东
师范大学出版社）、《逻辑学导论》（［美］欧文·M. 柯匹、［美］卡尔·科
恩著，张建军、潘天群、顿新国等译，中国人民大学出版社）、《辩证唯物
主义和历史唯物主义原理》（李秀林、王于、李淮春主编，李淮春、杨耕、
陈志良、郭湛、王霁修订，中国人民大学出版社）、《批判思维与论辩》
（冯周卓、左高山主编，北京大学出版社）、《中国科举制度通史》（张希
清、毛佩琦、李世愉主编，上海人民出版社）、《中国高考评价体系》（教
育部考试中心制定，人民教育出版社）等相关著作。受人之泽，不敢隐人
之美，敬列如上，深致谢忱。

　　本书引用了大量名家名篇和报刊时文做例证，皆已注明作者及篇名
（由于这些文章大都比较常见，不难查寻，同时考虑到中学生的阅读实际，
未详注版本信息）。又从在学生中传阅的《高考满分作文》一类书中选取
了部分存在问题的应试作文加以剖析。这些文章来源复杂，多不标注作者，
本书在引用时亦遵循"对事不对人"的原则，无意冒犯，给出的批评意见
也是著者的个人见解，容或未当，欢迎讨论指正。此外还有部分作文题取
材于网络，难以确定命题人，在此一并致谢。

　　限于条件，引述文章无法一一联系作者，如涉版权，敬请与我本人或
山东教育出版社联系。

逯志山

2022 年 3 月 21 日